CHOISIR VOTRE CHIEN

Édition originale

Publié pour la première fois aux États-Unis sous le titre
The Dog Selector par Barron's Educational Series, Inc.

Édition française

Dépôt légal : janvier 2011
ISBN : 978-2-603-01754-8
Réimpression : 2012

Traduction : Serge Rivest
Relecture scientifique : Élise Rousseau
Correction : Renaud Bezombes
Mise en pages : Éditions de l'homme
Couverture : Monique Wender

Imprimé en Chine par 1010 Printing International Ltd.

CHOISIR VOTRE CHIEN

SELON SON CARACTÈRE… ET LE VÔTRE !

David Alderton

delachaux et niestlé

Le type terrier:
espiègle et enjoué.

Le type retriever:
solide et fiable.

Le type épagneul: plein d'entrain et recherchant l'attention.

Sommaire

Introduction 6
Comment utiliser ce livre 7
Les chiens pour néophytes....9
Les chiens de famille....21
Les chiens sociables....33
Les chiens d'entretien facile 45
Les chiens exigeants 57
Les petits chiens....69
Les gros chiens....81
Les chiens qui adorent courir ..93
Les chiens hypoallergéniques.....105
Les chiens de garde 117
Les chiens superintelligents....129
Les chiens de talent....141
Les chiens étranges et magnifiques 153
Les facteurs humains 164
Le guide de sélection 166
Glossaire....169
Pour en savoir plus 173
Index....174
Remerciements....176

Introduction

Il est essentiel de ne pas baser le choix d'un chien sur sa seule apparence. Tous les chiots ont l'air mignon et ont, étonnamment, à peu près la même taille. Mais bien sûr, certains deviendront beaucoup plus gros et auront, en conséquence, un appétit plus grand que d'autres ; cela signifie que leur entretien sera sans doute plus onéreux et qu'ils auront besoin de plus d'espace.

Pour trouver le compagnon canin idéal, il faut tenir compte de nombreux facteurs. Il existe près de 400 races de chiens dans le monde, lesquelles ont été conçues en fonction de nombreux objectifs, souvent sur une période de plusieurs siècles. Ces bêtes ne se distinguent pas seulement par leur apparence ; elles peuvent aussi présenter des différences marquées de tempérament, un trait lié à leurs origines. D'autres aspects peuvent également influencer votre choix : le degré de toilettage requis, leurs besoins d'exercice et les risques possibles de maladies héréditaires.

Ce livre est très différent de tous les autres ouvrages traitant des races canines. Les chiens eux-mêmes n'y sont pas répertoriés selon leur race, mais plutôt sur la base de leurs principales caractéristiques, par exemple ceux qui affichent un haut degré de sociabilité ou qui sont plus athlétiques par nature. L'objectif global de ce guide est de vous aider à trouver la race, le croisement ou le métissage qui conviendra le mieux à votre personnalité et à votre situation.

Comment utiliser ce livre

Le but de ce guide est de vous aider à trouver le compagnon canin parfait en vous présentant les caractéristiques de toute une gamme de races. Vous pourrez ainsi cerner quels chiens correspondent le mieux à votre caractère et à votre style de vie.

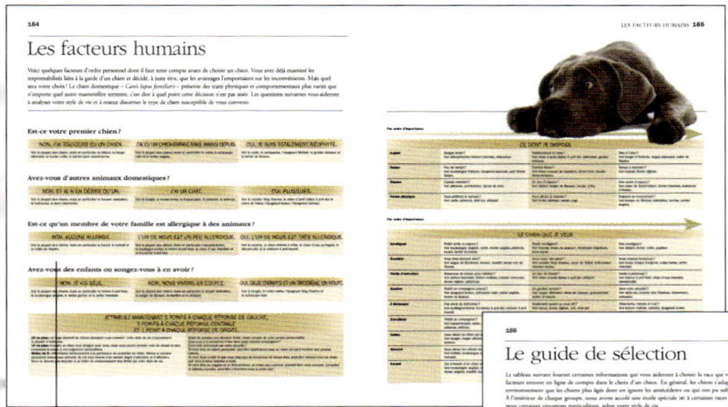

Pour synthétiser le tout, les pages 164 à 168 comportent deux tableaux faciles à consulter : « Les facteurs humains » et « Le guide de sélection ». Ils vous permettront de découvrir rapidement les types de chiens que vous devriez envisager d'acquérir après avoir évalué votre propre style de vie. Il est très important de vous assurer que l'animal que vous choisirez est compatible à cet égard. Cette sélection initiale vous mènera vers des races particulières tout en éliminant d'entrée de jeu celles qui ne vous conviennent pas. Ensuite, feuilletez les principaux chapitres tout en prenant note des races qui vous intéressent le plus.

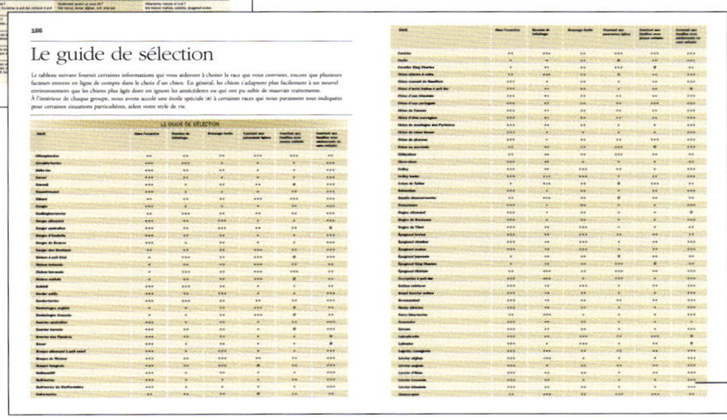

À propos de vous
Ces pages vous aideront à évaluer votre personnalité et votre style de vie ainsi que les races susceptibles de vous convenir le mieux.

À propos du chien
Chaque fiche décrit la race en détail, fournissant des informations sur ses origines ainsi que sur son comportement et sa personnalité.

Tout sur les chiens
Cette liste répertorie dans l'ordre alphabétique tous les chiens présentés dans ce guide et propose une liste de facteurs dont vous devez tenir compte.

En un coup d'œil
Pour chaque race, une série de puces informatives vous aideront à établir en un coup d'œil les principaux attributs du chien.

Chacun des principaux chapitres de ce livre comprend 10 races qui ont certaines caractéristiques en commun, par exemple les chiens qui conviennent le mieux aux nouveaux propriétaires ou ceux qui possèdent des talents particuliers. Les animaux répertoriés présentent parfois des différences marquées – notamment sur le plan de la taille –, mais ces renseignements standardisés vous permettront de comparer directement les besoins, le tempérament et l'apparence des chiens figurant dans chaque catégorie. Ces pages, ainsi que les tableaux qui sont proposés à la fin, devraient vous aider à prendre une décision finale quant au type de chien le mieux accordé à votre style de vie.

À souligner
Les légendes soulignent certaines caractéristiques de la race telles que la couleur de la robe et la forme du corps.

Principales caractéristiques
Chaque tableau comprend des renseignements sur la personnalité de la race, les besoins en matière d'exercice entre autres précisions.

Des chiens **pour de jeunes couples songeant à fonder bientôt une famille, pour des chefs de famille monoparentale dont l'enfant est désireux d'avoir un chien ou pour des personnes plus âgées qui n'ont jamais possédé de chien, mais souhaitent avoir un compagnon.**

Épagneul King Charles

Spitz-loup

Les chiens pour néophytes

Acquérir un chien pour la première fois peut s'avérer intimidant, surtout si l'on se pose beaucoup de questions sur l'alimentation, le toilettage et les soins généraux à prodiguer à son nouvel animal. Toutefois, pour plusieurs nouveaux propriétaires de chien, le dressage demeure le principal sujet d'inquiétude. C'est pourquoi les races présentées dans ce chapitre ont été choisies en fonction de leur capacité à s'adapter aux gens qui ont peu d'expérience avec les chiens ou qui n'en ont pas du tout. Ces bêtes affectueuses et désireuses de plaire sont plus aisées à dresser ; si vous suivez les règles de base, vous devriez trouver ce processus fort simple.

Toutefois, comme leurs besoins d'exercice diffèrent de l'un à l'autre, il est important de choisir une race convenant à votre style de vie et à votre environnement. Le carlin, dont les besoins sont modestes à cet égard, sera à l'aise en ville, alors que la campagne conviendra beaucoup mieux au labrador. Le travail lié à l'entretien de leur robe varie aussi, allant du whippet – qui en nécessite peu – au berger des Shetland et au spitz-loup – qui en exigent beaucoup plus. Mais contrairement à ce qui se passe avec d'autres races, on peut facilement effectuer ces tâches à la maison.

Berger des Shetland

1. Le terrier de Boston

Ce chien trapu, large de tête et fortement musclé représente le compagnon idéal. Il est intelligent, facile à dresser et fiable comme gardien, en plus d'être très affectueux. Et son entretien est simple. Pas étonnant que cette race ait tant d'adeptes dans le monde !

EN UN COUP D'ŒIL

- Loyal
- Tempérament équilibré
- Robe facile d'entretien
- Yeux proéminents sujets aux blessures
- Porté à ronfler

Histoire

Les origines du terrier de Boston remontent à un chien appelé Judge, produit de l'accouplement d'un bouledogue anglais et d'un terrier anglais. Il fut amené d'Angleterre aux États-Unis dans les années 1870 et confié à un certain Robert Hooper vivant à Boston. En 1889, on comptait déjà 30 éleveurs dont certaines lignées comprenaient des descendants de Judge et qui formèrent l'American Bull Terrier Club. L'opposition de propriétaires de bull-terriers les força toutefois à modifier le nom de la race émergente, qui devint connue sous le nom de terrier de Boston, d'après la région d'adoption de Judge. La reconnaissance officielle par l'American Kennel Club (ACK) suivit en 1893, après quoi des représentants de la race furent amenés en Europe dans les années 1920.

La question des taches

Certains chiots présentent des taches irrégulières. C'est simplement que ces bêtes ne correspondent pas aux normes officielles de la race, souvent parce qu'elles ont un pied de couleur sombre plutôt que blanc, par exemple, mais cela n'affecte pas leur santé. Les terriers de Boston ont une tête sympathique qui témoigne de leur personnalité : ils établissent des liens étroits avec les membres de leur famille et sont désireux d'apprendre. Ces chiens sont à l'aise dans un environnement urbain, pourvu qu'il y ait à proximité un parc où l'on peut les promener chaque jour. Leur poil court est très facile d'entretien.

CARACTÉRISTIQUES		NOTES
Personnalité	Affectueux et calme, mais alerte.	
Taille	Hauteur : 38-43 cm. Poids : 7-11,3 kg.	
Exercice	Aime bien une promenade quotidienne au parc ; porté à explorer, mais pas particulièrement athlétique.	Évitez l'exercice aux moments les plus chauds de la journée.
À la maison	S'adapte bien à la vie domestique ; préfère rester à l'intérieur par mauvais temps.	
Comportement	Pas toujours amical avec les autres chiens ; peut ronfler en dormant, surtout s'il est âgé.	Organisez de brèves séances de dressage pour améliorer sa concentration ; attention en présence d'autres chiens !
Toilettage	Toilettage hebdomadaire requis.	Utilisez un gant de toilettage en caoutchouc ; essuyez l'intérieur des oreilles et tout écoulement lacrymal avec un coton-tige humide.
Problèmes de santé communs	Les yeux exorbités sont vulnérables aux ulcères cornéens ; syndrome brachycéphale ; la taille de la tête peut nécessiter un accouchement par césarienne.	Afin de protéger ses yeux, évitez les sous-bois pendant la promenade.

2. Le labrador

Le labrador est le chien le plus populaire dans le monde, et le compagnon familial par excellence. Cet animal est très réceptif de nature et parfaitement adapté aux foyers comptant des enfants plus âgés qui ont comme lui un niveau élevé d'énergie.

EN UN COUP D'ŒIL

- Excellent chien de famille
- Réceptif au dressage
- D'une nature tolérante mais active
- Robe simple d'entretien
- Peut être sujet à l'obésité

Histoire

Cette race est originaire de Terre-Neuve, où ses ancêtres accompagnaient les pêcheurs. L'une de ses caractéristiques, encore évidente aujourd'hui, est sa propension à plonger dans l'eau. Son poil court et facile d'entretien remonte également à ses origines : un poil plus long aurait retenu la glace durant les rigoureux hivers de cette province canadienne. C'est au XIXe siècle que les premiers labradors furent envoyés en Grande-Bretagne, où ils devinrent rapidement en vogue comme compagnons de chasse, la demande de chiens de chasse capables de travailler individuellement étant en forte croissance. Vers la fin du siècle, alors qu'il devenait plus difficile d'acquérir des bêtes du Canada, on se mit à croiser le labrador avec d'autres races, ce qui permit d'améliorer ses capacités olfactives.

Capacités d'adaptation

La popularité du labrador tient sans doute à sa belle apparence, mais l'explication véritable se trouve surtout dans ses capacités d'adaptation et son enthousiasme à collaborer avec les gens. Les labradors sont employés à tout un éventail de tâches, qu'il s'agisse de localiser les survivants d'un séisme enfouis sous les décombres ou encore de flairer de la drogue ou des explosifs dans un aéroport, entre autres lieux. Même si vous n'avez jamais possédé de chien auparavant, leur dressage est très simple parce que les labradors sont extrêmement réceptifs, ayant été élevés au fil des générations pour travailler étroitement avec les personnes.

CARACTÉRISTIQUES		NOTES
Personnalité	Actif, plein d'entrain, affectueux et loyal.	Veillez à ce que le chien ne devienne pas surexcité lorsqu'il joue.
Taille	Hauteur : 56-64 cm. Poids : 25-36 kg.	Les mâles peuvent être bien plus lourds que les femelles.
Exercice	Exige une ou deux promenades par jour, de préférence à la campagne.	La prudence est de mise à proximité de l'eau, car cette race adore nager.
À la maison	A besoin d'espace pour jouer, ce que peut offrir une grande cour.	Trouvez du temps pour jouer avec lui.
Comportement	Désireux d'apprendre, réceptif ; aime beaucoup rapporter des jouets.	
Toilettage	Brossage minimal requis.	Laissez la boue sécher, de manière à pouvoir brosser sa robe plus facilement.
Problèmes de santé communs	Dysplasie de la hanche ; prédisposé à l'obésité, en particulier avec l'âge.	Assurez-vous que l'élevage a été testé pour la dysplasie de la hanche.

Couleurs
La robe compte trois couleurs caractéristiques : blond (de roux à blanc crème), chocolat et noir.

Tête et oreilles
Les oreilles sont attachées plutôt bas et bien à l'arrière du large crâne.

Corps court
Le corps du labrador est relativement court et son poitrail, de largeur moyenne.

3. Le schipperke

EN UN COUP D'ŒIL

- Soins faciles
- Très réceptif au dressage
- Adore jouer
- Excellent chien de garde
- Plein d'entrain
- Longévité élevée

Cette race d'origine belge fut d'abord appelée « spitske », sans doute parce qu'elle provient d'une lignée de spitz, bien que certains croient que son ancêtre est le groenendael. C'est à la fin du XIXe siècle que ce chien commença à être connu sous le nom de schipperke, qui signifie « petit navigateur ».

CARACTÉRISTIQUES		NOTES
Personnalité	Très loyal ; méfiant à l'égard des étrangers.	Gardez l'œil ouvert lorsqu'il est près d'autres personnes, surtout des enfants.
Taille	Hauteur : 25-33 cm. Poids : 5,4-7,2 kg.	Il y a généralement un écart marqué de taille et de poids entre le mâle et la femelle.
Exercice	A besoin de beaucoup d'exercice.	Faites-lui faire de l'exercice au moins une fois par jour.
À la maison	Ne requiert pas beaucoup d'espace.	
Comportement	Vigilant face aux intrus.	Dressez-le à ne pas aboyer inutilement.
Toilettage	Les mâles peuvent présenter un pelage plus abondant.	Brossez-le chaque semaine.
Problèmes de santé communs	Problèmes oculaires, surtout l'atrophie progressive de la rétine (APR) ; syndrome métabolique MPS 111B.	Assurez-vous que l'élevage a été testé pour des problèmes oculaires et le syndrome métabolique.

Histoire

Les véritables origines du schipperke se sont perdues dans la nuit des temps, mais on sait qu'il fut utilisé comme chien de garde et ratier sur les péniches sillonnant les cours d'eau de la Belgique et d'autres pays d'Europe. Avant cela, des représentants de cette race avaient participé à la première exposition canine tenue à Bruxelles en 1690 ; les candidats y portaient des colliers richement ornés, confectionnés par les artisans qui en étaient propriétaires. Malgré ses racines modestes, le schipperke se mit à gravir les échelons les plus élevés de la société belge lorsque Marie Henriette, reine de Belgique, acquit un membre de la race en 1885. Le schipperke fit son entrée sur la scène internationale d'abord en Angleterre, en 1887, puis aux États-Unis l'année suivante. Au tournant du siècle, ce compagnon animé était le chien le plus populaire dans son pays d'origine.

Oreilles triangulaires
Les oreilles de petite dimension sont attachées haut sur la tête et dressées lorsque le chien est en alerte.

Robe noire
La robe est toujours noire, mais les bêtes âgées de plus de sept ans peuvent présenter des traces de gris.

Culottes
À l'arrière des cuisses, on trouve des zones de poils plus longs appelées aussi « culottes ».

Apparence et caractère

Le schipperke est une race peu commune dans la mesure où certains individus naissent sans queue. La seule couleur généralement associée à cette race est le noir, encore qu'à l'occasion certains individus présentent une robe différente, par exemple blonde ou crème. L'un des traits les plus sympathiques du schipperke est son dévouement à son cercle immédiat. Compagnon idéal pour une personne seule, il tisse des liens étroits avec son propriétaire. C'est un chien de garde alerte très à l'aise dans un environnement urbain.

4. Le carlin

Le carlin est devenu incroyablement populaire ces dernières années, et de plus en plus de gens l'apprécient comme compagnon. Cette bête amicale et facile d'entretien n'aboie pas sans arrêt, contrairement à certains petits chiens.

EN UN COUP D'ŒIL

- Race affectueuse
- Chien d'appartement par excellence
- Nature calme
- Robe facile d'entretien
- Porté à prendre du poids
- Besoins modestes d'exercice
- Peut respirer bruyamment par moments

Histoire

Beaucoup d'opinions contradictoires circulent quant à l'origine du carlin, mais il est à peu près certain qu'il vient de Chine et qu'il est apparenté de quelque manière au pékinois. Après son arrivée en Europe, il fut étroitement lié à la famille royale des Pays-Bas. L'origine de son nom anglais (*pug*) est objet de controverse: comme le mot signifiait «singe», certains croient que cette appellation découlait de son faciès distinctif. Mais le mot décrit également une chose qui inspire un grand attachement, ce qui pourrait aussi expliquer son nom dans la mesure où, aujourd'hui comme hier, les propriétaires de carlin ont toujours adoré leur bête.

Temps modernes

Les carlins ont une personnalité attachante et comme ils ont toujours été strictement des animaux de compagnie, la vie domestique leur convient parfaitement. Ils sont tolérants, et donc un excellent choix pour les foyers où il y a des enfants. Toutefois, on doit leur prêter une attention particulière, car leurs yeux proéminents sont vulnérables aux blessures. Bien qu'ils ne soient pas difficiles à dresser, il est recommandé de leur faire porter un harnais plutôt qu'un collier en promenade. En raison de leur faciès aplati, ils sont sujets aux difficultés respiratoires, entraînant souvent le ronflement et une respiration forte. Il est important de prévenir l'obésité afin de ne pas aggraver cette situation. Malgré leur taille, les carlins ont la réputation d'être des chiens de garde alertes et courageux.

	CARACTÉRISTIQUES	NOTES
Personnalité	Attentif et très amical.	
Taille	Hauteur: 28 cm. Poids: 6,3-8 kg.	Surveillez de près son poids, car il peut facilement faire de l'embonpoint.
Exercice	Courtes promenades de préférence; adore flâner.	Évitez l'exercice dans les moments les plus chauds de la journée, car il est vulnérable aux coups de chaleur.
À la maison	Chien de garde alerte.	
Comportement	Tranquille et tolérant; pas très actif, malgré son côté ludique; apprend rapidement.	
Toilettage	Brossage et peignage minimaux.	Essuyez les écoulements lacrymaux avec un coton-tige humide.
Problèmes de santé communs	Problèmes oculaires et respiratoires; l'obésité accroît les risques de diabète et de maladies cardiaques.	Tenez compte des risques liés à l'obésité.

Yeux expressifs
Ses yeux sombres et expressifs tranchent avec ses oreilles petites et molles.

Masque
Le masque bien délimité couvrant le museau est un trait racial des carlins de couleur fauve.

Queue en tire-bouchon
La queue courbée est située au niveau des hanches. Une double boucle est idéale.

5. L'épagneul tibétain

Ce petit chien n'exige pas énormément d'exercice, ce qui en fait un choix idéal pour les résidants des zones urbaines. Les épagneuls tibétains sont très affectueux et réceptifs envers les personnes qu'ils connaissent bien, de sorte qu'ils deviennent d'excellents compagnons.

EN UN COUP D'ŒIL

- Race relativement peu commune
- Robe nécessitant peu d'entretien
- Intelligent et affectueux
- Chien de garde alerte
- Bonne espérance de vie

CARACTÉRISTIQUES		NOTES
Personnalité	Alerte ; aboie pour signaler la présence d'étrangers, mais n'est pas aussi bruyant que certains petits chiens ; établit des liens étroits avec son maître.	Gardez l'œil ouvert lorsqu'il est en présence d'étrangers.
Taille	Hauteur : 25 cm. Poids : 4-7 kg.	
Exercice	A besoin d'exercice quotidien.	Faites-lui faire de l'exercice chaque jour pour l'aider à s'établir dans votre foyer.
À la maison	S'adapte bien à la vie en appartement ; heureux à l'intérieur.	
Comportement	Les femelles accouchent une fois l'an et non deux, contrairement à la plupart des races. Cela peut affecter la disponibilité des chiots.	Soyez patient et disposé à voyager pour trouver un chiot.
Toilettage	Mue abondante au printemps et à l'automne.	Brossez et peignez sa robe chaque jour.
Problèmes de santé communs	Atrophie progressive de la rétine (APR) ; dérivation portosystémique, qui affecte la circulation du sang par le foie ; généralement en bonne santé.	Assurez-vous que l'élevage a été testé pour l'APR.

Histoire

L'arbre généalogique de l'épagneul tibétain remonte à plus de 3000 ans, s'il faut en croire les représentations de l'art asiatique ancien. On retrouvait communément ces chiens dans les monastères, prévenant les moines de l'approche d'un visiteur et faisant apparemment tourner leur moulin à prières. C'est pourquoi, durant un temps, cette race a été connue en Occident comme le chien de prière tibétain. Son plus proche parent, parmi les petits chiens de cette partie du monde, est sans doute le pékinois (voir page 70) ; il fut d'ailleurs appelé « épagneul pékinois » à une certaine période. Lorsqu'il fut découvert par des explorateurs occidentaux à la fin du XIXe siècle, son apparence variait beaucoup plus qu'aujourd'hui : certains individus étaient plus petits que d'autres – en particulier ceux originaires de régions proches de la Chine – et avaient un museau plus court qui les faisait ressembler davantage à des pékinois.

Influences du passé

Ayant été confinés pendant plusieurs siècles au sein de communautés monastiques cloîtrées, les épagneuls tibétains établissent instinctivement un lien très fort avec leur entourage, mais sont par conséquent peu enclins à accepter la présence d'étrangers. Le dressage ne pose pas de problème particulier, et il suffit de brosser et de peigner régulièrement leur robe pour lui conserver sa belle apparence. Cette race ne requiert pas de coupes fréquentes ni beaucoup de visites au salon de toilettage. La robe des mâles est généralement plus fournie que celle des femelles.

Queue poilue
La queue est relevée et abondamment couverte de longs poils qui retombent sur le corps.

Couleurs
Toutes les couleurs – dont le blanc – ou combinaisons de couleurs sont reconnues dans le cadre des expositions.

Museau
La tête présente un trait bien caractéristique en ce qu'il y a un changement d'angle marqué entre le dessus du crâne et le museau.

6. Le berger des Shetland

Comme son nom l'indique, ce berger provient de l'archipel des Shetland, au nord de l'Écosse. D'abord employé comme chien de ferme, il s'est depuis très bien adapté à un environnement purement domestique et s'avère un compagnon loyal et facile à dresser.

EN UN COUP D'ŒIL

- Réceptif au dressage
- Intelligent et s'adapte facilement
- Robe magnifique
- Apparence élégante
- Nature amicale
- Robuste
- Bonne taille

Crinière abondante
La crinière et les franges de poils sont particulièrement évidentes chez les mâles.

Longue tête
La tête s'effile légèrement sur la longueur, des oreilles jusqu'à la truffe.

Couleurs
La robe peut être noire, bleu merle ou beige sable (allant du doré à l'acajou), le tout assorti de zones de blanc.

Histoire

Le sheltie, comme on l'appelle affectueusement, est en fait une version réduite du colley à poil long. Polyvalent et doté de bonnes facultés d'adaptation, il surveilla longtemps les troupeaux de moutons dans les champs des Shetland, souvent sans supervision. Il avait aussi comme tâche d'empêcher les moutons de dévorer les récoltes, même si les risques de prédation étaient relativement faibles dans ces îles, comparés avec ceux du continent. Les cultures poussaient dans des champs non enclavés et les shelties aboyaient bruyamment afin de dissuader les troupeaux de pénétrer dans ces zones. Les marins de passage se sont mis à acheter des chiots qu'ils ramenèrent chez eux, ce qui augmenta rapidement la demande au début du XXe siècle.

Changement de rôle

À mesure que les petites fermes fusionnèrent ou se réorganisèrent, la présence du berger des Shetland déclina dans l'archipel. Heureusement, sa popularité augmenta à l'extérieur, à la fois comme chien d'exposition et comme animal de compagnie. Affectueux et facile à dresser, le sheltie est un choix très approprié pour une famille comptant de grands enfants ou pour une personne seule; toutefois, son maître devra le brosser régulièrement. Comme chien d'utilité, il est instinctivement réceptif au dressage et son intelligence naturelle ajoute à son charme. Bien qu'il ne soit pas petit, il n'intimide pas les jeunes enfants. C'est un chien qui a besoin de beaucoup d'exercice et qui peut aussi avoir tendance à aboyer à répétition.

CARACTÉRISTIQUES		NOTES
Personnalité	Loyal et protecteur.	
Taille	Hauteur: 33-41 cm. Poids: 6,3-7,2 kg.	Ne le nourrissez pas à l'excès, car il a beaucoup d'appétit et peut prendre de l'embonpoint.
Exercice	A besoin de beaucoup d'exercice, car il descend d'une lignée de chiens d'utilité; s'il tourne autour de vous en aboyant à l'occasion, c'est dans le but de vous entraîner avec lui.	Faites-lui faire de l'exercice au moins une fois par jour, en promenade ou en jogging; tenez-le à distance du bétail, il pourrait le prendre en chasse.
À la maison	A besoin de beaucoup d'espace; bon gardien.	
Comportement	Enjoué et réceptif.	
Toilettage	Soins de la robe plus intensifs lors de la mue, au printemps et à l'automne.	Brossez-le régulièrement pour conserver sa belle robe.
Problèmes de santé communs	Maladies oculaires, dont l'anomalie oculaire du colley (AOC).	Assurez-vous que l'élevage a été testé pour les problèmes oculaires.

7. Le spitz-loup

Cet ancien chien de péniche hollandais (encore appelé *keeshond* – son nom d'origine – dans de nombreux pays) est intelligent et réceptif, en plus de bien s'entendre avec les chats. Sa robe distinctive est fort attrayante.

EN UN COUP D'ŒIL

- Apprend rapidement
- Chien de garde alerte
- N'exige pas beaucoup d'espace
- Nature extravertie
- Robe facile d'entretien

Traits faciaux
Le spitz-loup a un museau de dimension moyenne, proportionné au crâne. Présence de « lunettes » autour des yeux.

Couleurs
La robe varie dans des combinaisons de crème, gris et noir.

Poils plus pâles
Le poil entre les pattes antérieures est plus pâle que sur le reste du corps.

Histoire

Le spitz-loup est l'un des plus petits représentants du groupe des spitz, qui se distingue par sa ressemblance avec le renard. Il arbore des oreilles pointues et dressées, un collier de poils plus fournis autour de la tête et une queue touffue recourbée vers le dos. Son nom d'origine fut inspiré d'une figure marquante de l'histoire des Pays-Bas, Kees de Gyselaer, chef du parti des patriotes hollandais à la fin du XVIIIe siècle, dont le chien était aussi nommé « Kees ». Après sa défaite, la race se fit plus rare, les gens ne désirant plus être associés à ce symbole de l'ancien mouvement de résistance. Il lui fallut presque un siècle pour retrouver sa popularité ; de nos jours, on peut apercevoir des spitz-loups sur des péniches sillonnant les canaux des Pays-Bas. Quand il commença à être connu en Angleterre, au début du XXe siècle, il était d'ailleurs appelé « chien de péniche hollandais ».

Hier et aujourd'hui

Puisque cette race a longtemps vécu dans l'espace restreint des péniches, elle réussit à trouver son bonheur dans des foyers à superficie minimale. Sa taille fait aussi en sorte qu'elle ne s'imposera pas dans ce type d'environnement. Autre trait qui remonte à son passé de chien « à tout faire » : c'est un bon gardien, très alerte à l'approche des visiteurs ; ainsi, comme il peut être plutôt bruyant, il faut lui apprendre à ne pas aboyer à tout propos.

CARACTÉRISTIQUES		NOTES
Personnalité	Attentif et très affectueux envers ses maîtres ; réservé mais vigilant en présence d'étrangers.	Apprenez-lui à ne pas aboyer inutilement.
Taille	Hauteur : 43-46 cm. Poids : 25-30 kg.	
Exercice	A besoin de beaucoup d'exercice.	Donnez-lui régulièrement la chance d'évoluer sans laisse.
À la maison	Calme et enjoué.	
Comportement	Alerte et intelligent ; s'entend souvent bien avec les chats.	
Toilettage	Les mâles ont un collier de poils plus abondant ; robe à l'épreuve des intempéries.	Brossez-le et peignez-le régulièrement, en particulier lors de la mue.
Problèmes de santé communs	Problèmes cardiaques possibles ; épilepsie.	Faites examiner le chiot par un vétérinaire pour détecter tout problème cardiaque.

8. L'épagneul cocker

Il existe aujourd'hui deux races légèrement différentes d'épagneuls cockers témoignant de leur passé commun de chiens de chasse. La race traditionnelle est l'épagneul cocker anglais, alors que la plus récente est l'épagneul cocker américain, largement connu aujourd'hui hors des États-Unis.

EN UN COUP D'ŒIL

- Désireux de participer à la vie de famille
- Très amical
- Aime apprendre
- Affectueux
- Toilettage essentiel
- Nature active

Histoire

L'épagneul cocker se distinguait déjà au XIXe siècle comme race issue du land spaniel, un chien plus imposant qui allait être connu sous le nom de springer anglais. Des croisements avec l'épagneul King Charles (voir page 19) ont aussi contribué à sa lignée. Il acquit son nom (cocker) de l'appellation anglaise du gibier qu'il chassait, soit la bécasse (*woodcock*), le lagopède d'Écosse (*moorcock*) et le tétras-lyre (*heathcock*). Son rôle consistait à déloger ces oiseaux des sous-bois et à les rapporter une fois qu'ils avaient été tués. La différence entre l'épagneul cocker anglais et son cousin américain commença à être apparente dans les années 1930, ce dernier se distinguant par sa taille plus petite et son poil plus abondant. Le museau de l'américain est aussi plus court et le dessus de sa tête a une forme plus ronde. Cette nette différence entre les deux souches fut officialisée en 1946 par l'American Kennel Club, qui reconnut la race américaine comme distincte de l'anglaise.

CARACTÉRISTIQUES		NOTES
Personnalité	Enthousiaste, plein d'entrain.	Dressez-le à ne pas être trop agité.
Taille	Hauteur (américain) : 36-38 cm. Poids (américain) : 11-13 kg. Hauteur (anglais) : 38-43 cm. Poids (anglais) : 12-15,5 kg.	
Exercice	Énergique ; adore explorer et jouer.	Laissez-lui chaque jour du temps pour faire de l'exercice et jouer dans la cour.
À la maison	Sa petite taille lui permet de bien s'intégrer ; aime le grand air et le jeu.	
Comportement	Son intelligence facilite le dressage ; désire plaire.	
Toilettage	La race américaine requiert plus de toilettage que l'anglaise.	Toilettez-le chaque jour et surveillez les brindilles et autres débris susceptibles de se glisser dans sa robe durant la promenade.
Problèmes de santé communs	Problèmes oculaires et auditifs, en particulier chez le cocker américain ; syndrome de la rage (aussi appelée « agressivité idiopathique », sans rapport avec la maladie appelée « rage ») chez certaines lignées anglaises à couleur uniforme, provoquant des manifestations soudaines d'agressivité.	Achetez votre chiot uniquement auprès d'un éleveur fiable.

Faire un choix

Il n'existe pas de grande différence de tempérament entre les deux souches, chacune étant d'ailleurs reconnue dans son pays d'origine comme l'épagneul cocker, sans distinction de nationalité. Toutefois, l'américain, plus petit, exige davantage de soins en raison de sa robe plus fournie. Peu de races sont aussi exubérantes et réceptives à l'apprentissage que l'épagneul cocker, mais il lui faut beaucoup d'exercice pour ne pas qu'il s'ennuie à la maison. L'entretien de la robe est aussi important.

Oreilles frangées
Ses oreilles longues et frangées sont attachées bas sur la tête, près des yeux.

Croupe forte
Sa puissante croupe permet à l'épagneul cocker d'être un excellent coureur.

Couleurs
Le pelage varie de crème pâle à noir, et comprend souvent des taches fauves ou des zones de blanc.

9. Le whippet

En raison de sa nature athlétique, le whippet doit pouvoir courir sans laisse au moins une fois par jour. Cette race de sprinters est même la plus rapide parmi les chiens courants, compte tenu de sa taille. Ce chien très affectueux est un charmant compagnon.

EN UN COUP D'ŒIL

- Nature amicale
- Robe douce et lisse
- Pas d'« odeur de chien » perceptible
- Apparence très élégante
- Parfois réservé avec les étrangers

Histoire

Originaire du nord-est de l'Angleterre, le whippet fut surnommé « cheval de course des pauvres » parce qu'il participait à des épreuves organisées dans des ruelles. Dans les champs, sa rapidité lui permettait d'attraper lapins et lièvres. Ses origines exactes demeurent nébuleuses, mais des croisements avec des terriers – dont le bedlington (voir page 109) – qui vivaient dans la même région ont sans doute contribué à son ascendance, tout comme avec le terrier de Manchester, le lévrier anglais (voir page 52) et le petit lévrier italien (voir page 48). Les courses de whippet devinrent populaires après que la race eut fait son apparition aux États-Unis au XIXe siècle. Elles eurent d'abord lieu au Massachusetts, puis gagnèrent la région de Baltimore.

Tempérament

Bien que le whippet donne l'impression d'être une version réduite du lévrier, les deux races ont des personnalités bien différentes. Sans doute en raison du sang de terrier qui coule dans ses veines, le whippet est plus expressif et a beaucoup d'endurance. Sa personnalité est aussi plus assurée et il possède clairement un côté enjoué, mais il partage avec les lévriers une réserve à l'égard des étrangers. Plutôt doux de nature, il faut quand même le tenir à distance d'animaux domestiques vulnérables tels que le lapin. Les whippets ne sont pas des chiens particulièrement gourmands, mais ils peuvent se servir de leur grande taille pour chiper de la nourriture laissée à leur portée sur un comptoir de cuisine ou sur une table.

CARACTÉRISTIQUES		NOTES
Personnalité	Doux, affectueux ; timide avec les gens qu'il ne connaît pas.	
Taille	Hauteur : 46-56 cm. Poids : environ 13 kg.	
Exercice	Doit pouvoir courir sans laisse, de préférence à la campagne ; chasse les animaux sauvages.	Attention aux véhicules lorsque le chien est sans laisse !
À la maison	Aime la compagnie des humains.	Évitez de le laisser sortir par temps froid et humide.
Comportement	Apprend rapidement et adore courir après une balle.	Dressez le chiot à venir à vous, ce qui réduira les probabilités de fugue à l'âge adulte.
Toilettage	Le poil dans la région pubienne peut devenir très mince, en particulier durant les périodes de mue ; exige un toilettage minimal.	Utilisez un gant de brossage pour chien de manière à donner un joli lustre à sa robe.
Problèmes de santé communs	Problèmes thyroïdiens et cardiaques.	

10. L'épagneul King Charles

Bien qu'il soit un compagnon loyal, la popularité de l'épagneul King Charles s'est beaucoup émoussée ces dernières années, conséquence directe de la concurrence livrée par le cavalier King Charles, une création moderne destinée à reconstituer l'apparence originale de la race.

EN UN COUP D'ŒIL
- Convient à un foyer comptant des enfants
- Facile à vivre
- Choix de couleurs attrayantes
- Tolérant
- S'adapte bien à la vie urbaine
- Réceptif

Histoire

Comme son nom le suggère, l'épagneul King Charles était un favori du roi Charles II. On ne sait trop s'il amena avec lui quelques-uns de ces épagneuls lors de son exil en Europe continentale en 1660, mais la robe de la souche d'origine était principalement blanche, parsemée de taches fauves. Cet épagneul arbore quatre types de pelage : noir avec taches fauves (Black & Tan), noir, blanc et roux (Prince Charles), blanc et roux (Blenheim) et uniformément roux (Ruby). À une certaine époque, on considérait que ces agencements étaient ceux de races distinctes. Des représentations montrent un chien affichant une truffe relativement longue à la fin du XVIIe siècle, mais son apparence se modifia considérablement au XIXe siècle pour donner une tête beaucoup plus aplatie et un corps de dimension réduite, des traits caractéristiques de l'épagneul King Charles.

À la maison

Ces chiens très affectueux conviennent parfaitement aux foyers avec de jeunes enfants, en raison de leur relative tolérance. Ils sont aussi très enjoués. Ils n'exigent pas énormément d'exercice, encore qu'une vérification régulière de leur poids soit essentielle parce que ces petits chiens sont prédisposés à l'obésité. Cette race facile à dresser est à l'aise dans un environnement urbain.

CARACTÉRISTIQUES		NOTES
Personnalité	Peut devenir plutôt dominant si on le gâte ; très affectueux et amical d'instinct.	Évitez de le gâter et de lui offrir des friandises.
Taille	Hauteur : 25 cm. Poids : 4-5,4 kg.	Ne le nourrissez pas à l'excès, car il est porté à prendre de l'embonpoint.
Exercice	Requiert des promenades relativement courtes ; n'est pas particulièrement athlétique.	Évitez l'exercice durant les moments les plus chauds de la journée.
À la maison	Très heureux à l'intérieur à condition de sortir deux fois par jour.	Offrez-lui l'occasion de faire ses besoins à d'autres moments du jour.
Comportement	Relativement calme ; s'entend bien avec les autres chiens.	
Toilettage	Brossage et peignage requis.	Nettoyez l'intérieur des oreilles et les écoulements lacrymaux avec un coton-tige humide.
Problèmes de santé communs	Maladies cardiaques ; dislocation rotulienne affectant les pattes arrière ; les chiens plus âgés ronflent et respirent fort en raison de leur configuration faciale.	La dislocation rotulienne peut nécessiter une chirurgie corrective.

Corps compact
Le corps court et compact a une apparence carrée de profil ; le dos est large.

Long poil
La robe présente de longues franges de poils particulièrement évidentes sur le corps, les oreilles et la poitrine.

Queue basse
La queue est basse. À l'occasion, les chiots peuvent naître avec une queue en tire-bouchon.

Des chiens destinés aux familles comptant de jeunes enfants ou des adolescents, aux gens désireux de jouer avec leur animal domestique et à ceux qui aiment la campagne.

Golden retriever

Braque allemand à poil court

Les chiens de famille

Les chiens présentés dans ce chapitre se distinguent par leur nature enthousiaste et leur désir de participer aux activités familiales. Ils sont également robustes et, dans la plupart des cas, débordants d'énergie. Le bull-terrier, par exemple, possède beaucoup d'endurance et adore jouer pendant de longues périodes. Mais il importe quand même de choisir avec soin parmi les animaux de cette liste, en tenant compte particulièrement de l'âge de vos enfants.

Par exemple, le boxer est probablement trop fougueux pour un foyer où il y a de très jeunes enfants. Il est préférable alors d'opter pour une race de chiens plus petits comme le shih-tzu ou le schnauzer nain, qui ne sont pas portés à sauter. Si vous souhaitez jouer avec votre chien, alors le colley barbu est un choix idéal, à la fois comme compagnon et comme participant à des jeux d'obéissance ou d'agilité.

Mais le fait que ces races sont adaptées à la vie familiale ne signifie pas pour autant que leur dressage soit toujours simple. Certains chiens de chasse présentés ici, tels que le braque allemand à poil court et le golden retriever, sont très réceptifs à cet égard, mais d'autres, comme le beagle et le chien courant de Hamilton, sont beaucoup plus rétifs en dépit de leur nature amicale. Il faut donc, dans ces cas, faire preuve de persévérance.

Schnauzer nain

1. Le beagle

Ce chien plein d'entrain, débordant d'énergie et presque toujours prêt à jouer s'avère un excellent compagnon familial. De manière générale, les beagles sont dotés d'un très bon tempérament et leur taille n'intimide pas les plus jeunes membres de la famille.

EN UN COUP D'ŒIL

- Race de taille moyenne
- Robe individuelle
- Nature animée
- Débordant d'énergie
- Pelage facile d'entretien
- Chien de famille
- Gourmand

Histoire

Ces chiens étaient élevés pour la chasse au lièvre, qu'ils poursuivaient en meute accompagnés de chasseurs à pied. Le beagle est la plus petite race de chiens d'origine britannique, comme l'évoque son nom qui viendrait du gaélique *breeds* signifiant « petit ». Une forme naine de l'espèce – le pocket beagle – fut très prisée au XVIIe siècle, mais cette lignée disparut à la fin du XIXe siècle. Les premiers beagles firent leur apparition aux États-Unis en 1876 et participèrent à des expositions canines dès le milieu des années 1880. Depuis, ils sont très populaires comme animaux de compagnie. Chaque chien est légèrement différent des autres, ce qui lui permet de se distinguer au sein d'un groupe.

Détermination

Les larges narines du beagle lui permettent de détecter et de suivre une piste avec beaucoup de détermination, ce qui risque de vous compliquer la vie car il peut se montrer très réticent à s'arrêter une fois qu'il a repéré une odeur. Il est donc très important de dresser votre animal à vous rejoindre lorsque vous l'appelez. Ce qu'il faut aussi surveiller attentivement, c'est l'énorme appétit du beagle, qui se gavera d'autant de nourriture que vous lui en donnerez et risque ainsi de souffrir d'embonpoint. Évitez de laisser des sacs de provision au sol, car ils seront sans doute dépouillés de leur contenu comestible.

Dos solide
Le dos court et solide doté de côtes saillantes permet une bonne capacité pulmonaire.

Couleur caractéristique
La robe du beagle est généralement tricolore ou encore citron et blanc avec certains motifs individuels.

Pattes et pieds
Les pattes antérieures bien droites et les pieds fermes et arrondis offrent une bonne prise lors de la course.

	CARACTÉRISTIQUES	NOTES
Personnalité	Exubérant et amical, mais glouton.	Surveillez son ingestion de nourriture.
Taille	Hauteur : jusqu'à 33 cm et de 33 à 38 cm. Poids : 8-14 kg.	Les femelles sont légèrement plus courtes ; les deux ordres de hauteur sont considérés comme le reflet de deux souches.
Exercice	Plein d'énergie ; peut être rétif lorsqu'il est sans laisse.	Une bonne course quotidienne est recommandée.
À la maison	Peut s'avérer un habile fugueur.	Assurez-vous que les portes et les grilles sont bien fermées.
Comportement	L'obéissance peut poser un problème.	
Toilettage	La robe de poil court requiert peu d'attention.	Utilisez un gant de toilettage pour chien afin de donner un joli lustre à sa robe.
Problèmes de santé communs	Épilepsie ; dysplasie de la hanche ; problèmes thyroïdiens.	Assurez-vous que l'élevage a été testé pour la dysplasie de la hanche.

2. Le colley barbu

Cette race n'est pas faite pour les citadins ou les gens qui ont la marche en aversion. Mais dans un environnement champêtre offrant plein d'occasions de se dépenser, le colley barbu s'avérera un compagnon idéal, surtout dans un foyer comptant des adolescents débordants d'énergie.

EN UN COUP D'ŒIL

- Exubérant
- Affectueux
- Entretien exigeant de la robe
- Très à l'aise à la campagne
- Dressage essentiel
- Beaucoup d'exercice requis

Histoire

Ses origines demeurent nébuleuses, mais le colley barbu est sans doute apparenté au berger de vallée polonais, déjà connu en Écosse au XVIe siècle. Le berger gallois gris – aujourd'hui disparu – a sans doute aussi contribué à sa lignée. La tâche principale de ces chiens était d'accompagner le bétail, en particulier les bovins, avant l'apparition du transport mécanique. La survie de la race est due à peu près uniquement au dévouement d'une passionnée, Mme Gwendoline Willison, qui acquit en 1944 un couple de ces chiens bergers en voie d'extinction ; elle développa le « barbu » - comme on l'appelle affectueusement – à son chenil de Bothkennar dans le Buckinghamshire en Angleterre. Dans les 15 années qui suivirent, la race fit son entrée aux États-Unis, où elle devint rapidement populaire, et son avenir est désormais assuré.

Dresser un barbu

Le dressage d'un jeune colley barbu est affaire de temps. Les chiots en particulier peuvent être très exubérants et ne conviennent pas vraiment à un foyer où l'on trouve de jeunes enfants. Ces colleys apprécient les longues promenades, mais il ne faut pas trop pousser les chiots. Comme cette race a été conçue pour se déployer au grand air, le barbu possède un duvet doux et isolant ainsi qu'un poil long et résistant aux intempéries. Soyez disposé à consacrer beaucoup de temps à son toilettage. Il est normal que sa robe pâlisse avec le temps.

Physionomie expressive *L'intelligence du colley barbu se manifeste par son expression faciale et ses yeux ovales.*

Couleurs *Chez le colley, la couleur n'a pas d'importance. Sa robe peut être uniforme, bicolore, tricolore, merle ou sable.*

Pieds ovales *Ses pieds sont ovales avec des orteils arqués et recouverts d'une bonne couche de poils.*

CARACTÉRISTIQUES		NOTES
Personnalité	Sûr de lui et plein d'entrain.	
Taille	Hauteur : 51-56 cm. Poids : 18-27 kg.	
Exercice	Requiert de longues promenades.	Tenez-le à distance du bétail, il pourrait vouloir le prendre en chasse.
À la maison	Énergique, il risque de ne pas se calmer s'il manque d'exercice ; a besoin d'une vaste cour.	Établissez une routine pour la sortie du chien.
Comportement	La croissance des chiots est lente par rapport à d'autres races ; les femelles sont plus difficiles à dresser.	Dressez-le pour prévenir les comportements turbulents.
Toilettage	Le toilettage est essentiel.	Brossez-le régulièrement afin d'éviter que ses poils s'emmêlent.
Problèmes de santé communs	Prédisposé à la maladie d'Addison, qui affecte les glandes surrénales et peut s'avérer mortelle si elle n'est pas détectée.	Surveillez l'occurrence de problèmes digestifs susceptibles de révéler cette maladie.

3. Le boxer

Le nom de la race s'explique par sa nature très enjouée : les boxers se lèvent souvent d'un bond et luttent l'un contre l'autre en se tenant sur leurs pattes arrière. Ils font preuve d'un authentique enthousiasme et forment des liens solides, surtout avec les enfants plus âgés.

Histoire

Le boxer descend d'une ancienne lignée de dogues et partage sans doute un lien de parenté avec celui de Bordeaux (voir page 87). Mais l'évolution de la race telle qu'on la connaît débuta en Allemagne au milieu du XIXe siècle. Son apparence reflète des croisements avec certains chiens de chasse et une souche ancienne de bouledogue anglais à longues pattes. La robe classique du boxer est bicolore, avec des zones de blanc sur le museau, la poitrine et les pieds. Ce chien intelligent fut employé comme messager dans les tranchées durant la Première Guerre mondiale et encore aujourd'hui, il accomplit un large éventail de tâches, comme celles de chien guide ou de gardien de bétail.

Attention !

Le boxer n'est pas adapté aux chauds climats. Il est vulnérable aux coups de chaleur, comme toutes les races à museau court. Les chiens éliminent la chaleur en haletant et en refroidissant l'air à travers leurs narines plutôt qu'en transpirant comme nous. Les boxers, particulièrement animés de nature, ne devraient donc pas s'adonner à l'exercice au milieu du jour, lorsque le soleil est à son zénith. Ils sont aussi vulnérables aux cancers de la peau, surtout les boxers blancs qui, d'ailleurs, ne sont jamais acceptés dans les expositions. Les boxers sont de très loyaux compagnons, mais ils ne reculeront pas si on les provoque. On doit donc bien les dresser pour éviter les conflits.

EN UN COUP D'ŒIL

- Généralement gentil avec les enfants
- Plein d'entrain
- Étonnamment agile
- Adore jouer
- Robe facile d'entretien
- Ne vieillit pas bien

CARACTÉRISTIQUES		NOTES
Personnalité	Loyal et amical ; méfiant à l'égard des étrangers.	Gardez l'œil ouvert en présence d'étrangers.
Taille	Hauteur : 56-64 cm. Poids : 30-32 kg.	
Exercice	A besoin de courir chaque jour.	Attention en présence d'autres chiens, car il pourrait vouloir jouer avec eux !
À la maison	A tendance à sauter pour attirer l'attention.	Essayez de réprimer ses tendances à sauter.
Comportement	Est plein d'entrain et réceptif ; intelligent.	Soyez patient, car il est facilement distrait pendant le dressage.
Toilettage	Le toilettage est très simple, en raison de son poil court.	Toilettez-le selon les besoins.
Problèmes de santé communs	Très vulnérable à la néoplasie ; les boxers blancs sont prédisposés à la surdité ; problèmes cardiaques ; tous les types de cancer.	

4. Le schnauzer nain

Cette version réduite du schnauzer géant (voir page 126) est un compagnon plein d'entrain qui s'adapte bien au milieu familial, disposé tout autant à jouer avec les enfants qu'à accompagner leurs grands-parents en promenade. C'est une race idéale pour toute la famille.

EN UN COUP D'ŒIL
- Intelligent
- Enjoué
- Bon chasseur de rongeurs
- Réceptif au dressage
- S'entend bien avec les gens et la plupart des chiens
- Robe sans mue

Histoire

Le schnauzer est originaire d'Allemagne. Le nain est issu de plus petits individus sélectionnés dans des portées de schnauzers géants. Ce processus a été entamé à Francfort par deux éleveurs, Georg Riehl et Heinrich Schott, qui utilisèrent également une autre race allemande, l'affenpinscher (voir page 78), pour compléter l'entreprise de miniaturisation, produisant ainsi la race que nous connaissons maintenant. Il est possible que d'autres races, dont le poméranien (voir page 73), aient aussi joué un rôle, encore qu'il n'en existe pas de preuve convaincante. Le schnauzer nain a fait son apparition vers la fin des années 1880.

La robe

Une caractéristique particulièrement intéressante de cette race, aux yeux des gens soucieux de la propreté de leur maison, est qu'elle ne perd pas son poil. On peut épiler les schnauzers à la main – plus précisément au doigt – ou à l'aide d'un couteau à épiler pour conserver une belle apparence à leur robe, mais ce n'est pas une mince tâche. Il existe une autre option, la tonte, mais cela ramollit le pelage. La couleur la plus distinctive de ces chiens est le « poivre et sel », qui se présente comme une alternance de bandes noires et blanches sur le dessus de la robe. Si un schnauzer nain est tondu plutôt qu'épilé, l'effet de cette alternance aura tendance à s'émousser.

Queue haute
La queue, élevée, est dressée et recourbée derrière le corps.

Fortes cuisses
Les cuisses sont fortement musclées et obliques.

Pieds félins
Les pieds, courts et dotés de coussinets, ressemblent à ceux d'un chat.

CARACTÉRISTIQUES		NOTES
Personnalité	Alerte et amical.	
Taille	Hauteur : 30-36 cm. Poids : 6-7 kg.	
Exercice	N'est pas très athlétique ; préfère marcher plutôt que courir.	Comme exercice, faites-le courir après une balle.
À la maison	Sa petite taille convient à la plupart des foyers ; bon chien de garde.	
Comportement	Relativement tolérant à l'égard des autres chiens ; peut ne pas bien s'entendre avec les chats ; chasseur de rats.	Apprenez-lui à ne pas être trop jaloux de son territoire, ce qui est dans sa nature.
Toilettage	Robe sans mue, mais qui requiert une certaine attention.	Tondez ou épilez les poils pour une apparence soignée.
Problèmes de santé communs	Rétrécissement de l'artère pulmonaire, un problème congénital qui se manifeste par un manque d'énergie et de l'essoufflement.	Cette situation peut être corrigée par chirurgie.

5. Le braque allemand à poil court

Ce chien de chasse est pleinement à l'aise dans un environnement champêtre. Son endurance et son enthousiasme en font un excellent compagnon pour les familles comptant de grands enfants. Comme c'est le cas des autres braques, son dressage est relativement simple.

Histoire

Les origines du braque allemand à poil court remontent au XVIIe siècle. Cette race fut d'abord le produit de croisements entre le braque espagnol, plutôt lent, et des chiens de chasse allemands. Afin d'en faire un chien d'utilité plus polyvalent, des croisements furent réalisés au XIXe siècle avec le pointer anglais, plus léger et plus rapide. La normalisation de la race émergente se précisa en 1870 avec la création d'un registre généalogique du *kurzhaar*, comme on appelle ce chien dans son pays d'origine.

Capacités de travail

Ce chien de chasse polyvalent déborde d'énergie et son désir de travailler avec son maître en fait un compagnon dévoué. Les braques allemands à poil court apprennent rapidement. Ils adorent les promenades à la campagne, où ils déploient volontiers leurs talents de chien d'arrêt, adoptant la pose immobile caractéristique lorsqu'ils détectent la présence du gibier. Ils adorent aussi rapporter les jouets qu'on leur lance. Amicaux et enthousiastes, ils établissent des liens étroits avec les membres de la famille. Ces chiens marron et blanc présentent une apparence très personnalisée, bien qu'il existe aussi des chiens entièrement marron.

CARACTÉRISTIQUES		NOTES
Personnalité	Intelligent, accommodant et sensible.	
Taille	Hauteur: 53-64 cm. Poids: 20,4-32 kg.	Les mâles peuvent être un peu plus lourds que les femelles.
Exercice	A un niveau d'énergie très élevé et beaucoup d'endurance; doit être libéré de sa laisse de temps à autre.	N'imposez pas trop d'exercices aux chiots, car cela peut causer à long terme des problèmes d'articulation.
À la maison	Adore participer à la vie de famille.	Assurez-vous que portes et grilles sont bien fermées; peut sauter par-dessus les grilles et s'enfuir s'il s'ennuie.
Comportement	Très réceptif au dressage; risque d'être destructeur s'il s'ennuie.	Impliquez tous les membres de la famille dans le dressage afin de l'encourager à établir un lien avec chacun.
Toilettage	Le toilettage est simple, en raison de son poil lisse.	Brossez-le à l'occasion.
Problèmes de santé communs	Dysplasie de la hanche, ce qui cause la claudication.	Assurez-vous que l'élevage a été testé pour la dysplasie de la hanche.

Larges oreilles *Les oreilles sont larges et situées au sommet de la tête, d'où elles retombent.*

Couleurs *La robe est uniformément marron ou marron et blanc.*

Pieds compacts *La forme des pieds varie: ils peuvent être arrondis ou en forme de cuiller, avec des orteils fortement arqués.*

EN UN COUP D'ŒIL

- Chien de chasse polyvalent
- De bonne taille
- Pas agressif
- Robe facile d'entretien
- Réceptif aux gens
- Énergique
- Généralement obéissant

6. Le petit basset griffon vendéen

De caractère extraverti, le petit basset griffon vendéen est de plus en plus apprécié comme compagnon. Dans plusieurs pays, il est mieux connu sous ses initiales : PBGV.

Histoire

Plusieurs races de chiens de chasse ont été créées en France. Le groupe des griffons vendéens compte pas moins de quatre races dont chacune se distingue par sa taille. Deux bassets en font partie : alors que le petit basset griffon vendéen est très populaire, son cousin légèrement plus gros, le grand basset griffon vendéen, est à peine connu hors de France. L'appellation de « basset » rappelle leur courte taille, alors que le mot « griffon » évoque leur poil rugueux. Ce chien et ses cousins sont originaires de Vendée ; les deux bassets ont été distingués récemment, soit en 1950. Le petit a fait son apparition en Grande-Bretagne en 1969 et est aujourd'hui répandu dans plusieurs autres pays.

Popularité

Les bassets sont des compagnons affectueux, pleins d'entrain et très attachants. Toujours désireux d'être impliqués dans les activités familiales, ils sont à leur mieux quand ils font beaucoup d'exercice. Leur poil dru et rêche, conçu pour les protéger des broussailles piquantes lorsqu'ils sont en course, est facile d'entretien : un simple brossage suffit à en retirer la boue, une fois séchée ; nul besoin de le tailler. Comme ces bêtes ont été élevées traditionnellement en meutes pour chasser lapins et lièvres, il ne faut pas vous étonner si votre chien part inopinément à la poursuite d'une de ces créatures au cours d'une promenade à la campagne.

CARACTÉRISTIQUES		NOTES
Personnalité	Expressif ; indépendant ; têtu à l'occasion ; amical et sociable, héritage de son passé de chien de meute.	Le dressage peut s'avérer compliqué en raison de sa nature têtue.
Taille	Hauteur : 33-38 cm. Poids : 14-18 kg.	
Exercice	Très énergique ; a besoin de courir sans laisse au moins une fois par jour.	Assurez-vous que votre chien fait suffisamment d'exercice, car l'ennui suscite chez lui un comportement destructeur.
À la maison	Peut être trop fougueux pour de jeunes enfants.	Gardez l'œil sur lui en présence de jeunes enfants ou d'animaux.
Comportement	Il est improbable qu'il ait des conflits avec d'autres chiens à l'extérieur.	
Toilettage	Toilettage minimal en raison de son pelage ébouriffé, rêche et à double couche.	Brossez-le au besoin.
Problèmes de santé communs	Épilepsie ; hypothyroïdie ; infections des oreilles ; peut souffrir de problèmes de peau.	

Oreilles basses
Les oreilles sont basses, couvertes de longs poils et de forme ovale aux extrémités.

Cou et dos
Il possède un cou long et fort ainsi qu'un dos droit, du garrot à la croupe.

Pattes solides
Les fortes pattes avant ont une apparence solide dénotant une bonne masse osseuse.

EN UN COUP D'ŒIL

- Amical de nature
- Personnalité expansive
- Plein d'entrain
- S'entend bien avec les enfants
- Petit de taille
- Requiert énormément d'exercice

7. Le bull-terrier

Très distinctifs avec leur tête large et ovale, les bull-terriers ont un caractère déterminé qui s'accorde avec leur charpente trapue et très musclée. Ce sont des bêtes loyales, mais peu amicales envers les autres chiens, surtout les autres bull-terriers.

EN UN COUP D'ŒIL

- Puissant
- Enjoué
- Déterminé
- Peu amical envers les autres chiens
- Toilettage facile
- Race extrêmement résolue

Tête caractéristique
La tête caractéristique est courbée vers le bas à partir du front jusqu'à la truffe.

Cou solide
Il possède un cou long, arqué et très puissant.

Charpente puissante
Des épaules extrêmement musclées et un dos court mais fort forment la charpente du bull-terrier.

	CARACTÉRISTIQUES	NOTES
Personnalité	Amical ; peut être combatif.	Il est essentiel que le dressage débute dès le plus jeune âge.
Taille	Hauteur : 53-56 cm. Poids : 24-28 kg.	
Exercice	Trotte l'amble ; ne court pas très bien mais déborde d'énergie ; puissant.	Tenez-le à distance des autres bull-terriers.
À la maison	Adore jouer à la maison.	
Comportement	Généralement pas agressif, mais ne recule pas si on le provoque ; s'entend bien avec les chats.	Ne laissez pas les enfants le promener, même avec une laisse, sans la surveillance d'un adulte.
Toilettage	Toilettage simple grâce à son poil doux et lisse.	Utilisez un gant de brossage pour chiens.
Problèmes de santé communs	Divers cancers, en particulier les chiens chez qui le blanc prédomine.	Surveillez l'apparition de bosses inexpliquées.

Histoire

Cette race fut d'abord conçue comme chien de combat au XVIIIe siècle, alors qu'on la mesurait à d'autres bêtes de la même espèce. Elle provient de croisements entre terriers anglais et vieux bouledogues anglais, plus grands et athlétiques que ceux qu'on connaît aujourd'hui. La robe blanche, parfois parsemée de taches noires – très communes de nos jours chez les représentants de cette race –, provient de croisements avec des dalmatiens (voir page 95) réalisés vers les années 1850 pour augmenter l'endurance du bull-terrier. Le terrier anglais blanc – une race aujourd'hui disparue – a également contribué à son ascendance. Lorsque l'époque des combats de chiens tira à sa fin, le bull-terrier devint populaire comme chien d'exposition.

Foyers avec ados

Cette race puissante est particulièrement appropriée pour les familles comptant des adolescents ; en raison de sa force, un bull-terrier qui entreprend de tirer sur sa laisse peut devenir difficile à maîtriser pour un jeune enfant. Le châtrage est recommandé afin de réduire ses instincts agressifs envers les autres chiens, alors que la socialisation précoce et un dressage ferme dès le plus jeune âge contribueront à faire du chiot un adulte bien adapté à son environnement. Le bull-terrier a une nature très enjouée, mais soyez disposé à lui offrir des jouets solides, sinon ses puissantes mâchoires lui permettront de les détruire aisément.

8. Le shih-tzu

Le nom peu commun du shih-tzu signifie littéralement « chien-lion », une image confirmée par le fait que, traditionnellement, la robe de cette race était blonde. Il a été conçu comme animal de compagnie plutôt que comme chien d'utilité.

EN UN COUP D'ŒIL

- Compagnon urbain idéal
- Demande peu d'exercice
- Affectueux
- Patient
- Requiert beaucoup de toilettage

Histoire

Les origines du shih-tzu remontent à la Chine impériale. Le dalaï-lama, qui régnait alors sur le Tibet, offrit à l'empereur de Chine des lhassa-apsos (voir page 75), lesquels furent conduits dans la Cité interdite à Beijing. Ces petits chiens furent ensuite croisés avec des pékinois (voir page 70), qui y étaient alors en résidence, et c'est ainsi que fut créé le shih-tzu il y a plus de 400 ans. Ce chien demeura inconnu en Occident jusqu'aux années 1930 et ce n'est que 30 ans plus tard qu'il fut introduit aux États-Unis; depuis, sa popularité n'a cessé de croître.

CARACTÉRISTIQUES		NOTES
Personnalité	Amical et enjoué, même s'il lui arrive d'être plus réservé; vigilant face aux étrangers; affectueux.	
Taille	Hauteur: 20-28 cm. Poids: 4-7,2 kg.	Un chien de taille moyenne est préférable.
Exercice	Petite marche quotidienne dans le parc; pas athlétique, mais aime bien explorer pendant la promenade.	Promenez-le chaque jour et donnez-lui l'occasion d'explorer.
À la maison	Convient à la vie en appartement; aime bien regarder par la fenêtre.	Consacrez du temps à son toilettage afin d'établir un lien.
Comportement	Intrépide à l'occasion, il n'hésite pas à grimper; parfois combatif; recherche la compagnie de son maître.	Dressez-le à ne pas être trop combatif.
Toilettage	Le toilettage exige du temps, en raison de son poil dense.	Au besoin, nouez les poils en chignon sur la tête.
Problèmes de santé communs	Problèmes congénitaux affectant les reins et le système sanguin.	Surveillez les anomalies urinaires et les pinçons.

La vie en milieu urbain

Le shih-tzu est une race très déterminée, d'une nature assurée et extravertie. En dépit de sa petite taille, il est doté d'une véritable personnalité et, en particulier si on l'acquiert dès son plus jeune âge, il établira avec ses maîtres des liens solides. C'est probablement la raison pour laquelle les shih-tzus ont toujours vécu parmi les gens. Étant d'excellents compagnons, ils sont particulièrement adaptés à la vie familiale. Ils sont heureux en milieu urbain, là où il n'est pas du tout pratique de garder des races plus imposantes. Le seul inconvénient possible: le temps considérable qu'il faut consacrer à leur toilettage afin d'empêcher leur pelage abondant de s'emmêler. Les poils sur le dessus de la tête sont généralement attachés.

Yeux proéminents
Les yeux proéminents sont bien espacés et d'une teinte très sombre.

Robe des chiots
Les poils des petits sont moins fournis que ceux des adultes.

Couleurs
Toutes les couleurs sont officiellement reconnues et les motifs issus de combinaisons de couleurs sont communs.

9. Le golden retriever

EN UN COUP D'ŒIL

- Magnifique apparence
- Compagnon fiable
- Très réceptif
- Doux
- Adore l'eau
- Affectueux

Le golden retriever est l'une des rares races dont le nom indique la couleur. Conçu comme un chien de chasse capable de travailler étroitement avec les gens, ce retriever est amical d'instinct et s'adapte très bien à un environnement familial.

Histoire

Les origines du golden retriever demeurent plutôt mystérieuses. Ce qu'on sait avec certitude, c'est qu'il a été conçu dans le domaine écossais de lord Tweedmouth, dont l'objectif était de créer un chien rapporteur de gibier d'eau. Il débuta son entreprise en 1865 par un croisement entre un retriever à poil bouclé blond et un épagneul tweed-water, une union qui produisit quatre chiots blonds. Un setter irlandais contribua également à la lignée. Bien que la race ait fait son apparition assez tôt en Amérique du Nord – d'abord au Canada en 1881 et aux États-Unis neuf ans plus tard –, ce n'est que dans les années 1930 qu'elle commença à s'attirer des adeptes.

Une nature enjouée

Énergique et enthousiaste, le golden retriever a une bonne capacité d'adaptation, mais la vie urbaine ne lui convient pas très bien. Ces chiens rapporteurs ont besoin de grands espaces où déployer leur nature active et jouer avec les membres de la famille. L'un de leurs jeux favoris consiste à courir à la poursuite d'un frisbee – on vend des modèles conçus pour les chiens dans certaines animaleries – pour le rapporter et recommencer aussitôt le manège. En plus de raffermir les liens entre le chien et son maître, cette activité offre énormément d'exercice à cette race très athlétique. Il faut consacrer un certain temps à brosser son pelage double, mais il ne s'agit pas d'une tâche particulièrement ardue ni fastidieuse.

CARACTÉRISTIQUES		NOTES
Personnalité	Doux ; peu méfiant à l'égard des étrangers ; affectueux.	
Taille	Hauteur : 53-61 cm. Poids : 25-34 kg.	Les mâles sont généralement nettement plus lourds que les femelles.
Exercice	A besoin d'une bonne promenade chaque jour et de pouvoir explorer sans laisse.	Les chiots ne doivent pas faire trop d'exercice : dans leur cas, évitez les longues randonnées.
À la maison	Adore jouer ; très affectueux.	Accordez-lui du temps pour jouer.
Comportement	Plongera dans l'eau aussitôt que l'occasion se présentera ; bon nageur ; le chiot peut être turbulent ; intelligent et réceptif.	
Toilettage	Peignage et brossage requis ; un bain s'impose si le chien est allé dans l'eau ; les chiots, au poil plus court, requièrent moins de toilettage.	Peignez-le et brossez-le régulièrement ; faites-lui prendre un bain, au besoin.
Problèmes de santé communs	Dysplasie de la hanche ; divers problèmes oculaires.	Assurez-vous que l'élevage a été testé pour la dysplasie de la hanche.

10. Le chien courant de Hamilton

EN UN COUP D'ŒIL

- Belle apparence
- D'une nature agréable
- Enthousiaste et réceptif
- A besoin de beaucoup d'exercice
- Robe facile d'entretien

Cette race d'origine scandinave est peu commune, car alors que la plupart des chiens courants poursuivent leur proie en meute, celui de Hamilton chasse seul. Il établit donc avec son maître des liens plus étroits que plusieurs autres races de même type. Il adore jouer, en particulier courir à la poursuite de balles.

Histoire

Cette race porte le nom du comte Adolf Hamilton, qui l'a conçue dans les années 1880. Plusieurs chiens de chasse européens ont contribué à son ascendance, dont certains suisses et allemands ainsi que le foxhound anglais, celui auquel il ressemble le plus de nos jours. Le chien courant de Hamilton est tricolore, et la disposition de ses taches est relativement stable. La bande noire sur le dos contraste avec le reste de la robe, de teinte fauve. On compte aussi des zones blanches sur la tête, la poitrine, les pieds et souvent le bout de la queue, ce qui contribue à lui donner une jolie apparence.

Un chien d'extérieur

Le chien courant de Hamilton est l'un des chiens de chasse les plus affectueux, ce qui explique, en partie du moins, sa popularité croissante hors de Suède, son pays d'origine. D'adaptation facile, il s'intègre bien dans la famille, pourvu qu'il fasse beaucoup d'exercice afin de déployer ses dons athlétiques. Il se porte à merveille à la campagne, où on peut le laisser s'activer sans laisse en toute confiance. Le seul problème est le dressage, car ces chiens suivent leur piste avec une obstination telle qu'ils ignorent souvent les ordres de s'arrêter. Il n'y a là aucune malice, mais cela signifie qu'il faudra vous concentrer sur les aspects « assis, couché » du dressage. Ces chiens sont authentiques et font preuve d'un réel enthousiasme, ce qui les rend encore plus attachants. Leur poil court et lisse ne nécessite pas énormément de toilettage.

CARACTÉRISTIQUES		NOTES
Personnalité	Plein d'entrain.	
Taille	Hauteur : 48-61 cm. Poids : 22,7-27 kg.	Les mâles sont généralement un peu plus lourds que les femelles.
Exercice	Requiert beaucoup d'occasions de courir.	Laissez-le courir sans laisse au moins une fois par jour.
À la maison	A besoin d'un vaste jardin ; est malheureux dans un espace restreint.	Assurez-vous que votre jardin est bien clôturé.
Comportement	Aime se relaxer et dormir après avoir couru ; peu jaloux de son territoire, à l'aise en présence d'autres chiens ; hurle souvent, surtout dehors ; actif.	Donnez-lui l'occasion de jouer, il adore ça.
Toilettage	Le toilettage est simple, en raison de son poil lisse.	Brossez-le ou utilisez un gant de toilettage pour conserver sa robe propre.
Problèmes de santé communs	Aucun problème notable connu.	

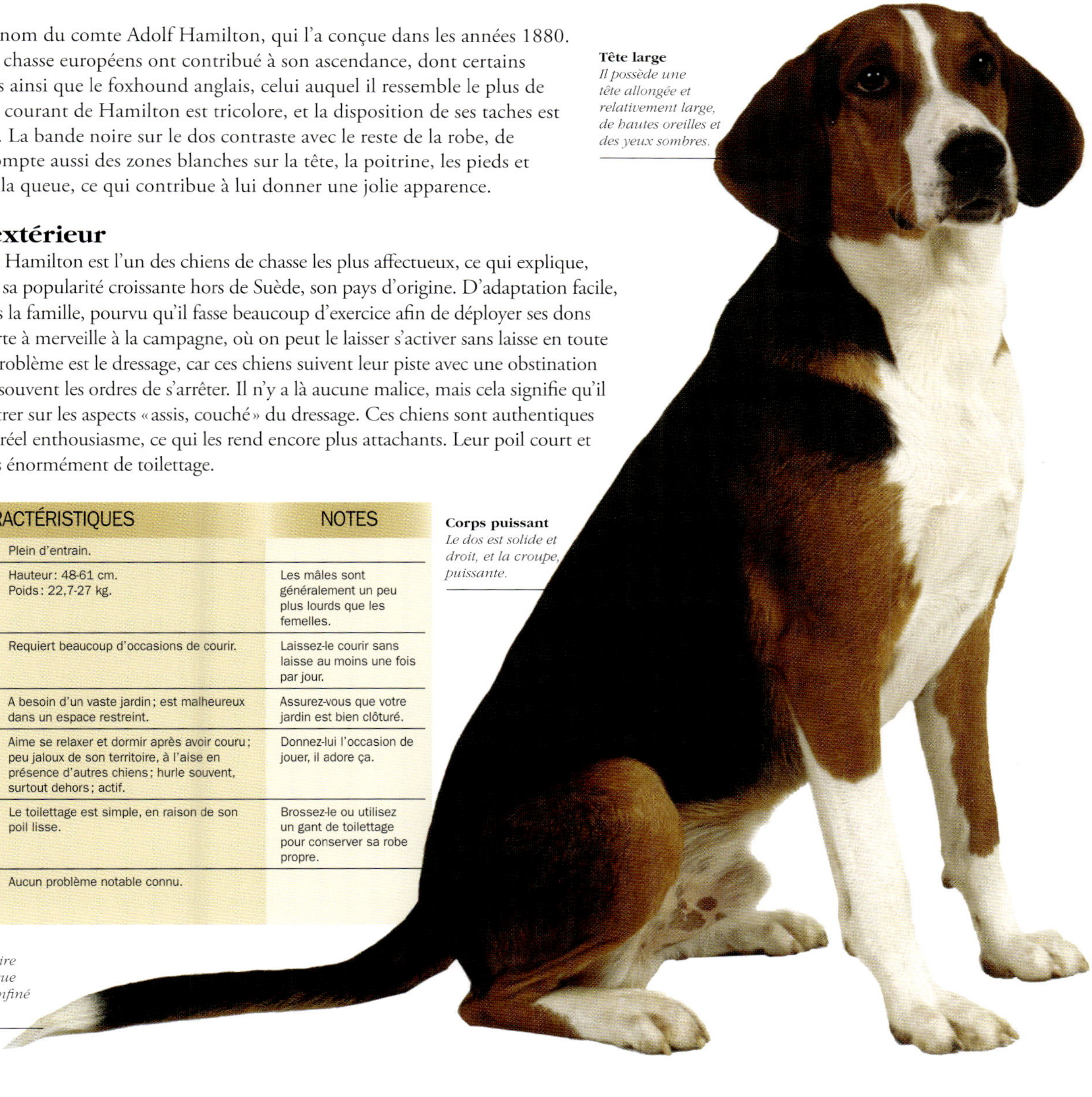

Tête large
Il possède une tête allongée et relativement large, de hautes oreilles et des yeux sombres.

Corps puissant
Le dos est solide et droit, et la croupe, puissante.

Fauve et noir
La coloration fauve et noire est prédominante, alors que le blanc est largement confiné aux extrémités du corps.

Des chiens **qui conviennent aux gens seuls, à ceux qui désirent partager leur passion des chiens, qui apprécient la détente… et aux personnes qui vivent en ville**

Chien d'arrêt italien à poil dur

Les chiens sociables

Ces chiens, qui s'entendent généralement bien avec les membres de leur race et les autres chiens, constituent un choix idéal pour les gens qui veulent promener leur animal en toute tranquillité. Des races comme le bichon havanais et le coton de Tuléar (rare mais de plus en plus populaire) répondent tout à fait à cette exigence. Ce sont des animaux de compagnie qui n'affichent pas cette pugnacité instinctive caractéristique de certains petits chiens – dont beaucoup de terriers –, et ils manifestent rarement un comportement agressif. Vous pouvez donc les laisser se promener sans laisse.

Certaines races présentées dans ce chapitre, telles que le lévrier écossais, ont clairement besoin de beaucoup d'espace. Là encore, si vous promenez régulièrement votre animal à la campagne, vous n'aurez pas à vous soucier qu'il engage le combat avec les chiens qu'il rencontrera. Il est important de donner aux chiots de cette catégorie l'occasion de se mêler librement à d'autres chiens une fois qu'ils auront reçu les vaccins nécessaires ; cela leur permettra de devenir, à l'âge adulte, des bêtes amicales et sociables.

Cavalier King Charles

1. L'épagneul breton

Dans certains pays, on a laissé tomber l'appellation d'épagneul parce qu'en dépit de son apparence, ce chien d'origine française se comporte davantage comme un chien d'arrêt. La longueur de la queue diffère considérablement d'un individu à un autre, ce qui en fait une caractéristique naturellement variable.

EN UN COUP D'ŒIL

- Apparence et couleur agréables à l'œil
- Bon chien domestique
- Socialisation importante
- Travailleur enthousiaste
- Plein d'entrain

CARACTÉRISTIQUES		NOTES
Personnalité	Affectueux mais déterminé ; s'entend bien avec les gens.	
Taille	Hauteur : 46-53 cm. Poids : 14-18 kg.	
Exercice	Requiert beaucoup d'occasions de courir ; déborde d'énergie.	Laissez-lui beaucoup de temps pour faire de l'exercice.
À la maison	N'est pas fait pour la vie urbaine ; souvent très actif.	Emmenez-le courir avec vous, c'est un excellent compagnon de jogging.
Comportement	Réceptif et apprend rapidement.	Encouragez sa socialisation.
Toilettage	Brossage requis, mais l'entretien de sa robe est plus simple que pour la plupart des autres épagneuls.	Brossez-le régulièrement et vérifiez bien la propreté de ses oreilles.
Problèmes de santé communs	Certaines lignées peuvent souffrir d'hémophilie.	Assurez-vous que l'élevage a été testé.

Histoire

Ce chien de chasse très polyvalent fit son apparition au XVIIIe siècle aux alentours des forêts d'Argoat, dans l'ouest de la Bretagne, et fut présenté pour la première fois à une exposition canine en France en 1896. Il pointe, débusque le gibier – en particulier les volatiles – et le rapporte au chasseur. Il existe aujourd'hui une légère différence entre l'épagneul breton français et son cousin américain, ce dernier étant un peu plus gros.

Un compagnon plein d'énergie

L'acquisition d'un épagneul breton vaut la peine d'être envisagée si vous recherchez un chien de chasse de dimension réduite. C'est un animal débordant d'énergie qui requiert énormément d'exercice ; il n'est donc pas fait pour un environnement urbain, où il peut finir par s'embêter, devenir destructeur et adopter toutes sortes de comportements mal inspirés. Il est très important de travailler la socialisation de l'épagneul breton dès son plus jeune âge, de manière qu'il ne devienne pas timide et replié sur lui-même. Il s'entend aussi bien avec les membres de sa race qu'avec les autres chiens. Le dressage est très simple, qu'on veuille en faire un chien d'utilité ou un animal de compagnie, car il est très réceptif. Si vous accueillez deux de ces bêtes chez vous, elles joueront ensemble pendant une bonne partie de la journée, ce qui les aidera à libérer leur énergie, mais cela ne vous dispensera pas de les promener au moins une fois par jour.

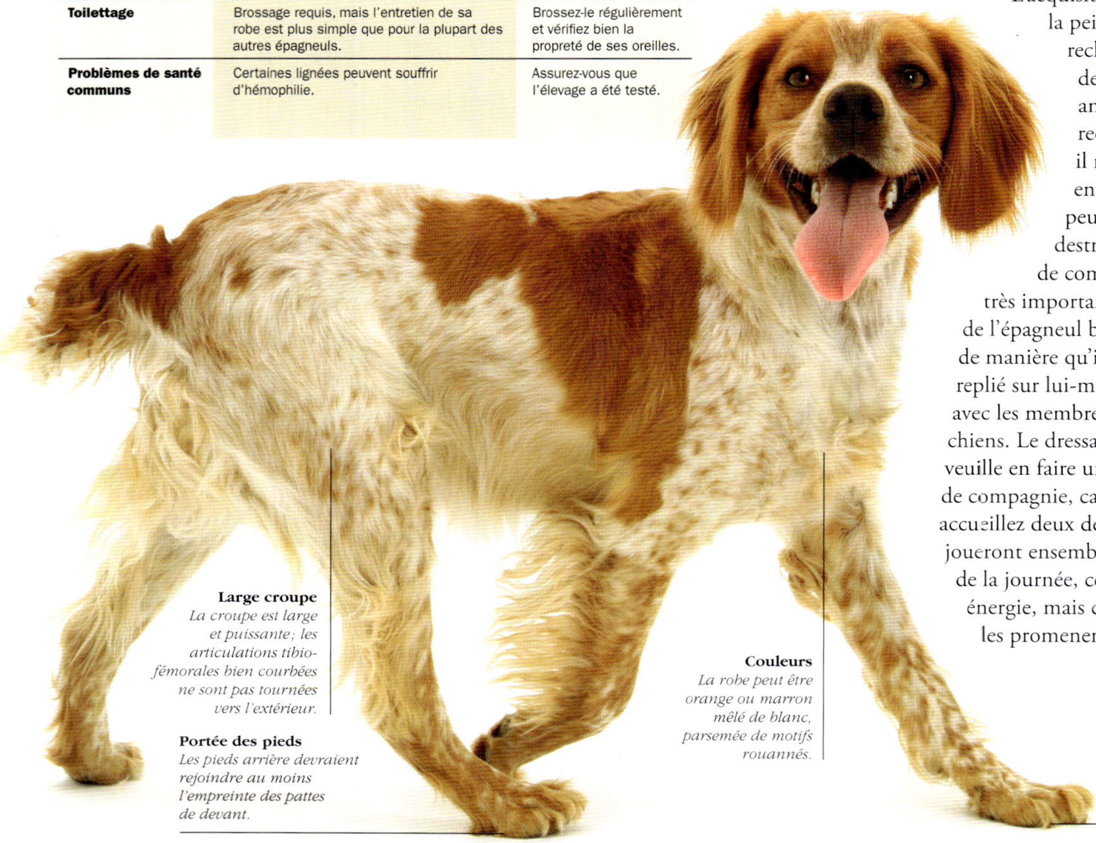

Large croupe
La croupe est large et puissante ; les articulations tibio-fémorales bien courbées ne sont pas tournées vers l'extérieur.

Portée des pieds
Les pieds arrière devraient rejoindre au moins l'empreinte des pattes de devant.

Couleurs
La robe peut être orange ou marron mêlé de blanc, parsemée de motifs rouannés.

Pieds puissants
Les pieds puissants sont doté d'orteils arqués et d'épais coussinets. Les orteils ne sont pas très poilus

2. Le cavalier King Charles

Ce charmant épagneul nain a toujours été un animal de compagnie et s'adapte donc bien à la vie domestique. Sa robe est généralement noir et fauve, mais elle peut varier dans certains cas : la Blenheim (roux et blanc), la Prince Charles (tricolore) et la Ruby (roux vif).

	CARACTÉRISTIQUES	NOTES
Personnalité	Tolérant ; dénué d'agressivité ; affectueux.	
Taille	Hauteur : 30 cm. Poids : 5,4-8 kg.	Surveillez son poids, car il est sujet à l'obésité.
Exercice	Requiert peu d'exercice ; peu porté à la course, préfère trotter.	Faites-lui faire de brèves promenades.
À la maison	S'adapte bien à un foyer ; bon avec les enfants ; excellent chien de famille.	
Comportement	Enjoué, mais peut être gourmand ; accommodant avec les autres chiens.	Ne lui donnez pas de friandises.
Toilettage	Sa robe soyeuse requiert des soins fréquents.	Brossez-le, peignez-le et vérifiez régulièrement ses oreilles.
Problèmes de santé communs	Problèmes cardiaques héréditaires ; dislocation rotulienne affectant les articulations tibio-fémorales ; syringomyélie affectant la moelle épinière à proximité du cerveau ; certains souffrent d'un étrange syndrome neurologique qui les fait avaler des mouches imaginaires.	La dislocation rotulienne peut nécessiter une chirurgie correctrice.

Idéal en milieu urbain

En raison de leur nature douce, ces épagneuls sont d'excellents animaux de compagnie et conviennent à un foyer avec de jeunes enfants. Ils sont aussi sociables et amicaux : ils vivent très bien ensemble et s'accordent avec les autres chiens croisés durant leurs promenades. Ils requièrent peu de toilettage et relativement peu d'exercice, se contentant d'une petite promenade quotidienne au parc. Il faut toutefois s'assurer qu'ils ne prennent pas trop de poids avec l'âge, car cela peut entraîner des problèmes cardiaques.

EN UN COUP D'ŒIL

- Amical d'instinct
- S'adapte bien à la vie familiale
- S'entend avec les autres chiens
- Besoin limité d'exercice
- Prédisposé à la cardiopathie congénitale

Cou et poitrine
Le cou relativement long s'étend jusqu'à la poitrine modérément profonde.

Oreilles attachées haut
Les oreilles sont placées haut sur la tête et tendent à retomber légèrement vers l'avant lorsque le chien est sur le qui-vive.

Pattes et pieds
Les pattes bien droites sont repliées sous le chien et se terminent par des pieds compacts dotés de coussinets bien protégés.

Histoire

Cette race est une réédition moderne de l'épagneul King Charles (mieux connu dans son pays sous le nom *King Charles spaniel*), en vogue sous Charles II à la fin du XVIIe siècle. Elle fut créée dans les années 1920, après qu'un Américain passionné, Roswell Eldridge, déçu que la forme allongée de la tête de cet épagneul ait disparu à l'époque victorienne, eut promis une récompense. Par la suite, lors des expositions, on classa dans la même catégorie les bêtes à tête courte et celles à tête allongée, alors qu'elles devenaient clairement deux races ; il faudra attendre jusqu'en 1945 pour qu'elles soient différenciées. Aujourd'hui, le cavalier est de loin le plus populaire des deux, mais la race ayant été conçue à partir d'une base génétique étroite, certaines lignées peuvent souffrir de graves problèmes de santé.

3. L'épagneul clumber

Le clumber est l'un des plus gros épagneuls qui soient, avec sa tête imposante et son corps lourd. C'est l'une des premières races à avoir été reconnues par l'American Kennel Club (en 1883), même si elle n'a jamais été particulièrement commune.

EN UN COUP D'ŒIL

- Comportement d'un chien de chasse
- De nature sociable
- Tempérament calme
- Tolérant et amical
- Docile
- Race peu commune

CARACTÉRISTIQUES		NOTES
Personnalité	Authentique, imperturbable, déterminé et amical.	
Taille	Hauteur: 51 cm. Poids: 25-38,5 kg.	
Exercice	Adore les longues promenades et fait preuve d'une grande endurance.	N'optez pour cette race que si vous aimez les longues promenades toute l'année.
À la maison	Calme de nature; pas un très bon chien de garde.	
Comportement	Il bave parfois à cause de la mollesse de ses lèvres; très sociable avec les autres chiens; aboie rarement.	Songez à couvrir les meubles pour les protéger de la bave.
Toilettage	Le brossage régulier de la robe est essentiel; il faut aussi vérifier les oreilles.	Inspectez les poils à la recherche de brindilles ou d'épines s'il s'est aventuré dans les sous-bois.
Problèmes de santé communs	L'ectropion, par lequel les paupières pendent hors des yeux et qui peut mener à une infection.	Cette maladie peut nécessiter une chirurgie correctrice.

Histoire

Les origines de l'épagneul clumber pourraient bien être françaises, puisqu'on dit que ses ancêtres furent offerts par le duc de Noailles au duc de Newcastle à la fin du XVIIIe siècle. La race porte d'ailleurs de nos jours le nom du domaine de ce dernier, qui était situé à Clumber Park, dans le Nottinghamshire en Angleterre. Ce chien connut une grande vogue auprès de l'aristocratie anglaise jusqu'au début du XXe siècle. Par la suite, sa popularité déclina au profit d'épagneuls plus rapides tels que le cocker, mais elle a trouvé un second souffle ces dernières années, en particulier dans les expositions canines. Certains soutiennent que le basset-hound (voir page 55) pourrait avoir joué un rôle dans son développement, comme le suggère la taille relativement courte de ses pattes.

Travail d'équipe

Le clumber est singulier pour un épagneul puisque, à l'origine, il travaillait au sein de meutes débusquant le gibier à plumes dans les sous-bois. Aujourd'hui encore, on peut en voir travailler ainsi en petits groupes. Ces bêtes s'entendent bien entre elles mais aussi avec les autres chiens, ce qui est assez étonnant compte tenu de leur ascendance. Elles sont calmes, dépourvues d'agressivité et ont la réputation de travailler de façon plutôt lente et méthodique. Même si le clumber est l'une des plus rares races d'épagneuls, il fera un compagnon idéal si vous vivez à la campagne et êtes à la recherche d'un chien ou d'une paire de chiens intelligents et affectueux.

Taches sur la tête
Les zones de blanc parsemées de taches citron ou orange sont particulièrement évidentes sur la tête.

Poils abondants
Certains poils longs sont apparents sous le corps.

Tête imposante
La tête est de très forte dimension et les oreilles, de forme triangulaire, sont attachées bas.

4. Le chien d'arrêt italien à poil dur

EN UN COUP D'ŒIL
- Faciès très expressif
- Calme
- Affectueux
- Travailleur adroit
- S'entend bien avec les enfants et les autres chiens
- Accepte d'emblée les visiteurs

Ce chien au poil dru (souvent appelé *spinone italiano*) descend d'une vieille lignée de chiens de chasse, mais depuis quelques années, il se distingue de plus en plus comme animal de compagnie. Sa démarche trottinante très caractéristique ajoute à son charme.

CARACTÉRISTIQUES		NOTES
Personnalité	Loyal et déterminé ; exige de l'affection ; dépourvu d'agressivité.	
Taille	Hauteur : 56-69 cm. Poids : 32,2-37 kg.	Les mâles sont généralement plus grands et plus lourds que les femelles.
Exercice	Requiert de l'exercice quotidien, de préférence dans un environnement champêtre et sans laisse.	Faites-lui faire de l'exercice chaque jour, sinon il pourrait s'ennuyer et avoir un comportement destructeur.
À la maison	A besoin d'espace ; adore jouer.	Offrez-lui l'occasion de jouer dans la cour.
Comportement	Apprend rapidement ; polyvalent.	Favorisez sa socialisation.
Toilettage	Le pelage ébouriffé typique de cette race le protège des blessures lorsqu'il est à l'extérieur ; besoins de toilettage limités.	
Problèmes de santé communs	L'ataxie cérébelleuse, qui affecte une partie du cerveau, peut entraîner une démarche étrange ; ballonnements.	Évitez l'exercice après les repas, afin de prévenir les ballonnements.

Histoire

Des bêtes semblables au chien d'arrêt italien à poil dur existaient déjà au XIIIe siècle et peut-être même avant, quoique les origines exactes de la race demeurent inconnues. Cet animal est sans doute apparenté au chien courant italien à poil ras (*segugio italiano*) ainsi qu'au barbet originaire de France. Bien qu'il ait été conçu avant tout comme un chien d'arrêt, il peut également être employé comme chien rapporteur. Son pelage dense et hirsute ainsi que ses oreilles pendantes le protègent lorsqu'il s'aventure dans les broussailles. Même s'il est encore employé comme chien d'utilité, il participe souvent à des expositions.

La vie en commun

Voici une race sympathique dans un environnement domestique, mais aussi capable d'efforts sur le terrain. Toutefois, si vous choisissez ce chien comme compagnon, vous devrez lui permettre de déployer son immense énergie. L'exercice régulier est en effet essentiel et pour vous faciliter les choses, il ne serait pas mauvais de lui trouver un compagnon canin avec lequel il puisse jouer ; l'idéal serait un autre membre de sa race, compte tenu de l'intelligence innée de ces chiens de chasse. Il est important de travailler la socialisation des chiots, sinon ils risquent de devenir nerveux avec l'âge. Le dressage n'est pas particulièrement difficile puisque ces chiens apprennent rapidement, mais la constance demeure très importante.

Longue tête
La longue tête offre un profil distinctif, combiné à une expression intelligente.

Robe
Parmi les couleurs possibles, citons le blanc uni, le blanc et roux ainsi que le blanc et marron, de préférence avec des nuances de châtain.

Pieds imposants
Les pieds sont larges et arrondis, dotés de poils courts et denses entre les orteils.

5. Le coton de Tuléar

Cette race de chiens miniatures est des plus attrayantes, notamment grâce à sa robe. Mais à une certaine époque, elle fut près de l'extinction et bien qu'elle ait connu un regain fort bienvenu au cours des dernières années, il faut encore être patient si l'on désire se procurer un chiot.

EN UN COUP D'ŒIL

- Rare
- Placide mais enjoué
- Dépourvu d'agressivité
- Toilettage quotidien requis
- Amical envers les gens et les autres chiens

CARACTÉRISTIQUES		NOTES
Personnalité	Calme, doux et sociable ; très amical avec les gens.	
Taille	Hauteur : 25-30 cm. Poids : 5,4-7 kg.	
Exercice	Aime se promener au parc, rencontrer d'autres chiens.	Permettez-lui de faire un peu d'exploration.
À la maison	À l'aise dans un environnement urbain ; est bien au sein de petits groupes.	
Comportement	Aime jouer ; est un compagnon détendu ; peut devenir un habile chien rapporteur.	Accordez-lui du temps pour jouer.
Toilettage	Son pelage fourni nécessite beaucoup de soins.	Toilettez-le chaque jour et baignez-le régulièrement.
Problèmes de santé communs	Rarement malade, mais la pousse excessive des ongles peut présenter un problème.	Surveillez bien ses ongles, qui pourraient requérir une coupe régulière.

Histoire

Les origines du coton de Tuléar remontent au milieu du XVIIIe siècle, lorsque des colons français amenèrent des petits chiens de type bichon à l'île de La Réunion, dans l'océan Indien. On croit qu'en route, ses ancêtres faisaient escale au port de Tuléar, dans l'île voisine de Madagascar, d'où son nom. Ces chiens ont sans doute été croisés avec des bêtes de l'endroit, bien que la ressemblance avec la famille des bichons demeure très forte aujourd'hui. Le coton de Tuléar demeura isolé et virtuellement inconnu jusqu'au milieu du XXe siècle, lorsque des représentants de la race firent enfin leur apparition en Europe ; on trouve d'ailleurs de très beaux spécimens en France. Ce n'est qu'en 1974 qu'il finit par être connu en sol américain ; depuis, plusieurs de ces chiens peu communs y ont été amenés directement de leur île d'origine.

Jalousement gardé

L'appellation de « coton » évoque la blancheur et l'apparence duveteuse de sa robe, caractéristiques de la famille des bichons. Le coton de Tuléar est intelligent, enjoué et très sociable, ayant toujours été un chien de famille. Il n'a jamais été employé à des fins utilitaires, ce qui explique dans une large mesure pourquoi il s'avère un compagnon rêvé. Ces chiens étaient tellement estimés à La Réunion qu'il était très difficile d'en obtenir un à l'étranger ; même sur l'île, leur propriété était limitée aux membres des familles dirigeantes.

6. Le setter anglais

L'ancêtre de cette race, le *setting spaniel,* indiquait la présence de gibier à plumes en s'assoyant, d'où son nom de « setter » (le verbe *to sit,* qui signifie « s'asseoir », dérivant du vieil anglais *to set*). Ses narines longues et larges lui permettent de repérer sa proie.

EN UN COUP D'ŒIL
- Apparence magnifique et élégante
- Réceptif de nature
- S'entend bien avec les autres chiens
- Taches de couleur personnalisées
- Actif

Histoire

Le springer anglais, le chien d'eau et le pointer espagnol ont tous contribué à l'ascendance du setter anglais. Au début du XIXe siècle, il existait de nombreux types locaux de setters anglais, connus sous leur appellation régionale. Certains, tels le setter de Newcastle, affichaient le nom de la région où ils avaient été créés, alors que d'autres, comme la souche llewellyn, portaient celui de l'éleveur qui les avait conçus. C'est à sir Edward Laverack – qui acquit un couple de ces chiens de chasse en 1825 – qu'on attribue principalement l'évolution du setter anglais, sur un demi-siècle, jusqu'à la forme qu'on lui connaît de nos jours.

	CARACTÉRISTIQUES	NOTES
Personnalité	Certains individus ont un côté combatif.	
Taille	Hauteur : 61-64 cm. Poids : 25,4-30 kg.	
Exercice	A besoin d'une promenade quotidienne et de pouvoir s'ébattre sans laisse ; de nature athlétique.	Assurez-vous que votre chien fait suffisamment d'exercice, car il tend à prendre du poids.
À la maison	Le dressage à la maison peut présenter un problème ; pas très actif à l'intérieur ; inapte à la vie urbaine.	Dès son plus jeune âge, entreprenez le dressage à la maison.
Comportement	Apprend rapidement ; porté à aboyer, ce qui est un signe qu'il s'ennuie ; aime être en relation avec d'autres chiens.	Tâchez de tenir votre chien occupé pour l'empêcher d'aboyer.
Toilettage	Le brossage et le peignage réguliers sont nécessaires ; sa robe lui offre une bonne protection contre les intempéries.	Évitez que ses poils s'emmêlent.
Problèmes de santé communs	Dysplasie de la hanche.	Assurez-vous que l'élevage a été testé pour la dysplasie de la hanche.

Besoin d'espace

Ces élégantes bêtes présentent une robe clairement mouchetée, décrite sous l'appellation de « belton ». Elles sont très attentives et réceptives au dressage. Comme animaux de compagnie, ces setters s'entendent bien avec les représentants de leur race et même avec les autres chiens de chasse tel le labrador (voir page 11). L'aspect le plus important de leurs soins consiste à leur donner assez d'espace pour l'exercice, sinon ils sont susceptibles de s'embêter et de devenir destructeurs dans un environnement domestique. L'idéal serait d'offrir à un couple de setters anglais un enclos spacieux à la campagne, et de les amener en promenade chaque jour. Cette race est dotée d'un tempérament calme – sans doute attribuable au sang de chien d'arrêt qui coule dans ses veines – et affectueux.

Cou solide
Le setter anglais est doté d'un cou long et élégant, à la fois musclé et maigre.

Poitrine profonde
La poitrine est profonde et s'étend jusqu'au niveau des coudes.

Queue droite
La queue est posée au niveau du dos et s'étend en ligne droite pour se terminer en fine pointe.

7. Le bichon havanais

L'apparence de ce petit chien doux et affectueux témoigne bien de son appartenance à la famille des bichons. Ce qui demeure plus difficile à expliquer, c'est comment ses ancêtres aboutirent à Cuba il y a plusieurs siècles.

EN UN COUP D'ŒIL

- Intelligent
- Compagnon agréable
- Plein d'entrain
- S'entend bien avec les autres chiens
- Toilettage quotidien requis

Histoire

Les ancêtres du bichon havanais ont sans doute été amenés à Cuba peu après la découverte du Nouveau Monde, peut-être par des Espagnols de Tenerife, aux îles Canaries. Cette race pourrait aussi descendre du bichon bolonais (voir page 77), qui représente une autre branche de l'arbre généalogique de cette famille. Les bichons faisaient partie du paysage des cours royales européennes au XVIIe siècle. À Cuba, c'est auprès des familles aisées que la race émergente fut populaire, mais cela changea après la révolution de Fidel Castro en 1958, les symboles de l'ancien régime – c'était le cas du bichon havanais – n'étant dès lors plus de mise. Heureusement, les réfugiés cubains en amenèrent un bon nombre aux États-Unis, où l'avenir de la race fut assuré.

Personnalité

Le bichon havanais est un excellent choix comme animal de compagnie, ayant été employé exclusivement à cette fin au fil des siècles. Il s'adapte bien à l'espace restreint de la maison. Ses besoins d'exercice sont aussi très modestes, de sorte qu'un environnement urbain lui convient tout à fait s'il y a à proximité un parc où il puisse faire une promenade quotidienne. Ce bichon est très sociable avec les autres chiens, mais comme il est sans agressivité, il peut être risqué de le laisser en compagnie de gros chiens qui pourraient tenter de l'intimider. Surveillez-le donc lorsqu'il est en présence de chiens étrangers pour la première fois.

CARACTÉRISTIQUES		NOTES
Personnalité	Établit des liens étroits avec les membres de la famille.	Impliquez votre chien dans la vie familiale.
Taille	Hauteur : 20-28 cm. Poids : 3-6 kg.	
Exercice	Requiert une promenade quotidienne, mais il ne s'agit pas d'une race très vigoureuse.	Faites-lui faire de l'exercice chaque jour.
À la maison	Actif au foyer ; s'adapte bien à la vie en appartement.	
Comportement	Apprend rapidement, très facile à dresser ; s'entend bien avec les autres chiens et les animaux de compagnie tels que les chats ; n'est pas porté à aboyer à l'excès.	Surveillez-le en présence d'autres chiens.
Toilettage	On peut tailler sa robe, mais celle des chiens d'exposition requiert un toilettage plus élaboré ; on voit, mais très rarement, des chiots au poil court ; faible tendance à la mue.	Toilettez votre chien chaque jour et, au besoin, coupez les poils pour maintenir sa robe propre.
Problèmes de santé communs	Problèmes oculaires, comme le prolapsus de la glande nictitante (*cherry eye*) et les cataractes ; surdité ; faiblesses squelettiques, telle la dislocation rotulienne.	Assurez-vous que l'élevage a été testé pour la surdité ; la dislocation rotulienne peut nécessiter une chirurgie correctrice.

8. Le lévrier écossais

Ce géant athlétique est un excellent compagnon de jogging. Il lui faut beaucoup d'espace pour faire de l'exercice, mais aussi pour se coucher en rond et dormir. Il possède une queue puissante susceptible de renverser les objets fragiles posés sur des tables basses.

EN UN COUP D'ŒIL

- Requiert énormément d'espace
- A besoin de beaucoup d'exercice
- Peut encore déployer des instincts de chasseur
- Robuste
- Affectueux

Histoire

Issue d'une lignée de lévriers à poil dur, cette race était employée pour épuiser et maîtriser les cerfs des Highlands d'Écosse, mais ce rôle perdit de son importance lorsque les armes à feu commencèrent à être couramment utilisées à la fin du XVIIIe siècle. Heureusement, le lévrier écossais était déjà populaire grâce à sir Edwin Landseer, le peintre favori de la reine Victoria. Il représenta tellement de ces bêtes dans ses œuvres qu'elles devinrent un symbole de l'Écosse, ce qui assura leur survie. Aujourd'hui, ce sont principalement des chiens de compagnie et de fréquents participants aux expositions canines. L'espèce la plus commune est celle dont la robe est bleu-gris foncé.

À la maison

Le lévrier écossais est très affectueux. Il forme un lien étroit avec son maître et s'intègre très bien à la famille, bien que sa taille imposante ne convienne pas nécessairement à un foyer avec un très jeune enfant. En raison de sa nature amicale, il s'entend bien avec les autres chiens, qu'ils soient de sa race ou non. Il faut toutefois signaler avec tristesse que les chiens géants comme le lévrier ont une espérance de vie relativement courte – rarement plus de 10 ans –, alors que les races plus petites dépassent largement cette limite.

CARACTÉRISTIQUES		NOTES
Personnalité	Affectueux ; adore la compagnie des humains ; de nature sensible.	
Taille	Hauteur : 71-81 cm. Poids : 34-50 kg.	Les mâles tendent à être plus grands que les femelles.
Exercice	Doit courir au moins une fois par jour.	Limitez l'exercice pour les jeunes chiens.
À la maison	Le foyer doit être adapté à cette race ; il est essentiel d'avoir beaucoup d'espace.	Donnez-lui trois repas de quantité réduite par jour plutôt qu'un seul.
Comportement	Porté d'instinct à chasser ; peut facilement atteindre tables et comptoirs pour y chiper de la nourriture.	Songez à lui mettre une muselière lorsqu'il court sans laisse, sinon il chassera les petits animaux.
Toilettage	Son poil long et rêche lui offre une bonne protection.	Toilettez-le régulièrement et coupez ses poils afin de tenir sa robe propre.
Problèmes de santé communs	Sujet aux ballonnements.	Pas d'exercice après les repas pour prévenir les ballonnements.

Yeux sombres
Les yeux devraient toujours être sombres et bordés de noir aux paupières.

Couleurs
La robe bleu-gris est préférable, mais elle peut aussi être blond roux ; le museau et les oreilles sont souvent noirs.

Longueur du poil
Les poils du dos sont plus longs et plus épais que ceux du ventre.

9. Le chien noir et feu pour la chasse au raton laveur

Un certain nombre de chiens de chasse sont originaires du sud des États-Unis et peu connus ailleurs. Généralement issus de races européennes, plusieurs d'entre eux ne sont pas normalisés, car ils sont utilisés uniquement pour la chasse.

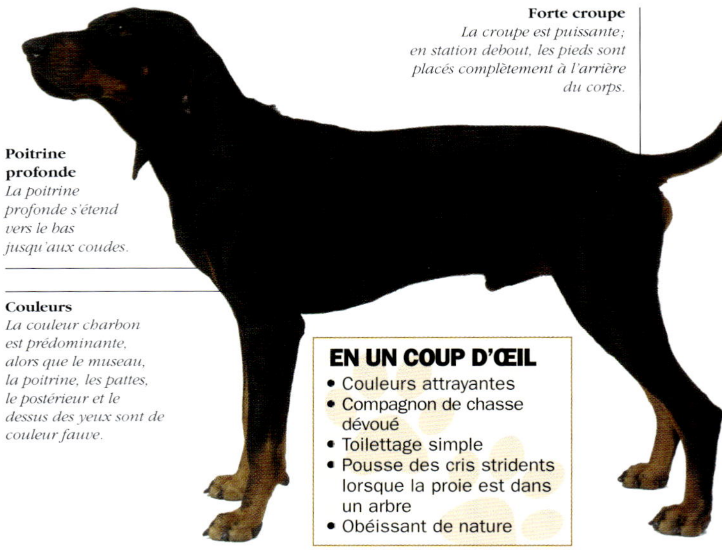

Forte croupe
La croupe est puissante; en station debout, les pieds sont placés complètement à l'arrière du corps.

Poitrine profonde
La poitrine profonde s'étend vers le bas jusqu'aux coudes.

Couleurs
La couleur charbon est prédominante, alors que le museau, la poitrine, les pattes, le postérieur et le dessus des yeux sont de couleur fauve.

EN UN COUP D'ŒIL
- Couleurs attrayantes
- Compagnon de chasse dévoué
- Toilettage simple
- Pousse des cris stridents lorsque la proie est dans un arbre
- Obéissant de nature

CARACTÉRISTIQUES		NOTES
Personnalité	Compagnon amical et intelligent; établit un lien étroit avec son maître.	
Taille	Hauteur: 58-69 cm. Poids: 25-34 kg.	Les femelles sont généralement plus courtes que les mâles.
Exercice	Doit pouvoir courir dans des zones sécuritaires, loin de la circulation.	Attention lorsqu'il n'a pas de laisse, car il n'est pas toujours facile à maîtriser et peut s'enfuir!
À la maison	Susceptible de baver et paraît souvent indolent; renaît à la vie lorsqu'il se trouve en pleine nature.	Songez à couvrir vos sièges pour les protéger de la bave.
Comportement	Déterminé et actif; peut même s'avérer obstiné.	Dressez-le afin de prévenir les comportements obstinés.
Toilettage	Toilettage minimal en raison de son poil court.	Utilisez un gant de brossage pour chien pour améliorer le lustre naturel de sa robe.
Problèmes de santé communs	Vulnérable à la dysplasie de la hanche; peut gagner rapidement du poids s'il ne fait pas suffisamment d'exercice.	Assurez-vous que l'élevage a été testé pour la dysplasie de la hanche.

Histoire

Ce chien, issu du foxhound anglais et du chien de Saint-Hubert (voir page 144), est la première race de chasseurs de raton laveur à avoir été conçue aux États-Unis. Le saint-hubert traquait les esclaves en fuite, alors que le foxhound était strictement un chien de chasse. Les croisements entre les deux races donnèrent un chasseur dont le profil facial présente une ressemblance très claire avec le saint-hubert, quoique sa charpente soit plus athlétique. Ce chien a un talent particulier pour la chasse dans l'obscurité, ciblant surtout les ratons laveurs, et est considéré aujourd'hui comme la plus commune des races vouées à la poursuite de ces bêtes.

Sociable avec son espèce

Il n'est guère étonnant que ce chien soit de nature sociable et s'entende bien avec les bêtes de sa race, compte tenu de son ascendance. Les foxhounds ont en effet chassé en meutes pendant des siècles, alors que les chiens de Saint-Hubert travaillaient tout au moins en paires. Ce chien est rapide et déploie beaucoup d'endurance à la poursuite de sa proie. Son objectif n'est pas de tuer le raton laveur, mais de le forcer à grimper à un arbre; il émet ensuite son hurlement caractéristique en demeurant au pied de l'arbre où sa proie a trouvé refuge.

10. Le terrier tibétain

Contrairement à ce que son nom laisse entendre, ce terrier asiatique fut conçu comme chien de berger plutôt que comme chasseur d'animaux nuisibles (un rôle que jouent la plupart des terriers). À certains égards, ce chien ressemble à une version réduite du bobtail (voir page 61).

EN UN COUP D'ŒIL

- Amical de nature
- Toilettage quotidien recommandé
- Pas vraiment un terrier
- Affectueux et intelligent
- Robuste

Histoire

Le terrier tibétain est étroitement apparenté à un autre chien tibétain, le lhassa-apso (voir page 75) qui est plus petit, mais ses origines demeurent obscures. Malheureusement, le premier recensement occidental de cette race, publié en 1895, le décrivait comme un terrier sur la simple foi de son apparence et cette appellation erronée lui est restée. Ce n'est que dans les années 1930 que ces chiens firent leur apparition en Occident et en 1956 qu'on les vit pour la première fois en sol américain. Au Tibet, leur long pelage était généralement tondu en même temps que celui des moutons et ensuite mêlé à des poils de yak pour la confection des vêtements. Même si on croit que beaucoup de représentants de cette vieille race ont été tués depuis le début du régime communiste en Chine, il est probable que certains d'entre eux sont encore employés comme chiens de berger dans les zones les plus reculées du Tibet.

CARACTÉRISTIQUES		NOTES
Personnalité	Loyal, protecteur et sensible ; peut se montrer brave s'il est mis au défi.	
Taille	Hauteur : 33-41 cm. Poids : 9-14 kg.	
Exercice	Requiert beaucoup d'exercice à cause de son passé de chien d'utilité.	Faites-lui faire de l'exercice au moins une fois par jour.
À la maison	Chien de garde alerte.	
Comportement	Animé et actif de nature ; agile ; pas affecté outre mesure par la chaleur.	N'encouragez pas sa tendance à aboyer à l'excès.
Toilettage	Sa longue robe nécessite un brossage régulier.	Brossez-le tous les deux jours ; taillez les poils autour de ses oreilles (facilitez-vous la tâche en vaporisant de l'eau sur les poils).
Problèmes de santé communs	Maladies oculaires et problèmes squelettiques congénitaux tels que la dysplasie de la hanche et la dislocation rotulienne qui provoque une faiblesse des articulations tibio-fémorales.	Assurez-vous que l'élevage a été testé pour ces maladies ; la dislocation rotulienne peut nécessiter une chirurgie correctrice.

Contexte

Même s'il est un chien de berger, le terrier tibétain est perçu aujourd'hui en Occident comme une bête d'exposition et un animal de compagnie. Comme chien d'utilité, il peut monter sur le dos des moutons dans les passages étroits afin de contrôler leurs déplacements. C'est un animal d'une grande douceur, bien disposé envers les membres de sa race et envers les autres chiens de taille semblable. Sa longue robe ne doit pas être coupée, mais laissée à son état naturel.

Couleurs
Toutes les couleurs sont reconnues aux expositions ; parfois, les oreilles et la barbe sont plus foncées.

Pieds imposants
Les pieds sont gros et plats, offrant ainsi une excellente prise.

Queue fournie
La queue, de longueur moyenne, est abondamment pourvue de poils et se termine parfois en nœud.

Des chiens **pour les gens peu actifs vivant seuls, les couples occupés au rythme de vie irrégulier, les citadins vivant à proximité d'un parc ou les familles très actives comprenant de grands enfants.**

Épagneul japonais

Petit lévrier italien

Les chiens d'entretien facile

Terrier nain de Manchester

Il va de soi que tous les chiens ont besoin d'une promenade quotidienne et qu'ils doivent être toilettés fréquemment. Mais certaines races exigent moins d'exercice et de toilettage que d'autres, ce qui laisse davantage de temps pour profiter de leur compagnie, en particulier si l'on est une personne très occupée. Plusieurs races présentées dans ce chapitre ont fait office d'animaux de compagnie au fil des siècles. C'est dire que ces chiens sont, presque d'instinct, adaptés à la vie domestique.

La taille des bêtes figurant dans cette liste varie énormément. Le lévrier, par exemple, est beaucoup plus gros que le minuscule chihuahua, ce qui nous rappelle que la taille est l'un des multiples facteurs dont il faut tenir compte avant de choisir une race plutôt qu'une autre. Cette considération ainsi que les divers aspects de votre style de vie sont importants. Si vous disposez d'un espace restreint, il est généralement plus sage d'opter pour un petit chien. Le coût d'entretien d'un animal de compagnie peut aussi influencer votre choix ; les races plus imposantes ont évidemment un plus gros appétit et les pensions canines exigent des frais plus élevés pour les garder. Assurez-vous de bien comparer les attributs de chaque race avant de prendre une décision finale.

Chihuahua

1. Le chihuahua

Les chihuahuas sont devenus très populaires au cours des dernières années, car diverses célébrités les ont choisis comme animaux de compagnie. Cette race, la plus petite du monde, tient son nom de l'État du Mexique d'où on la croit originaire.

EN UN COUP D'ŒIL

- Plein d'entrain
- Très bruyant
- Robe facile d'entretien
- Heureux en appartement
- La plus petite race du monde

Grandes oreilles
Le chihuahua a de grandes oreilles droites qui paraissent plus larges et plates lorsqu'il est calme.

Tête arrondie
La tête arrondie en forme de pomme est courte et le museau est légèrement pointu.

Couleurs
La robe du chihuahua peut être de diverses couleurs – de teinte unie, bicolore ou même tachetée.

Histoire

L'explication la plus plausible concernant les origines du chihuahua est qu'il descendrait de chiens indigènes qui vivaient auprès des Amérindiens à l'époque précolombienne. Il est aussi possible qu'il soit d'ascendance européenne : ses ancêtres auraient été amenés au Nouveau Monde par les premiers colons espagnols. Ce dont on est certain, toutefois, c'est que ces minuscules bêtes ont commencé à attirer l'attention de visiteurs américains au Mexique à partir des années 1880 et qu'aussitôt elles ont été très recherchées comme animaux de compagnie. À cette époque, leur apparence était différente : leurs oreilles et leur truffe étaient plus grandes et ils ressemblaient plus à des faons.

Attention à la tête

On croit que les premières lignées de chihuahuas avaient une robe lisse, mais il en existe à poil long. Il est toutefois nettement préférable de choisir une espèce à poil lisse, les exigences en toilettage étant alors minimales. Ce petit chien n'est pas nécessairement un bon choix pour un foyer où il y a de jeunes enfants, en raison d'une particularité anatomique : lorsqu'on caresse le dessus de la tête de certains chihuahuas, on sent une zone molle sous la peau ; il s'agit d'un creux nommé *molera*. Le même phénomène existe chez les humains, mais il est temporaire. Chez beaucoup de chihuahuas, le problème est permanent, ce qui les rend vulnérables aux blessures.

CARACTÉRISTIQUES		NOTES
Personnalité	Beaucoup plus dominant et combatif que sa taille ne le laisse croire ; en ce sens, il ressemble au terrier.	
Taille	Hauteur : 15-23 cm. Poids : 2,7 kg.	Prévenez l'obésité, car elle peut causer de graves problèmes respiratoires.
Exercice	Se satisfait de petites promenades au parc.	Faites-lui faire de brèves promenades et donnez-lui l'occasion d'explorer.
À la maison	Aime avoir de l'attention ; peut être capricieux à l'égard de la nourriture.	
Comportement	Peut frissonner sous l'effet de l'excitation ; peut prendre froid facilement ; bruyant de nature.	Ne l'encouragez pas à aboyer.
Toilettage	Très peu de toilettage requis.	Peignez et brossez régulièrement le chihuahua à poil long.
Problèmes de santé communs	Hydrocéphalie, une accumulation de fluide au cerveau qui peut causer une enflure anormale de la tête ; peut conserver ses dents de lait.	Brossez régulièrement ses dents pour les garder en bon état.

2. Le bouledogue français

Ce petit bouledogue possède une apparence très caractéristique. Ses oreilles fortes et droites sont parfois décrites comme des « oreilles de chauve-souris » ; toutefois, aux débuts de la race, certains individus avaient des oreilles « roses » et repliées.

EN UN COUP D'ŒIL

- Apparence caractéristique
- Amical et loyal
- Toilettage simple
- Généralement facile à vivre
- Pas particulièrement actif
- Pas un très bon nageur

Histoire

Le bouledogue français a été conçu comme chien de compagnie. On croit qu'il est issu de croisements impliquant des bouledogues anglais nains, très populaires en Angleterre auprès des producteurs de dentelles du Nottinghamshire. Certains de ces artisans de talent émigrèrent en France, y amenant leurs chiens, et c'est à partir de là que la race évolua jusqu'à devenir celle qu'on connaît aujourd'hui. Diverses espèces de terriers locaux pourraient également avoir contribué à son ascendance et peut-être aussi le carlin (voir page 13). Cette race se fit d'abord connaître pour son efficacité à chasser les rats, puis, vers la fin du XIXe siècle, elle acquit une grande popularité à Paris. Elle attira l'attention de peintres de cette époque – dont Toulouse-Lautrec –, qui l'immortalisèrent dans leurs œuvres. Depuis, ce chien jouit d'une renommée mondiale.

À quoi s'attendre

Le bouledogue français est plein d'entrain et parfaitement heureux dans un environnement urbain. Son poids est toutefois à surveiller, car l'embonpoint peut nuire à sa respiration. En raison de sa truffe courte, il peut aussi éprouver des difficultés respiratoires et ronfler très bruyamment. C'est un chien enjoué, idéal si vous avez des enfants; il peut aussi devenir très dévoué envers le plus âgé de ses maîtres. Son entretien est très simple et son dressage, facile. Sa queue caractéristique est naturellement courte et peut donner l'impression de se terminer en tire-bouchon. Contrairement à la plupart des petits chiens, il n'est pas particulièrement bruyant ni nerveux et peut s'avérer utile comme chien de garde puisqu'il est alerte à l'approche d'étrangers.

CARACTÉRISTIQUES		NOTES
Personnalité	Calme, mais enjoué.	
Taille	Hauteur: jusqu'à 30 cm. Poids: 13 kg.	Surveillez son poids.
Exercice	Aime se promener au parc; peu athlétique.	Surveillez-le près de l'eau, car la plupart des bouledogues français ne savent pas nager.
À la maison	Excellent compagnon.	Apprenez à votre chiot à jouer en douceur.
Comportement	Très réceptif; peu porté à aboyer; peut ne pas s'entendre avec les chiens de sa race.	
Toilettage	Brossage occasionnel requis.	Attention aux maladies de peau!
Problèmes de santé communs	Syndrome brachycéphale; problèmes rachidiens; maladie de von Willebrand (problème sanguin); la tête large peut nécessiter une césarienne à la naissance.	

Oreilles de chauve-souris
Le bouledogue français a des oreilles de chauve-souris: larges à leur base et arrondies aux extrémités.

Large tête
Sa tête est large et carrée; ses yeux foncés et ronds sont à la base du crâne.

Robe tachetée
La robe est le plus souvent tachetée ou dans une combinaison de blanc et de zones tachetées.

3. Le petit lévrier italien

La tendance à réduire la taille des races canines existe depuis toujours et le petit lévrier italien en est un bon exemple. Cette bête, disponible dans toute une gamme de couleurs, est un excellent animal de compagnie.

EN UN COUP D'ŒIL
- Robe lisse
- Compagnon idéal en milieu urbain
- Affectueux
- Tranquille
- Doit courir brièvement une fois par jour
- Adore sauter
- Inodore

Histoire

La lignée des lévriers est l'une des plus vieilles qui soient. Des versions réduites de ces chiens étaient déjà connues dans l'Égypte ancienne, où ils étaient très prisés; on a d'ailleurs découvert des restes de petits lévriers momifiés dans les tombes de certains pharaons. Ces chiens devinrent ensuite très populaires dans les cours européennes et figurent dans plusieurs tableaux d'époque. La tendance à la miniaturisation faillit détruire la race à la fin du XIXe siècle, mais, heureusement, un contrôle serré de la reproduction finit par restaurer sa vitalité, et la race devint de nouveau florissante.

	CARACTÉRISTIQUES	NOTES
Personnalité	N'accepte pas d'emblée les étrangers.	
Taille	Hauteur: 33-38 cm. Poids: 3,6 kg.	C'est la plus petite race de lévriers.
Exercice	Peut courir à une vitesse allant jusqu'à 40 km/h sur une courte distance.	Laissez-le courir chaque jour sans laisse; faites-lui porter un manteau par temps froid.
À la maison	Requiert un environnement chaud et douillet; peut être difficile à dresser à la maison.	
Comportement	Attentif; dépourvu d'agressivité; jaloux de son territoire face aux autres chiens.	Stimulez sa socialisation, sinon il peut devenir nerveux avec l'âge.
Toilettage	Le toilettage de sa mince robe est très simple; lors de la mue, le pelage s'amincit au point qu'il devient presque glabre, surtout sur le ventre.	Brossez-le à l'occasion et au besoin.
Problèmes de santé communs	Problèmes oculaires; maladies dentaires; épilepsie; des fractures aux pattes peuvent aussi survenir.	

Long museau
Le museau est long et relativement étroit.

Fortes cuisses
Les cuisses sont fortes et musclées; les pattes arrière sont parallèles à la croupe.

Poitrine profonde
Sa poitrine est profonde et étroite; son cou est mince et allongé.

Un athlète miniature

À presque tous égards, ce chien est un lévrier en miniature, même en ce qui concerne sa démarche: il a la même foulée efficace, bien que sa taille l'empêche de rivaliser en rapidité avec son plus imposant cousin. Animal de compagnie depuis des milliers d'années, ses instincts de chasseur se résument aujourd'hui à peu de chose, mais sa taille lui permet d'être heureux en appartement. Toutefois, le petit lévrier italien doit pouvoir courir sans laisse au parc chaque jour. Son poil court et lisse et son absence de duvet – combinés à sa petite taille – le rendent vulnérable au froid; on devrait donc lui faire porter un manteau par temps froid. Ce chien est tranquille et très affectueux envers ceux qu'il connaît bien.

4. L'épagneul japonais

Cette race naine unique est réputée pour le côté franchement félin de sa nature. Comme le chat, l'épagneul japonais se déplace très délicatement et se sert de ses pattes pour se laver la figure. Il peut même grimper sur le dossier d'un fauteuil et y dormir.

EN UN COUP D'ŒIL

- Personnalité très caractéristique
- Enjoué de nature
- Amical
- Idéal pour la vie en appartement
- Toilettage fréquent

Histoire

On croit généralement que les ancêtres de l'épagneul japonais étaient originaires de Chine, puisque la race évolua ensuite en Corée avant d'arriver au Japon vers l'an 732. Ces petits chiens devinrent bientôt les compagnons vénérés de la noblesse japonaise, en particulier grâce à leur taille. Ils étaient à ce point prisés dans ce pays que le vol de l'un d'eux était passible de la peine capitale. La race fit son apparition en Europe au milieu du XVIIe siècle, amenée là par des marins portugais, et aborda aux États-Unis en 1882, où elle reçut le nom d'épagneul japonais. Après la Seconde Guerre mondiale, des représentants de la lignée occidentale furent exportés au Japon afin d'assurer la survie de la race dans son pays d'origine.

Le centre d'attraction

L'épagneul japonais fut conçu comme animal de compagnie, capable d'épater la galerie et de divertir son maître et ses invités. Cette caractéristique demeure aujourd'hui ; en fait, ce chien adore être le centre d'attraction. L'épagneul japonais est donc le compagnon idéal pour une personne seule. Il est notamment réputé pour ses pirouettes en cercle ; certains individus sont même capables de « chanter », émettant un son très caractéristique tout à fait différent de l'aboiement ou du grondement. L'épagneul japonais demeure néanmoins plutôt tranquille et accepte volontiers les étrangers, bien qu'il aboie à l'approche d'un visiteur.

	CARACTÉRISTIQUES	NOTES
Personnalité	Calme et amical ; adore l'attention ; il a un côté indépendant.	
Taille	Hauteur : 23 cm. Poids : 1,8-3 kg.	Surveillez son alimentation, car il a tendance à prendre du poids.
Exercice	A des besoins modestes sur ce plan.	Évitez l'exercice dans les moments les plus chauds de la journée.
À la maison	Peut sauter et grimper.	
Comportement	Apprend rapidement, ce qui rend le dressage assez simple ; peut parfois s'avérer têtu.	Attention à ses yeux : ils sont vulnérables aux égratignures !
Toilettage	Toilettage régulier requis.	Brossez-le et peignez-le environ tous les deux jours.
Problèmes de santé communs	Problèmes congénitaux tels que la dislocation rotulienne, qui affecte les articulations tibio-fémorales, et le souffle au cœur ; allergie possible aux produits céréaliers.	La dislocation rotulienne peut nécessiter une chirurgie correctrice.

Couleurs
Sa robe peut être roux et blanc ou noir et blanc, avec parfois des taches fauves.

Queue fournie
La queue est abondamment pourvue de poils, lesquels forment un plumet.

Pattes délicates
Les pattes paraissent droites et délicates, vues de derrière, et se terminent par des pieds semblables à ceux d'un lièvre.

5. Le terrier nain de Manchester

Comme son nom l'indique, cette race est une version réduite du terrier de Manchester, laquelle est étroitement apparentée au terrier d'agrément anglais noir et feu.

EN UN COUP D'ŒIL

- Requiert peu de toilettage
- S'adapte bien à la vie urbaine
- Taille compacte
- Loyal de nature
- Alerte

CARACTÉRISTIQUES		NOTES
Personnalité	Forte personnalité ; alerte et plein d'entrain ; loyal et amical.	Dressez-le avec fermeté afin de prévenir les comportements obstinés.
Taille	Hauteur : 38 cm. Poids : 5,4-10 kg.	
Exercice	Aime se promener et explorer plutôt que courir.	La promenade quotidienne est essentielle.
À la maison	S'adapte facilement ; idéal pour les personnes âgées.	
Comportement	Susceptible d'aboyer lorsqu'il s'ennuie ; joue volontiers.	Accordez-lui du temps pour jouer.
Toilettage	Toilettage minimal requis.	Brossez sa robe avec un gant de toilettage pour en améliorer le lustre.
Problèmes de santé communs	Problèmes oculaires et épidermiques.	S'il se gratte à répétition, cela peut être le signe d'une maladie de peau.

Histoire

Ses ancêtres étaient des terriers de chasse dont on se servait pour attraper les rats. Sa coloration distincte lui vient de l'ancien terrier noir et feu, commun dans le nord-ouest de l'Angleterre, près de Manchester. La miniaturisation permit jadis à ces terriers nains, qui n'avaient rien perdu de leur instinct de tueurs de rats, de figurer dans des concours tenus dans des débits de boissons où de fortes sommes étaient engagées. On plaçait un terrier dans une « fosse aux rats » et on comptait le temps qu'il mettait à tuer 300 de ces rongeurs, préalablement achetés de chasseurs de rats locaux. Les parieurs naïfs pouvaient y perdre beaucoup, car malgré sa frêle apparence, ce chien était extrêmement efficace. L'un des célèbres représentants de la race, Tiny the Wonder (Menu la Merveille), tua un jour tous les rats en moins de 60 minutes.

Petit et amical

Les croisements avec d'autres chiens, dont le petit lévrier italien (voir page 48), ont donné naissance à une race sympathique mais déterminée, à l'aise dans un environnement urbain, comme l'étaient ses ancêtres. Ne vous laissez pas duper par sa petite taille, car ce terrier est très résolu et n'hésitera pas une seconde à massacrer le moindre rat croisé sur sa route. Son beau poil court nécessite peu de toilettage. Lors de la promenade, ce terrier aime s'adonner à l'exploration et trotter tranquillement aux côtés de son maître. Contrairement à certains terriers, il s'entend bien avec les autres chiens.

Mince et harmonieux
Ce terrier présente une silhouette mince et harmonieuse ainsi qu'un pelage noir et feu caractéristique.

Pattes droites
Les pattes avant sont droites et dotées de coussinets « freineurs ».

Expression enthousiaste
La tête est longue et le faciès présente une expression enthousiaste et alerte.

6. Le terrier tchèque

Comme son nom l'indique, ce chien au faciès inhabituel est originaire de la République tchèque. Malgré sa nature amicale, cette race n'est pas commune.

EN UN COUP D'ŒIL

- Apparence caractéristique
- Bon chien de compagnie
- Robe facile d'entretien
- Calme de nature
- Relativement tranquille comparé aux autres terriers

Histoire

Cette race découle de la vision de son créateur, František Horák, dont l'objectif était de concevoir un chien de chasse parfaitement adapté aux forêts de Bohême ; c'est d'ailleurs la raison pour laquelle cet animal est aussi appelé terrier de Bohême. Il entreprit son programme initial de croisement d'une durée de 10 ans avec des terriers écossais et de Sealyham. On croit que d'autres races, dont le dandie dinmont-terrier (voir page 158), ont été mises à contribution, quoique de façon limitée. Une nouvelle phase de croisements avec des terriers de Sealyham fut entreprise dans les années 1980. Aujourd'hui, c'est le chien national de la République tchèque.

Un terrier différent

Le terrier tchèque est relativement rare de nos jours, mais il passe pour être un meilleur compagnon que ses ancêtres. Il n'est pas nerveux et demeure relativement tolérant à l'égard des enfants, mais il s'adapte plus facilement à un foyer comptant plutôt des adolescents. Ce chien a conservé un fort instinct de chasseur – au moins en ce qui concerne les rats – et adore l'exercice. Contrairement aux autres terriers, l'entretien est très simple : nul besoin de lui raser les poils – il suffit de tailler ceux situés sur le corps et la queue, lesquels sont assez longs ; les poils de la face et du ventre n'ont pas à être taillés. Les chiots présentent une apparence très différente de celle des adultes : leur poil est plus court et leur robe, entièrement noire.

	CARACTÉRISTIQUES	NOTES
Personnalité	Déterminé ; assez indépendant ; loyal.	
Taille	Hauteur : 25-36 cm. Poids : 5,4-8 kg.	
Exercice	Bonne endurance, mais peu athlétique.	Exercice quotidien requis.
À la maison	Chien de garde alerte.	Il est possible qu'il creuse des trous dans la cour.
Comportement	Calme, mais enthousiaste à l'air libre ; compagnon de chasse plein d'entrain.	Surveillez-le à l'extérieur, car il peut chasser les rongeurs.
Toilettage	Taillage et brossage des poils requis ; le rasage n'est pas nécessaire.	Brossez les poils plus longs tous les deux ou trois jours.
Problèmes de santé communs	Crampe du terrier écossais ou abiotrophie cérébrale, qui affecte brièvement le mouvement, en général après l'exercice.	Surveillez les signes de cette maladie.

Traits caractéristiques
Le terrier tchèque possède une longue tête dotée d'une barbe abondante, d'une moustache bien définie et de sourcils.

Pattes et pieds
Les cuisses sont musclées et puissantes, les pattes antérieures sont parallèles et les pieds arrière, plus petits que ceux de devant.

De gris à couleur café
La robe est dans les teintes gris-bleu accompagnées de couleurs contrastées ou café au lait.

7. Le lévrier anglais

> **EN UN COUP D'ŒIL**
> - Adore courir
> - Tempérament calme
> - À l'aise dans un environnement urbain
> - Aime chasser les autres animaux
> - Doit être muselé lors de la promenade

Athlète par excellence de l'univers canin, le lévrier anglais – aussi appelé *greyhound* – est un sprinter plutôt qu'un coureur de fond. Calme tout en étant affectueux, ce chien doux s'adaptera très bien à un foyer sans chat qui compte des enfants déjà grands.

Croupe puissante *Les pattes arrière lui fournissent l'impulsion nécessaire pour atteindre des vitesses maximales.*

Couleurs *Sa robe peut être entièrement noire, grise, rousse ou fauve. Elle peut aussi être tachetée.*

Vérification des ergots *Assurez-vous que les ergots ne comportent pas d'excroissance.*

Histoire

On a trouvé des représentations de lévriers datant de plus de 5000 ans dans des grottes antiques et des tombes de l'ancienne Égypte, ce qui nous a permis de constater que leur apparence était demeurée à peu près inchangée durant cette période. La truffe relativement longue et la tête étroite sont typiques d'un chien de chasse qui s'en remet à l'acuité de sa vision plutôt qu'à son odorat pour repérer et poursuivre sa proie. Contrairement à ce qu'on pourrait croire, son appellation anglaise *greyhound* n'évoque pas sa couleur, mais provient plutôt du vieil anglais *grey* qui signifie « ancien » et rappelle ses racines lointaines.

Sauvez une bête de course

Les populaires courses de lévriers débutèrent aux États-Unis en 1912. Dans une telle compétition, les chiens sont libérés des boîtes où ils étaient retenus et partent à la poursuite d'un lièvre mécanique qui se déplace sur une piste. Sur de courtes distances, la vitesse maximale d'un lévrier anglais peut atteindre 69 km/h, mais certaines bêtes ne se montrent pas à la hauteur. Par conséquent, il existe beaucoup de lévriers de course à la retraite en attente d'un foyer d'accueil. Ceux-ci peuvent devenir de bons animaux de compagnie, mais doivent toujours être muselés lors de la promenade, car ils ont tendance à s'attaquer aux petits chiens et à d'autres animaux.

CARACTÉRISTIQUES		NOTES
Personnalité	Docile, mais guère extraverti ; calme et amical ; pas très possessif.	
Taille	Hauteur : 69-76 cm. Poids : 27-32 kg.	Les mâles sont légèrement plus grands que les femelles.
Exercice	Il est essentiel de le laisser courir sans laisse une fois par jour ; les longues promenades ne sont pas nécessaires.	Faites-lui porter un manteau par temps froid, car le pelage des lévriers n'est pas dense.
À la maison	À l'aise en milieu urbain près d'un parc, mais a besoin d'espace à l'intérieur.	Soyez disposé à sacrifier un ou deux fauteuils.
Comportement	Une fois en course, il est difficile de le rappeler, mais il ne couvrira qu'une courte distance avant de s'arrêter.	
Toilettage	Un toilettage régulier s'impose.	Chaque semaine, utilisez un gant de toilettage en caoutchouc pour retirer les poils épars.
Problèmes de santé communs	Sujet aux ballonnements et à la torsion gastrique ; sans doute la seule race épargnée par la dysplasie de la hanche ; les ex-chiens de course peuvent être affectés par le strongle pulmonaire.	Ne lui faites pas faire d'exercice après les repas, car cela peut causer des ballonnements ou la torsion gastrique.

8. Le teckel

Ces chiens se présentent sous divers types, soit deux ordres de poids et trois pelages différents. Il existe donc sans doute un teckel qui convienne à la plupart des gens. Leurs robes offrent une gamme de couleurs étendue, dont le gris pommelé et le bleu merle.

EN UN COUP D'ŒIL

- Ce chien doit être dominé par son maître
- Une des familles de chiens les plus populaires
- Toilettage minimal requis
- Peu à l'aise dans les escaliers

CARACTÉRISTIQUES		NOTES
Personnalité	Les espèces à poil long et à poil court sont plus calmes et sensibles que celles à poil dur ; les petits chiens sont très animés.	Affirmez votre autorité.
Taille	Hauteur : 13-23 cm. Poids : 5-14,5 kg.	De taille miniature à normale.
Exercice	A besoin d'exercice régulier et de temps pour jouer.	Promenez-le régulièrement et jouez avec lui dans la cour ou au parc ; découragez les sauts et le jeu rude.
À la maison	Aime bien s'aventurer à l'extérieur, mais devrait dormir à l'intérieur.	
Comportement	Forme souvent un lien étroit avec une personne et est distant avec les autres.	Favorisez la socialisation à un jeune âge.
Toilettage	Les exigences en matière de toilettage varient selon le type de robe ; a moins besoin de prendre un bain que la plupart des autres races.	Épilez deux fois l'an les chiens à poil dur ; brossez ou peignez quotidiennement ceux à poil long ; frictionnez souvent ceux à poil lisse.
Problèmes de santé communs	Obésité ; maladies du disque intervertébral ; problèmes oculaires.	Prévenez l'obésité par un régime alimentaire sain ; faites examiner ses yeux régulièrement.

Histoire

Originaire d'Allemagne, ce chien à la silhouette allongée est souvent mieux connu sous le nom de « chien saucisse ». D'abord conçu pour chasser le blaireau, ses jambes se sont graduellement raccourcies par la suite. Aujourd'hui, le teckel a la réputation d'être un animal de compagnie idéal et compte parmi les chiens les plus populaires aux États-Unis. Désormais, il risque davantage de s'attaquer à votre télécommande qu'à un blaireau !

C'est vous le patron

Le dressage de ces bêtes indépendantes et espiègles constitue tout un défi. Pour éviter qu'elles ne manifestent des problèmes de comportement – angoisse de la séparation, tendance à mordre, jalousie et aboiements inconsidérés –, le maître doit affirmer son autorité. Le teckel doit être présenté très jeune aux enfants et aux autres animaux de la maisonnée et le maître doit s'assurer que cette première rencontre est positive. Montrez-lui qui est le patron et ce chien s'avérera un merveilleux compagnon doté d'un tempérament très sympathique.

Examen des yeux
Cette race devrait subir régulièrement un examen des yeux.

Dos fragile
Le dos du teckel est vulnérable aux blessures ; il faut donc l'empêcher de sauter ou d'utiliser les escaliers.

Couleurs
La robe peut être entièrement rousse, sable ou crème. Les robes à deux tons sont généralement fauves avec une touche de marron ou de gris et celles à trois couleurs comptent une touche de blanc. C'est le cas des chiens à poil lisse.

Pattes courtes
Certains teckels issus d'élevages européens ont des pattes plus longues.

9. Le welsh corgi

Il existe en fait deux races de welsh corgi portant chacune le nom de la région du pays de Galles où elles ont été conçues. On les distingue généralement par leur queue : celle du cardigan est longue, alors que celle du pembroke est quasiment inexistante. Le cardigan est aussi un peu plus gros.

EN UN COUP D'ŒIL

- Deux races distinctes ayant des tempéraments semblables
- Pas recommandé aux foyers avec de jeunes enfants
- Robe facile d'entretien
- Étonnamment énergique

Histoire

Les deux races de welsh corgi furent d'abord des chiens de ferme. Leur tâche consistait à conduire le bétail, mordillant les pattes des bêtes récalcitrantes. Leurs pattes courtes leur permettaient de se déplacer parmi les troupeaux sans s'attirer de coups de sabot. Leurs origines sont quelque peu mystérieuses, mais on sait que ces chiens existent depuis plus d'un millénaire. On croit que le nom « corgi » est issu d'un mot du gaélique ancien signifiant « chien ». Le cardigan est aujourd'hui légèrement plus gros que le pembroke, son cousin, et ses oreilles sont aussi plus grandes et rondes. Le pembroke est le chien préféré de la reine Élisabeth II, à qui on donna toute jeune (soit en 1933) un représentant de cette race.

Un chien qui ne convient pas à tous

Même la souveraine britannique a fait les frais des instincts résolus du welsh corgi, mais son engagement affectueux envers cette race a contribué à sa popularité. Comme ce chien a conservé une tendance à mordre lorsqu'il est contrarié, il est déconseillé aux familles avec de jeunes enfants. Il ne s'agit pas ici d'agression à proprement parler, mais plutôt d'une réaction instinctive qui peut toutefois s'avérer désagréable et douloureuse, en particulier pour un enfant. Si vous êtes conscient de ce comportement et évitez les occasions de lui donner libre cours, le welsh corgi demeure un compagnon très agréable. Surveillez-le durant la promenade, car il n'est pas particulièrement amical envers les autres chiens.

	CARACTÉRISTIQUES	NOTES
Personnalité	Combatif en dépit de sa taille ; intelligent.	Apprenez aux chiots à bien se comporter et à rapporter d'emblée les jouets.
Taille	Hauteur (pembroke) : 25-30 cm. Poids (pembroke) : 11,3-14 kg. Hauteur (cardigan) : 28-33 cm. Poids (cardigan) : jusqu'à 15,5 kg.	
Exercice	Requiert énormément d'exercice, de préférence à la campagne.	Gardez-le à distance des autres chiens ; évitez le bétail, car il pourrait tenter de le conduire.
À la maison	Adore jouer.	Ne favorisez pas le saut ou la montée des escaliers, cela pourrait lui causer une hernie discale.
Comportement	Conserve des instincts résolus ; peut se montrer indépendant par moments.	
Toilettage	Un simple brossage suffit généralement.	À l'aide d'une brosse, enlevez la boue séchée de ses pattes et de son ventre.
Problèmes de santé communs	L'atrophie progressive de la rétine (APR) touche certaines lignées ; maladies du disque intervertébral.	Assurez-vous que l'élevage a été testé pour l'APR.

Croupe puissante
Malgré ses pattes courtes, le corgi possède une croupe puissante surmontant des jarrets tout aussi courts qui contribuent à sa mobilité.

Oreilles triangulaires
Les oreilles de forme triangulaire mettent en évidence sa nature alerte.

Large poitrine
La poitrine est relativement large et les côtes se prolongent vers l'arrière, de chaque côté du corps.

10. Le basset-hound

Aujourd'hui la plus connue de toutes les races de bassets, elle est aussi la seule qui n'a pas été conçue en France. Son nom évoque bien sûr sa courte taille.

EN UN COUP D'ŒIL

- Personnalité très sympathique
- Chien actif et débordant d'énergie
- Excellent avec les enfants
- Robe facile d'entretien
- Cri engageant
- Pas nerveux

Histoire

L'apparence de ces chiens s'explique par une mutation orientée vers la réduction de la taille des pattes qui fut menée en France à une certaine époque. Les ancêtres du basset-hound furent amenés en Angleterre en 1866, mais, contrairement à d'autres races, il n'existe pas d'espèces correspondantes hautes sur pattes. On les employait surtout à la chasse au lapin et au lièvre, qu'ils poursuivaient en meutes accompagnés de chasseurs à pied. Des croisements avec des chiens de Saint-Hubert contribuèrent à améliorer l'odorat de cette race.

Un compagnon

Le basset-hound a conservé une habileté indéniable à suivre une piste et cela peut s'avérer un problème, car il peut se déplacer de façon étonnamment rapide en dépit de ses pattes relativement courtes. C'est toutefois un compagnon très avenant dont le long hurlement plaintif – qu'il émet généralement lorsqu'il flaire une piste – est très agréable à l'oreille. Cela permet aux membres d'une meute de communiquer quand ils se déplacent en forêt plutôt qu'en rase campagne. Ce basset peut s'avérer un excellent animal de compagnie si vous demeurez conscients de son inclination à être dominé par son odorat. Il est remarquablement tolérant à l'égard des enfants et son passé de chien de meute fait en sorte qu'il s'entend bien avec les autres chiens, de sa race ou non. Mais il a un péché mignon : la gloutonnerie. Vous devrez donc veiller à ne pas laisser de sacs d'épicerie par terre en revenant du marché, sinon vous devrez probablement en faire votre deuil !

	CARACTÉRISTIQUES	NOTES
Personnalité	Doux et amical ; calme et flegmatique ; fiable et digne de confiance.	
Taille	Hauteur : 36 cm. Poids : 22,7 kg.	Surveillez son poids car il est sujet à l'embonpoint, surtout après avoir été châtré.
Exercice	A besoin de courir sans laisse au moins une fois par jour.	Surveillez-le quand il n'a pas de laisse, car il peut fuguer.
À la maison	A besoin de longues promenades à la campagne ; aime bien dormir sur le canapé.	
Comportement	A bon appétit.	
Toilettage	Toilettage très simple ; brossage occasionnel requis ; a tendance à dégager des odeurs.	Utilisez un gant de toilettage pour chien afin d'embellir le lustre de sa robe ; baignez-le régulièrement.
Problèmes de santé communs	Maladies du disque intervertébral ; ectropion, une affection par laquelle la paupière pend hors de l'œil et qui peut mener à l'infection.	L'ectropion peut nécessiter une chirurgie correctrice.

Tête volumineuse
Le basset-hound possède une tête volumineuse, des narines larges et proéminentes ainsi qu'un crâne clairement bombé.

Couleurs et motifs
La robe peut être tricolore ou citron et blanc, sans considération des motifs.

Du dos à la queue
La queue poursuit la ligne du dos, mais se recourbe légèrement.

Des chiens **pour les gens qui disposent de beaucoup de temps, ceux qui veulent développer de nouveaux talents, les passionnés du tricotage et ceux qui cherchent un compagnon de jogging, sous réserve de la race.**

Samoyède

Les chiens exigeants

Lévrier afghan

Les soins à prodiguer aux races figurant dans ce livre varient considérablement selon leurs antécédents. Les races actives, comme le samoyède, ont besoin de beaucoup d'exercice pour ne pas s'ennuyer, sinon elles deviennent nuisibles. Mais le facteur le plus important à considérer avant de choisir une race parmi celles présentées dans ce chapitre, c'est le toilettage. Il peut paraître ironique de rappeler que ces chiens ont été conçus pour des tâches utilitaires plutôt que comme animaux de compagnie qu'il faut bichonner, mais au fil des années qui ont suivi leur admission dans les expositions canines, leur apparence s'est modifiée. C'est notamment le cas du lévrier afghan, dont le poil est aujourd'hui plus long.

À l'origine, la robe de ces chiens les protégeait lorsqu'ils travaillaient à l'extérieur. Aujourd'hui, il vous faudra apprendre à la maintenir en parfaite condition, encore que, pour bien des gens, il s'agisse simplement de prendre rendez-vous au salon de toilettage. Mais entre ces visites, votre compagnon nécessitera beaucoup de soins. Et si vous aimez le tricot, sachez que le bobtail conviendra certainement à votre inclination, car son poil entre souvent dans la confection de vêtements.

1. Le lévrier afghan

Lorsqu'on aperçoit cette élégante bête, on oublie aisément qu'il faut une somme considérable de travail pour lui donner une apparence aussi somptueuse. Le dressage pose aussi un problème, mais le lévrier afghan s'avère par ailleurs le compagnon idéal des passionnés de marche.

EN UN COUP D'ŒIL

- Apparence magnifique
- Rapide coureur
- Difficile à dresser
- Toilettage exigeant beaucoup de temps
- Pas toujours amical envers les autres chiens

Histoire

Les origines de cette ravissante race se trouvent au cœur de l'Afghanistan contemporain. Dans cette région de grands espaces souvent montagneux, on a d'abord élevé ces chiens en fonction de la chasse, notamment à l'antilope et au cerf. Leur démarche assurée, un de leurs traits caractéristiques, leur permet de manœuvrer à leur aise en terrain difficile. Le lévrier afghan a fait son apparition en Occident à la fin du XIXe siècle. À l'époque, il existait des différences marquées entre les espèces des régions montagneuses – dont la robe était plutôt sombre et le poil, abondant – et celles des secteurs arides, dont la robe était plus pâle et le poil plus court. Depuis, ces distinctions ont disparu.

À la maison

Le lévrier afghan requiert beaucoup de toilettage. Les lignées actuelles ont un pelage bien plus fourni que celles qui furent d'abord amenées en Occident. Il s'agit en outre d'un chien qui ne convient pas à une personne inexpérimentée, car il est très difficile à dresser et n'obéit pas au doigt et à l'œil, surtout s'il y a quelque chose à chasser. Il est susceptible de poursuivre des volatiles (et même de petits chiens à l'occasion) et de les blesser. C'est pourquoi, comme mesure de précaution, vous seriez bien inspiré de le museler de temps à autre. Le lévrier afghan a vraiment besoin de courir à la campagne, loin du bétail, car les petites promenades en laisse ne lui offrent pas suffisamment d'exercice.

	CARACTÉRISTIQUES	NOTES
Personnalité	Distant; peu sympathique envers les étrangers.	
Taille	Hauteur: 61-71 cm. Poids: 22,7-27 kg.	Les mâles sont beaucoup plus lourds que les femelles.
Exercice	Il doit pouvoir courir sans laisse au moins une fois par jour, sinon il sera en proie à l'ennui et deviendra destructeur.	Laissez-le faire de l'exercice sans laisse chaque jour.
À la maison	Une cour spacieuse offrira de l'espace additionnel pour l'exercice.	Accordez-lui du temps pour jouer dans la cour.
Comportement	Très indépendant et difficile à dresser; s'entend généralement bien avec les chats de la maison, mais prendra les chats étrangers en chasse; peut encore déployer ses instincts de chasseur.	Gardez l'œil ouvert quand il est en présence d'autres chiens et de petits animaux.
Toilettage	Le toilettage quotidien élaboré de son poil soyeux est essentiel.	Toilettez-le chaque jour et coupez les poils emmêlés.
Problèmes de santé communs	Problèmes oculaires tels que les cataractes; peut développer un œdème cornéen, une réaction passagère à la vaccination contre l'hépatite canine infectieuse.	

Houppe
Une houppe de poils soyeux est apparente sur le dessus de sa tête.

Couleurs
Toutes les couleurs ou combinaisons de couleurs sont acceptables.

Pieds poilus
Les pieds sont recouverts d'une épaisse couche de poils.

2. Le petit chien-lion

Connu aussi sous le nom de *löwchen*, le petit chien-lion est ainsi nommé à cause de sa ressemblance avec le lion mâle lorsqu'il est rasé. Cette race – considérée comme faisant partie du groupe des bichons – ne mue pas, ce qui est une bonne nouvelle pour les personnes sujettes aux allergies.

EN UN COUP D'ŒIL

- Apparence très caractéristique
- Ne mue pas
- Race rare
- Animal de compagnie idéal
- Entretien de la robe exigeant

Histoire

Le nom *löwchen* donne l'impression qu'il est originaire d'Allemagne, mais selon certains il s'agit en fait d'une race française dont les origines remonteraient aussi loin qu'au Moyen Âge. Au XVIe siècle, le petit chien-lion était d'ailleurs très répandu partout en Europe. Traditionnellement, il était rasé, bien qu'on ne sache trop pourquoi – peut-être pour des raisons esthétiques, jointes au sentiment que, ressemblant à un lion, cette race était aussi dotée d'une forte constitution. Il a également été avancé que ce petit chien pouvait ainsi servir à réchauffer les pieds des dames lorsqu'elles étaient au lit. Plus récemment, la survie de cette race a été fortement compromise. En 1973, elle ne comptait en effet que 65 représentants dans le monde, ce qui en faisait à l'époque la race canine la plus rare de la planète.

CARACTÉRISTIQUES		NOTES
Personnalité	Affectueux et plein d'entrain.	
Taille	Hauteur : 25-33 cm. Poids : 4-8 kg.	
Exercice	Chien très actif ; a besoin d'une promenade quotidienne.	Par temps froid, faites-lui porter un manteau, comme à tous les chiens rasés.
À la maison	Aime la compagnie des humains ; pas de dépôts de poils dans la maison.	Assurez-vous de passer beaucoup de temps avec lui.
Comportement	Très extraverti, mais ni nerveux ni bruyant.	
Toilettage	Pelage à une seule couche ; rasage et brossage requis.	Rasez-le tous les deux mois et brossez-le chaque semaine.
Problèmes de santé communs	Aucune maladie congénitale connue.	Surveillez tout signe d'infection aux oreilles.

La race actuelle

Depuis, le petit chien-lion a connu un regain important. Cela est attribuable notamment à un intérêt croissant pour les races qui ne muent pas. Même si tous les chiens perdent leurs poils, le petit chien-lion le fait à un rythme nettement plus lent que les autres. Sa popularité tient aussi à son apparence unique et à son histoire. L'entretien de sa robe est cependant plus exigeant que pour beaucoup d'autres races et requiert presque à coup sûr l'aide de toiletteurs professionnels. Dans les expositions canines, seule la coupe léonine (dite aussi « coupe lion ») est acceptée. La robe est douce au toucher et naturellement ondulée.

Haute queue
La queue est haute et portée vers l'avant au-dessus du dos, mais elle peut s'abaisser lorsqu'il est debout.

Coupe léonine
La coupe dite léonine est une caractéristique de cette race, comme c'est le cas du caniche. Le long poil à l'avant du corps crée l'impression qu'il porte une crinière, d'où son nom.

Couleurs
Toutes les couleurs et combinaisons de couleurs sont possibles.

Pieds de taille différente
Les pieds avant comme ceux de derrière sont bien arqués, ces derniers étant toutefois plus petits.

3. Le chow-chow

Cette vieille race asiatique est singulière à plusieurs égards, dont sa langue bleuâtre. Son nom est issu d'un mot cantonais signifiant « comestible », qui rappelle que ces chiens étaient élevés en Chine largement à des fins alimentaires.

EN UN COUP D'ŒIL

- Dressage exigeant
- Toilettage régulier essentiel
- Aime les longues promenades
- Loyal
- Race ayant une longue histoire
- Pas idéal comme chien de famille

Langue bleue
La langue bleuâtre foncé est un trait caractéristique de la race, quelle que soit la couleur de la robe.

Mine renfrognée
Les zones de peau matelassée sur les sourcils lui donnent un air renfrogné.

Couleurs
Le chow-chow peut être de couleur crème, roux (gingembre à acajou), cannelle, bleu ou noir.

Histoire

Les origines du chow-chow se sont perdues dans la nuit des temps, mais certains estiment qu'il pourrait être issu de croisements entre le dogue du Tibet (voir page 89) et le samoyède (voir page 66), encore que cela soit discutable. Il est apparu en Grande-Bretagne vers 1780, lorsqu'une paire de ses représentants fut ramenée de Chine. En 1828, le zoo de Londres fit l'acquisition de deux autres chows-chows, mais c'est après que la reine Victoria s'en soit procuré un que ce chien devint à la mode. Dans leur contrée d'origine, en plus d'être élevés pour leur viande, les chows-chows étaient utilisés comme chiens de garde, compagnons de chasse et pour tirer des charrettes.

Des maîtres compréhensifs

Le chow-chow ne gagnerait certainement pas un concours d'obéissance, car il est très indépendant. Cela rend le dressage très difficile, d'autant plus qu'il ne s'entend ni avec ceux de sa race ni avec les autres chiens. Si jamais vous décidez d'acquérir une de ces bêtes, il vous faudra consacrer énormément de temps à son dressage ; de toute évidence, ce chien ne convient pas à un néophyte. Le toilettage exige aussi beaucoup de temps, en particulier pour les chiens à poil long. Gardez à l'esprit que la forme de son faciès peut influencer son comportement : la vision latérale du chow-chow – dont les yeux sont profondément enfoncés dans leur orbite – est faible, aussi est-il est susceptible de réagir avec nervosité lorsqu'on l'approche de cet angle.

CARACTÉRISTIQUES		NOTES
Personnalité	Indépendant, loyal ; ne compte pas parmi les races les plus affectueuses ; vigilant, surtout avec les visiteurs ; protecteur.	Gardez-le à l'œil quand il est en présence d'autres chiens.
Taille	Hauteur : 46-56 cm. Poids : 22,7-32 kg.	
Exercice	Actif.	Tenez-le loin des autres chiens pendant l'exercice.
À la maison	Très indépendant.	
Comportement	Pas très enjoué ; sa nature très obstinée peut créer des problèmes.	Il est essentiel qu'il soit bien dressé.
Toilettage	Les mâles ont une crinière plus fournie ; robe résistant aux intempéries.	Brossez-le et peignez-le régulièrement.
Problèmes de santé communs	Prédisposé aux affections touchant les cils et les paupières.	Ces affections peuvent nécessiter une chirurgie correctrice.

4. Le bobtail

Aussi appelée berger anglais ancestral, cette race n'est pourtant pas très ancienne et ne fut pas non plus employée traditionnellement comme chien de berger. La nature aimable de ce chien l'a rendu très populaire comme animal de compagnie. Signalons aussi son apparence caractéristique et son pas trottinant.

EN UN COUP D'ŒIL

- Très turbulent
- Entretien de la robe exigeant
- Amical et enjoué
- Débordant d'énergie
- Dressage demandant de la patience

CARACTÉRISTIQUES		NOTES
Personnalité	Sociable et exubérant.	
Taille	Hauteur : 53-64 cm. Poids : 27-29,4 kg.	
Exercice	Comme tous les chiens de ferme, il a besoin de beaucoup d'exercice.	Faites-le courir au moins une fois par jour.
À la maison	Peut être très turbulent lorsqu'il est excité ; utile comme chien de garde ; à cause de sa taille, peu recommandé aux foyers avec de jeunes enfants.	Surveillez-le quand il est en présence de jeunes enfants.
Comportement	Peut se montrer indépendant ; enjoué mais bruyant ; extraverti.	Soyez patient lors du dressage.
Toilettage	Le toilettage est exigeant si vous ne lui taillez pas les poils ; il sera plus à l'aise en été si vous le rasez.	Brossez-le chaque jour et taillez ses poils pour garder sa robe propre.
Problèmes de santé communs	Hormis les cataractes, généralement épargné par les affections héréditaires.	

Histoire

Le colley barbu (voir page 23) a sans doute joué un rôle dans l'ascendance du bobtail ainsi que le plus volumineux berger russe, originaire d'Ukraine. D'autres chiens de berger de l'ouest de l'Angleterre – où la race fut créée – ont probablement contribué à son émergence. Ce chien est appelé bobtail (qui signifie littéralement « queue écourtée » en anglais) parce qu'à l'époque, sa queue était apparemment coupée pour confirmer son statut de chien d'utilité. On s'en servait surtout pour mener les troupeaux d'un champ à l'autre ainsi qu'au marché. Ces bêtes avaient aussi une chose en commun avec les moutons qu'elles gardaient : chaque année, elles étaient tondues et leurs poils servaient à la confection de vêtements.

Un chien débordant d'énergie

Le bobtail possède d'incroyables réserves d'énergie, il faut donc consacrer beaucoup de temps à son exercice. Il peut devenir très empoté dans la maison, surtout s'il est excité. À cause de sa taille, il renverse facilement les objets. Le dressage n'est pas non plus de tout repos, en raison de sa nature active et alerte, et l'environnement urbain est loin de lui convenir. L'entretien de sa robe exige aussi beaucoup de temps. À moins que vous ne gardiez votre animal à des fins d'exposition canine, vous pouvez tailler ses poils : il en éprouvera un soulagement certain l'été et pourra vous donner jusqu'à 2,2 kg de poils à tisser.

Tête carrée
Sa tête est plutôt carrée et ses yeux sont marron ou bleus, ou parfois l'un marron et l'autre bleu.

Couleurs
La robe peut être grise, grisonnante, bleue ou bleu merle, avec ou sans zones de blanc.

Pattes et pieds
La croupe est ronde et puissante et les pieds sont petits et arrondis.

5. Le kerry blue-terrier

Malgré son nom, la couleur de cette race est plutôt dans les teintes de gris (et non pas bleue), les extrémités du corps tirant sur le noir. L'intensité de la coloration varie toutefois selon les individus, certains étant nettement plus foncés que d'autres.

EN UN COUP D'ŒIL

- Apparence très caractéristique
- Entretien complexe de la robe
- Peu amical envers les autres chiens
- S'adapte bien à la vie de famille

	CARACTÉRISTIQUES	NOTES
Personnalité	Intrépide, intelligent ; peut être têtu.	
Taille	Hauteur : 43-51 cm. Poids : 15-18 kg.	
Exercice	Bonne endurance.	Faites-lui faire une bonne promenade chaque jour ; évitez les autres chiens.
À la maison	A souvent envie de jouer ; aime courir après des balles ; bon chien de garde.	Consacrez-lui du temps pour jouer.
Comportement	A la réputation de ne pas aimer les chats.	Apprenez-lui à vaincre son aversion pour les chats.
Toilettage	Le toilettage est exigeant ; demandez les conseils de toiletteurs expérimentés.	Brossez sa robe chaque jour ; taillez son poil, au besoin.
Problèmes de santé communs	Les chiens âgés peuvent souffrir de tumeurs aux follicules pileux. Ces tumeurs apparaissent sous forme de bosses à la base des poils.	Surveillez les signes de cette affection.

Histoire

Originaire du comté de Kerry dans le sud-ouest de l'Irlande, ce terrier est aujourd'hui considéré comme le chien national de ce pays. Ses origines exactes sont inconnues, mais certains affirment qu'il descend d'un chien ayant survécu à un naufrage dans la baie de Tralee. S'il faut en croire cette histoire, il s'agissait peut-être d'un bedlington-terrier. D'autres terriers originaires d'Irlande ont sans doute joué un rôle dans son ascendance, et même peut-être le lévrier irlandais (voir page 88). Pendant plusieurs années, il fut strictement un chien de ferme, chassant les animaux nuisibles et les loutres. Sa polyvalence lui a permis à l'occasion de garder les troupeaux et même de servir comme chien de rapport.

Petites oreilles *Il a de petites oreilles en forme de V, lesquelles sont portées vers l'avant sur le dessus du crâne.*

Robe grise *La couleur peut varier de gris-bleu à bleu grisâtre, allant de teintes foncées à pâles.*

Pattes avant droites *Les pattes avant sont droites lorsque vues de face et de côté.*

Le kerry blue comme animal de compagnie

La vogue de ce terrier n'est plus aussi forte qu'au faîte de sa popularité, dans les années 1920. Cela est sans doute attribuable à sa nature très déterminée, mais c'est un compagnon intelligent et toujours disposé à apprendre. Ce terrier peut néanmoins être têtu et même pugnace à l'occasion, en particulier envers les autres chiens. L'entretien de sa robe est exigeant ; sur ce plan, vous aurez probablement besoin d'une aide professionnelle. Tous les kerry blue naissent noirs et leur poil met quelques années à s'éclaircir. Les éleveurs décrivent précisément ce changement de couleur comme un « éclaircissement ».

6. Le irish soft-coated wheaten-terrier

Voici un autre terrier polyvalent originaire d'Irlande. Ce chien, aussi appelé terrier irlandais à poil doux, réalisait une foule de tâches dans les fermes, où il vivait et travaillait fréquemment seul. Plus récemment, la race s'est adaptée à l'univers des expositions canines.

Histoire

Les terriers d'utilité semblables au soft-coated wheaten ont fait partie du paysage de plusieurs régions d'Irlande pendant plus de deux siècles, et il se peut que cette race soit la plus ancienne des quatre races de terriers originaires de ce pays. Jusqu'à récemment, ce sont surtout ses capacités de travail qui avaient retenu l'attention et il n'avait pas été normalisé à des fins d'exposition. En 1937, l'Irish Kennel Club l'a finalement reconnu. Ce chien a fait son apparition aux États-Unis en 1946, mais demeure peu répandu dans ce pays.

Apparence et personnalité

Contrairement à d'autres terriers, cette race possède – comme son nom l'indique – un poil souple et soyeux correspondant idéalement à la couleur du blé. Les chiots ont une robe plus foncée que les adultes et ils peuvent mettre jusqu'à 18 mois pour obtenir leur coloration mature et développer pleinement leur robe monocouche. L'entretien du wheaten est sensiblement plus facile que celui des autres terriers, parce que son poil n'est ni taillé ni rasé à des fins d'exposition canine. Néanmoins, le toilettage quotidien demeure essentiel, tout comme l'entretien des oreilles et des ongles. Une attention particulière doit aussi être portée aux poils qui recouvrent les yeux, appelés « chute ». Pour de meilleurs résultats, dénichez un toiletteur qui connaît bien cette race. En ce qui concerne leur personnalité, ces terriers aiment chasser et sont doués pour le saut. Le dressage est toutefois plus exigeant que pour certaines autres races.

CARACTÉRISTIQUES		NOTES
Personnalité	Intelligent et plein d'entrain ; très indépendant, ce qui rend le dressage difficile ; amical.	Le dressage exige de la patience.
Taille	Hauteur : 43-48 cm. Poids : 14-18 kg.	Les mâles sont en général plus lourds que les femelles.
Exercice	L'exercice quotidien est essentiel.	A tendance à tirer sur sa laisse.
À la maison	Convient à un foyer comptant des enfants plus âgés ; bon chien de garde.	
Comportement	Très enjoué.	Entreprenez un dressage rigoureux dès son jeune âge.
Toilettage	Poil doux ; toilettage quotidien essentiel.	Ne négligez pas les oreilles.
Problèmes de santé communs	Peut souffrir de dysplasie rénale, un développement anormal des reins, et de la maladie d'Addison, qui affecte les glandes surrénales.	Le dépistage est possible.

Tête rectangulaire
Ce chien a une tête rectangulaire et relativement longue ainsi que des yeux assez espacés, marron ou marron rougeâtre.

Nature enjouée
La révérence caractéristique et les pattes à plat sur le sol témoignent de la nature enjouée de cette race.

Pattes puissantes
Les pattes avant sont droites et puissantes ; les coussinets à leur extrémité sont noirs.

EN UN COUP D'ŒIL

- Compagnon intelligent
- Amical envers toute la famille
- S'adapte à diverses situations
- Robe caractéristique
- Dressage possiblement problématique

7. Le puli

Le puli – *pulik* au pluriel – possède des poils filandreux qui lui confèrent un aspect unique. On a toutefois noté récemment, en particulier aux États-Unis, une tendance à le présenter avec une robe d'apparence plus laineuse.

EN UN COUP D'ŒIL

- Apparence unique
- A besoin d'énormément d'exercice
- Entretien de la robe très exigeant
- Le dressage précoce est très important
- Se lie facilement aux gens

Histoire

Les ancêtres du puli sont sans doute originaires du Tibet et on croit qu'il pourrait avoir un lien de parenté avec le terrier tibétain (voir page 43). Quoi qu'il en soit, le puli existe sous sa forme actuelle depuis plus de 1000 ans. Il était utilisé comme chien de berger, sa robe étant de préférence noire, aux côtés de gardiens de troupeaux plus massifs, tels que le komondor (voir page 156), dont la robe blanche contrastait avec la sienne et dont la tâche était de protéger les moutons des attaques des loups et des voleurs. Les poils filandreux des deux races étaient à l'épreuve des intempéries, ce qui leur conférait une bonne protection en hiver. Au printemps, le puli était tondu, comme les moutons qu'il gardait, ce qui le protégeait des chauds étés des plaines hongroises.

Entretien de la robe

À sa naissance, la robe du puli est touffue, puis un changement s'opère naturellement : le sous-poil dense commence à se mélanger à la couche supérieure, ce qui donne cet aspect filandreux typique. Les poils eux-mêmes – qui ressemblent en fait à des cordes – devraient être relativement minces. Un toilettage minutieux s'impose afin de conserver à ces chiens la meilleure apparence possible. Depuis que cette race a commencé à participer à des expositions, son pelage est plus fourni que chez les chiens d'utilité et il lui arrive de descendre jusqu'au sol. En outre, il existe aujourd'hui une large gamme de couleurs ; la robe noire en particulier peut pâlir si elle est exposée au soleil de façon prolongée.

	CARACTÉRISTIQUES	NOTES
Personnalité	Loyal et intelligent.	
Taille	Hauteur : 36-48 cm. Poids : 9-18 kg.	
Exercice	Comme il s'agit d'un chien actif, il a besoin d'exercice chaque jour.	Évitez les moutons en particulier, car il peut les prendre en chasse.
À la maison	Chien de garde alerte.	
Comportement	Vif, réceptif, agile ; habile à deviner vos exigences ; enjoué ; peut être têtu si vous négligez le dressage ; adore les jeux d'agilité et d'obéissance.	Entreprenez le dressage dès son plus jeune âge.
Toilettage	Le toilettage exige beaucoup de temps, même pour les bêtes ayant une robe laineuse.	Toilettez-le chaque jour pour former les cordes ou brossez-le pour obtenir une robe laineuse.
Problèmes de santé communs	Dysplasie de la hanche, bien que ce ne soit pas une affection très répandue chez cette race.	Assurez-vous que l'élevage a été testé pour la dysplasie de la hanche.

Couleurs
Toutes les teintes de gris, le noir-rouille, le noir ainsi que le noir et blanc sont des couleurs reconnues.

Queue haut portée
La queue prolonge la ligne du dos et est portée au-dessus de celui-ci.

Pieds matelassés
Les pieds arrondis sont dotés d'épais coussinets et les orteils sont arqués.

8. Le setter gordon

Le setter gordon est aussi connu sous le nom de setter noir et feu, en raison de sa coloration distincte. On rencontre ces chiens moins souvent que par le passé, ce qui témoigne peut-être de leur nature active et industrieuse.

EN UN COUP D'ŒIL

- Robe magnifique
- Grande endurance
- Très affectueux
- Tempérament égal
- Appliqué au travail

CARACTÉRISTIQUES		NOTES
Personnalité	Appliqué, déterminé et affectueux.	
Taille	Hauteur: 58-69 cm. Poids: 20,4-36 kg.	Les mâles sont en général plus lourds que les femelles.
Exercice	A besoin de longues promenades à la campagne.	Faites-lui faire de l'exercice chaque jour et donnez-lui l'occasion d'explorer sans laisse.
À la maison	À cause de son poids, il convient mieux à un foyer avec des enfants plus âgés.	
Comportement	Fiable et peu nerveux; réceptif au dressage et apprend rapidement; désireux de plaire.	
Toilettage	Brossage et peignage réguliers des zones frangées sur les pattes, de la queue et des oreilles.	Brossez-le et peignez-le régulièrement; ne négligez pas les oreilles.
Problèmes de santé communs	L'atrophie progressive de la rétine (APR), qui mène à la cécité, est parfois héréditaire.	Assurez-vous que l'élevage a été testé pour l'APR.

Oreilles basses
Les oreilles sont attachées bas, au niveau des yeux, et sont portées contre la tête.

Long museau
Le museau est relativement long, mais ne pointe pas sur sa longueur.

Couleurs définies
Le setter gordon a des taches noires et fauves bien définies.

Histoire

Le setter gordon est ainsi nommé en l'honneur du duc de Richmond et Gordon, qui joua un rôle de premier plan dans la création de cette race dans les années 1820. Son but était de concevoir un chien de chasse plus robuste et endurant que les autres setters. Entre autres races qui entrèrent dans ses croisements figurent divers colleys, de sorte que les premiers setters gordon encerclaient le gibier à plumes lorsqu'ils le détectaient, à la façon d'un chien de berger, avant de s'asseoir pour signaler sa présence.

De longues séances d'exercice

Le setter gordon est un très beau chien, toujours doté de l'endurance recherchée par le duc. Il est donc incroyablement actif et exige beaucoup d'exercice. Ne songez pas à en avoir un si vous vivez en zone urbaine. Même à la campagne, les longues promenades quotidiennes sont essentielles pour éviter qu'il s'ennuie et devienne destructeur. Dans un environnement adéquat où il aura beaucoup de temps pour l'exercice, il deviendra un compagnon réceptif et de qualité. Comme pour beaucoup de chiens de chasse, il existe une légère différence entre ceux qu'on voit sur le terrain et ceux – un peu plus gros – qui sont montrés dans les expositions.

9. Le samoyède

Bien que le samoyède se distingue notamment par sa grande élégance, il a évolué comme chien d'utilité au fil de plusieurs siècles, réussissant à survivre dans un climat très rigoureux. Ce n'est que tout récemment qu'il a fait son apparition en Occident.

EN UN COUP D'ŒIL

- Très belle apparence
- Très actif
- Consommation de nourriture à contrôler
- Toilettage exigeant beaucoup de temps
- Nature amicale

Robe pâle
La robe peut être blanche, crème, de couleur biscuit ou blanc et biscuit.

Tête et museau
La tête est de forme triangulaire, avec un museau effilé.

Oreilles triangulaires
Les oreilles de taille moyenne sont dressées, triangulaires, bien espacées et arrondies aux extrémités.

CARACTÉRISTIQUES		NOTES
Personnalité	Déterminé et amical ; fait preuve de confiance dans les expositions.	
Taille	Hauteur : 48-61 cm. Poids : 22,7-29,4 kg.	Surveillez son poids, car il a tendance à engraisser.
Exercice	Comme c'est un chien actif, il a besoin de faire chaque jour beaucoup d'exercice ; très fort physiquement.	Évitez les moutons, car il pourrait les prendre en chasse.
À la maison	S'il manque d'exercice, il peut être en proie à l'ennui et entreprendre de mâcher des objets et causer ainsi des dégâts.	
Comportement	Son côté indépendant peut compliquer le dressage ; très sociable avec les autres chiens.	Le dressage requiert de la patience.
Toilettage	Les mâles ont un collier de poil plus fourni autour du cou.	Brossez-le et peignez-le chaque jour.
Problèmes de santé communs	Sensible au diabète sucré.	Cette affection peut être contrôlée par des injections régulières d'insuline.

Histoire

Cette race tient son nom des tribus samoyèdes de la Sibérie septentrionale. Il s'agit d'un chien de type spitz dont les traits faciaux sont assez semblables à ceux du renard, avec lequel il a aussi en commun des oreilles dressées et un collier de fourrure plus fourni autour du cou et se prolongeant jusqu'au milieu des pattes avant. La queue en plumeau est retroussée et portée au-dessus du dos ; ses poils retombent sur un côté du corps. Comme c'est le cas pour les races semblables, le samoyède fut d'abord un chien de traîneau, offrant un moyen de transport essentiel dans sa région d'origine avant la mécanisation. On l'utilisait également pour garder les troupeaux de rennes.

Le samoyède en climat tempéré

Comme en témoigne son passé, le samoyède est un chien très actif ; il faut donc veiller à ce que ses besoins soient comblés à cet égard. Il est aussi très fort et doit subir un dressage adéquat, en particulier pour lui faire perdre l'habitude de tirer sur sa laisse lorsqu'il est en promenade. On dit que le samoyède sourit – cela se produit quand il est attentif et que les coins de sa bouche se soulèvent. La base génétique de cette race en Occident provient essentiellement de la douzaine de ses représentants amenés en Angleterre à la fin du XIXe siècle. L'un des problèmes les plus fréquents est sa propension à prendre du poids dans un environnement domestique en raison de son métabolisme ; cette situation accroît les risques de diabète sucré, une affection à laquelle le samoyède est vulnérable.

10. Le barzoï

Le nom de ce chien vient du mot russe *borzyi*, qui signifie « rapide ». Il s'agit d'un chien de chasse typique, comme en témoignent sa longue tête étroite et sa carrure de lévrier ainsi que son pas élégant lorsqu'il court. On l'appelle aussi le lévrier russe.

EN UN COUP D'ŒIL

- Chien actif qui a besoin de courir
- De nature sociable
- Toilettage requis
- Relativement massif
- Muselage recommandé parfois

Histoire

Il est probable que cette race aristocratique soit issue au moins en partie d'un élevage de lévriers amenés en Russie depuis le Moyen-Orient. Le barzoï, qui existe sous une forme identifiable depuis plus de cinq siècles, était un favori des tsars de Russie. Chassant en paires ou en trios, ces chiens pouvaient devancer un loup et le traîner par le cou ; ils l'immobilisaient au sol plutôt que de le tuer séance tenante. Les chasses accompagnées de barzoïs étaient à l'époque des événements d'une grande solennité. Plusieurs d'entre eux furent offerts en cadeau à d'autres souverains européens, ce qui contribua à assurer la survie de la race après la révolution bolchevique. Étant donné les liens étroits qui les unissaient à la dynastie détrônée, le nombre de barzoïs déclina rapidement après 1917.

Le barzoï en course

Si vous disposez de beaucoup d'espace pour que ces chiens gracieux fassent de l'exercice, vous serez ravi de les voir courir, car ils sont très élégants. Cela n'est toutefois possible qu'à la campagne. Grâce à des croisements avec des chiens indigènes russes à poil long, le barzoï est beaucoup plus endurant que ses ancêtres lévriers. Ayant été élevé pour chasser en paires, il s'entend bien avec les membres de sa race ainsi qu'avec les chiens à la taille et au physique semblables, comme les autres lévriers. Sa robe longue et soyeuse est un autre facteur dont il faut tenir compte avant d'en faire l'acquisition, car elle requiert une attention soutenue.

CARACTÉRISTIQUES		NOTES
Personnalité	Amical envers les gens qu'il connaît, mais distant avec les étrangers ; sensible.	
Taille	Hauteur : 66-71 cm. Poids : 27-48 kg.	Les mâles sont beaucoup plus lourds que les femelles.
Exercice	A besoin de courir sans laisse chaque jour ; plus enclin à revenir à son point de départ que la plupart des chiens de chasse.	Offrez-lui la chance de courir quotidiennement sans laisse.
À la maison	S'adapte bien s'il a la chance de courir régulièrement ; pas un bon gardien de propriété.	Attention aux chats ! les chiots, en particulier, pourraient les prendre en chasse.
Comportement	Tranquille ; n'est pas porté à aboyer.	
Toilettage	Brossage et peignage réguliers requis.	N'oubliez pas les oreilles.
Problèmes de santé communs	Certains barzoïs naissent sans prémolaires, mais cela n'affecte ni leur santé ni leur consommation de nourriture.	Si vous souhaitez l'inscrire à une exposition canine, assurez-vous qu'il ne lui manque pas de dents car c'est considéré comme une faute majeure.

Longue tête
Sa tête est longue, étroite et légèrement bombée, avec une grande truffe noire proéminente.

Poitrine et pattes
La poitrine est étroite mais profonde et les pattes avant sont droites.

Poil soyeux
Toutes les couleurs ou combinaisons de couleurs sont acceptées en compétition, mais le poil doit être soyeux et non laineux.

Des chiens **pour les gens plus âgés, les citadins et ceux dont la mobilité est réduite mais qui souhaitent quand même posséder un chien.**

Poméranien

Terrier de soie

Les petits chiens

Ce n'est pas parce qu'un chien est de petite taille qu'il manque de personnalité. En fait, la majorité des races présentées dans ce chapitre ont évolué comme animaux de compagnie au fil de plusieurs siècles et s'adaptent donc très facilement à un environnement domestique. Leurs besoins d'exercice sont modestes, ce qui fait que la vie urbaine leur convient parfaitement. Et si leur organisme n'est pas toujours aussi résistant que celui des races plus costaudes, le dépistage des élevages permet généralement de s'assurer que les chiots sont en bonne santé.

Le toilettage de ces animaux peut exiger beaucoup de temps ; toutefois, si l'on réussit à établir une routine dès leur plus jeune âge, cette tâche devrait être assez simple. Bien qu'ils aient un comportement amical envers les gens de tous âges, ces chiens de petite taille conviennent moins à des foyers qui comptent de jeunes enfants, car les manipulations rudes peuvent facilement leur causer des blessures. La majorité des races présentées dans ce chapitre s'avèrent des gardiens alertes, prévenant la maisonnée à l'approche d'étrangers ; autre avantage, leur aboiement donne généralement l'impression qu'ils sont beaucoup plus gros qu'en réalité.

Pékinois

1. Le pékinois

Cette race doit son nom à Pékin (Beijing), la capitale chinoise. Le pékinois a une apparence vraiment caractéristique.

EN UN COUP D'ŒIL

- Yeux proéminents
- Peut se montrer très têtu
- Prise de poids à surveiller
- Ne convient pas aux jeunes enfants
- Requiert de longues séances de toilettage

Histoire

Les origines du pékinois sont sans doute proches de celles de l'épagneul tibétain (voir page 14), auquel il ressemblait beaucoup lorsqu'il a fait son apparition en Occident dans les années 1860. Depuis, son apparence s'est considérablement modifiée, son profil facial devenant beaucoup plus plat et sa robe, plus fournie. Ce chien était un favori de la cour impériale de Chine : il était confié à des eunuques spécialement mandatés pour leur prodiguer des soins, et le vol d'un pékinois était passible de la peine de mort. Il fut introduit en Angleterre peu après la chute de la dynastie chinoise, lorsqu'un représentant de cette race fut offert à la reine Victoria, qui adorait les chiens. À peu près toutes les bêtes utilisées dans l'évolution des lignées occidentales du pékinois furent acquises au tournant du XXe siècle. Après la mort de l'impératrice douairière Tzu Hsi, qui en assura le développement, la race tomba en déclin dans son pays d'origine.

Un véritable compagnon

Cet animal plein d'entrain était surnommé à une époque « chien de manche » parce que sa taille lui permettait de loger dans la manche d'un courtisan chinois. Mais un autre nom fut d'abord employé pour le désigner : celui de « chien-lion », en raison de sa longue crinière, un trait qui le distingue toujours. Ce qui semble n'avoir pas changé beaucoup, c'est son tempérament. Le pékinois demeure en effet un excellent compagnon, peut-être pas dans un foyer avec de jeunes enfants, mais sûrement pour un maître plus âgé qui appréciera sa loyauté.

CARACTÉRISTIQUES		NOTES
Personnalité	Déterminé, loyal, têtu et confiant.	
Taille	Hauteur : jusqu'à 23 cm. Poids : jusqu'à 6,3 kg.	Surveillez son poids.
Exercice	Une petite promenade au parc suffira.	Évitez l'exercice dans les moments les plus chauds de la journée afin de prévenir les coups de chaleur.
À la maison	Se contente de trottiner dans la maison à la suite des gens et au parc.	Ne l'incitez pas à sauter, car cela peut provoquer une hernie discale.
Comportement	Courageux ; ne reculera pas facilement lorsqu'il est décidé.	
Toilettage	Exige beaucoup de peignage et de brossage.	Brossez-le et peignez-le régulièrement ; essuyez tout écoulement lacrymal avec un coton-tige humide.
Problèmes de santé communs	Affections propres aux yeux proéminents, dont le prolapsus du globe oculaire et les égratignures ; problèmes respiratoires liés à sa truffe aplatie.	

Faciès particulier
La tête du pékinois est grosse et large, avec un museau aplati.

Couleurs
Toutes les couleurs et combinaisons de couleurs sont acceptables, mais la zone de la truffe doit être noire.

Robe rude
Le poil du pékinois a une texture relativement rude puisqu'il pousse en hauteur ; le sous-poil est plus doux.

Pieds avan
Les pieds avant son légèrement tourné vers l'extérieu lorsqu'il se tien debout ou qu'i se déplace

2. Le yorkshire-terrier

Même s'il était à l'origine un chien d'utilité, le yorkshire-terrier – dont le nom rappelle la région d'Angleterre où il fut conçu – est aujourd'hui uniquement un chien d'exposition et un animal de compagnie. Sa petite taille a contribué à sa popularité.

EN UN COUP D'ŒIL

- Petite race dotée d'une forte personnalité
- Requiert un toilettage élaboré
- S'adapte bien à un environnement urbain
- Besoin limité d'exercice

Histoire

Les origines de cette race remontent à l'époque de la révolution industrielle dans le nord de l'Angleterre, où ses ancêtres chassaient les rongeurs. Diverses races de terriers ont contribué à son ascendance, dont un autre chien du Yorkshire appelé terrier de Leeds – aujourd'hui disparu – et le terrier de Manchester, dont il a hérité les couleurs. D'autres races ont aussi joué un rôle dans son émergence – quoique à un degré moindre – dont le dandie dinmont-terrier (voir page 158) et le skye-terrier. Deux autres terriers originaires d'Écosse – clydesdale et paisley –, qui figurent dans son arbre généalogique, sont aujourd'hui disparus. À l'époque, ces chiens avaient fait route vers le sud en compagnie de gens à la recherche d'un emploi dans les manufactures du Yorkshire. Le membre le plus connu de la race, né en 1865, était un mâle répondant au nom de Huddersfield Ben, souvent décrit comme son père fondateur.

Changement de vocation

Le yorkshire-terrier d'origine était un habile ratier, plus massif qu'aujourd'hui, mais on favorisa vite une réduction de sa taille. Ces petits « yorkies » devinrent rapidement très populaires auprès des dames, notamment en raison de leur poil long et doux, tombant de chaque côté du corps. Le yorkshire exige un toilettage régulier pour paraître à son mieux. Les poils sur le dessus de la tête sont généralement attachés à l'aide de un ou deux rubans, afin d'éviter qu'ils lui retombent dans les yeux.

CARACTÉRISTIQUES		NOTES
Personnalité	Intelligent, brave, tenace, intrépide.	
Taille	Hauteur : 23 cm. Poids : 3 kg.	
Exercice	Aime bien explorer en trottinant ; pas très porté sur la course.	Laissez-lui du temps pour jouer.
À la maison	Compagnon attentif et plein d'entrain.	
Comportement	Toujours curieux ; a conservé une habileté instinctive à chasser les rongeurs.	Habituez-le à ne pas aboyer sans raison.
Toilettage	Le toilettage est exigeant et doit être quotidien.	Gardez propres les poils autour de sa bouche afin de prévenir les infections.
Problèmes de santé communs	Dislocation rotulienne, qui affecte les articulations tibio-fémorales et cause la claudication.	La dislocation rotulienne peut nécessiter une chirurgie correctrice ; assurez-vous que les testicules sont bien descendus dans le scrotum et parlez-en au vétérinaire si ce n'est pas le cas.

Robe bleue
La coloration bleue s'étend de l'arrière du cou à la base de la queue. Elle est plus foncée sur la queue que sur le corps.

Corps compact
Le corps est bien proportionné et compact.

Couleurs du chiot
À la naissance, les chiots sont de couleur noir et feu, le bleu remplaçant ensuite le noir. Il s'agit d'un bleu foncé et métallique. Les poils de couleur feu pâlissent à mesure qu'ils s'étendent vers les extrémités.

Pieds menus
Les pieds sont arrondis et les ongles, foncés.

3. Le bichon maltais

Ces magnifiques chiens blancs au poil doux sont des animaux de compagnie depuis des siècles. De nos jours, ils demeurent très populaires en raison de leur beauté, mais aussi de leur charmante personnalité.

EN UN COUP D'ŒIL

- Magnifique apparence
- Personnalité amicale
- Compagnon alerte
- Généralement, peut vivre longtemps
- Nature très affectueuse
- Passé intéressant

Histoire

Comme son nom l'indique, ce chien est indissolublement lié à l'île de Malte, où ses ancêtres vivaient il y a peut-être 1500 ans. Il est possible que ces petits chiens aient d'abord sillonné la Méditerranée en compagnie de marins phéniciens. Appréciés des Grecs et des Romains, ils devinrent par la suite très populaires auprès des dames des cours royales européennes. Au cours de ces années, l'apparence du bichon maltais semble s'être peu modifiée. À partir du XVIIIe siècle, cette race a gagné encore en notoriété et compte aujourd'hui des légions d'admirateurs dans le monde.

Apparence

Alors que, dans le passé, les couleurs du bichon maltais étaient fort variées, tous les représentants de cette race ont aujourd'hui un poil blanc, encore que certaines colorations blondes ou fauves soient apparentes sur les oreilles. Sa robe a aussi changé d'aspect : d'anciens tableaux le représentent avec un poil plutôt rêche et bouclé, alors que le bichon maltais actuel possède un poil doux et gracieux, d'une texture distinctement soyeuse. La robe est d'une seule couche, sans trace de sous-poils, et descend jusqu'au sol à la hauteur du ventre, dissimulant les pattes et les pieds. Les poils situés sur sa tête sont souvent attachés à l'aide d'un ruban pour les tenir à l'écart de ses yeux proéminents et noirs ; à l'arrière de la tête, ils rejoignent les longs poils qui ornent ses oreilles.

CARACTÉRISTIQUES		NOTES
Personnalité	Très doux et affectueux ; adore la compagnie des humains.	
Taille	Hauteur : 25 cm. Poids : 1,8-2,7 kg.	Certains peuvent être plus lourds.
Exercice	A peu besoin d'exercice ; se contente d'une promenade au parc.	Gardez à l'esprit que sa robe peut devenir boueuse lorsqu'il est à l'extérieur.
À la maison	Établit des liens solides avec les membres de la famille.	
Comportement	Apprend très vite ; nature brave.	Il sera heureux si vous lui donnez beaucoup d'attention.
Toilettage	Partagez les poils au milieu du dos et peignez-les de chaque côté du corps.	Peignez-le chaque jour.
Problèmes de santé communs	Déformation des cils, par laquelle ceux-ci se frottent au globe oculaire, causant une vive irritation.	Cette affection peut nécessiter une chirurgie correctrice.

4. Le poméranien

Les origines du poméranien s'expliquent en grande partie par la tendance à la miniaturisation qui a marqué, au fil des siècles, la reproduction des races canines. Ce chien, issu d'élevages de spitz de plus forte taille, est depuis longtemps un animal de compagnie fort populaire.

EN UN COUP D'ŒIL

- Race de spitz miniature
- Beaucoup de caractère
- Disponible dans une large gamme de couleurs
- Adore attirer l'attention
- Loyal de nature
- Forte personnalité

Histoire

Dès ses origines, le poméranien fut étroitement lié aux cours royales européennes jusqu'à devenir la race favorite de la reine Victoria, qui inscrivit certains de ses chiens bien-aimés à la première exposition canine de Cruft en 1891. On prétend même que lorsqu'elle mourut, son poméranien noir, Turi, était couché dans le lit près d'elle. À cette époque, la taille de cette race avait déjà subi une réduction marquée par rapport aux premiers chiens amenés en Angleterre par la reine Charlotte dans les années 1760. En plus d'avoir été miniaturisés, les poméraniens virent aussi leur robe s'allonger, si bien qu'aujourd'hui, on les décrit souvent comme des « boules de poil ».

	CARACTÉRISTIQUES	NOTES
Personnalité	Plein d'entrain ; affectueux.	
Taille	Hauteur : 28 cm. Poids : 1,8-2,2 kg.	
Exercice	Apprécie une promenade quotidienne au parc.	Par temps chaud, fixez le moment de l'exercice en matinée ou en soirée pour éviter les coups de chaleur.
À la maison	Aime être le centre d'attraction ; compagnon idéal pour une personne âgée vivant seule.	
Comportement	Peut être relativement bruyant ; plein d'énergie.	Dressez-le à ne pas aboyer inutilement.
Toilettage	Le toilettage est essentiel.	Peignez-le et brossez-le chaque jour ; essuyez tout écoulement lacrymal avec un coton-tige humide.
Problèmes de santé communs	Dislocation rotulienne qui affecte les articulations tibio-fémorales.	La dislocation rotulienne peut nécessiter une chirurgie correctrice.

Taille réduite

Le poméranien est le plus petit représentant du groupe des spitz, particulièrement connus pour leur force, étant notamment employés comme chiens de traîneau dans le Grand Nord. Il n'en a pas moins conservé les traits du spitz, dont un faciès rappelant celui du renard avec des oreilles dressées, de longs poils sur l'ensemble du corps, des poils beaucoup plus courts à l'extrémité des pattes et une queue recourbée vers l'avant au-dessus du corps. Une longue crinière encadre la tête et descend jusqu'au milieu des pattes, bien que cela soit moins évident chez le poméranien en raison de la longueur assez uniforme de sa robe. Il s'agit d'un compagnon plein d'entrain qui, comme ses ancêtres, s'avère un précieux chien de garde, car il est très alerte à l'approche des étrangers.

5. Le terrier de soie

Aussi appelé silky-terrier et terrier de Sydney, ce chien est depuis toujours un animal de compagnie et n'a jamais été un chien d'utilité. Il est très en vogue partout, aussi bien comme compagnon que dans les expositions canines, grâce à son apparence, à son entrain et à sa personnalité sympathique.

EN UN COUP D'ŒIL

- Petit terrier attachant
- Robe très caractéristique
- Nature réceptive
- Toilettage important
- Robuste en dépit de sa taille

Histoire

Cette race, issue principalement de croisements entre le terrier australien, plus massif, et le yorkshire-terrier (voir page 71), originaire d'Angleterre, est apparue à la fin du XIXe siècle et s'est principalement développée dans les États australiens de Victoria et de la Nouvelle-Galles-du-Sud, en particulier dans la région de Sydney. Il est aussi probable que le skye-terrier ait contribué à son ascendance, comme le suppose la largeur de ses oreilles. Le terrier de soie est apparu aux États-Unis après la Seconde Guerre mondiale et y connaît depuis une grande popularité. Il est moins répandu au Royaume-Uni, où le yorkshire demeure la race naine de ce type la plus en vogue.

CARACTÉRISTIQUES		NOTES
Personnalité	Terrier typique : curieux et alerte.	
Taille	Hauteur : 23 cm. Poids : 3,6-4,5 kg.	Le corps de ce terrier est relativement long.
Exercice	Aime bien explorer sans laisse.	Faites-lui faire de l'exercice chaque jour et donnez-lui l'occasion de se promener sans laisse.
À la maison	Chasse les rongeurs s'il en a l'occasion ; adore courir après une balle.	Donnez-lui la chance de jouer.
Comportement	Le tonnerre et les sons bruyants inattendus peuvent le troubler ; s'entend généralement bien avec les autres chiens.	Accordez-lui beaucoup d'attention et il ne s'en portera que mieux.
Toilettage	Sa robe soyeuse nécessite beaucoup de soins ; le pelage est moins fourni chez les chiots.	Toilettez-le régulièrement et donnez-lui un bain tous les deux ou trois mois.
Problèmes de santé communs	Dislocation rotulienne, qui affecte les articulations tibio-fémorales ; épilepsie.	La dislocation rotulienne peut nécessiter une chirurgie correctrice ; l'épilepsie requiert une médication préventive.

Les héritages du passé

À l'origine, il existait des terriers de soie aux oreilles dressées et d'autres aux oreilles tombantes. Depuis, les oreilles dressées dominent, encore que certains chiots naissent avec les oreilles tombantes. Même s'il s'adapte à la vie en appartement, ce chien n'est vraiment heureux que lorsqu'il a accès à une cour plutôt que de se limiter à une promenade quotidienne. Son pelage n'est pas aussi fourni que celui de son ancêtre, le yorkshire-terrier, mais il n'en requiert pas moins un toilettage régulier pour empêcher ses poils de s'emmêler. Pour maintenir sa belle apparence et s'assurer que sa robe distinctive est à son mieux, il faut lui donner un bain tous les deux ou trois mois en utilisant un shampoing pour chien.

Oreilles en V
Ce chien possède des oreilles relativement petites attachées sur le sommet de la tête et dressées.

Robe bleuâtre
La coloration peut varier du bleu argenté au bleu ardoise en passant par le bleu pigeon, contrastant avec le rouge feu de la tête.

Pattes musclées
La croupe est fortement musclée et les poils sur le bas des pattes sont courts.

Pieds félins
Les pieds, petits et rappelant ceux d'un chat, sont dotés d'ongles de couleur foncée et d'épais coussinets.

6. Le lhassa-apso

Le nom de cette race tibétaine signifie « chien-lion poilu ». Le lhassa-apso s'est développé plutôt en vase clos au fil des siècles, jouant un rôle d'animal de compagnie, mais aussi de chien de garde.

EN UN COUP D'ŒIL

- Longévité élevée
- Loyal envers son maître
- Très enjoué
- Toilettage régulier nécessaire
- Bon petit chien de garde

CARACTÉRISTIQUES		NOTES
Personnalité	Généralement calme ; protecteur ; affectueux ; vigilant face aux visiteurs.	Gardez-le à l'œil lorsqu'il est en présence d'autres chiens.
Taille	Hauteur : 23-28 cm. Poids : 6-7 kg.	
Exercice	Pas particulièrement actif.	Offrez-lui une promenade quotidienne.
À la maison	S'entend bien avec les gens et n'aime pas la solitude.	Lors du dressage de votre chiot, évitez-lui l'angoisse de la séparation.
Comportement	Enjoué ; calme.	
Toilettage	Son double pelage exige un toilettage élaboré ; certains passionnés de cette race réprouvent le rasage ; a souvent le bain en aversion.	Toilettez-le régulièrement et habituez-le très tôt au toilettage.
Problèmes de santé communs	Hernie inguinale.	Cette affection peut nécessiter une chirurgie correctrice.

Le développement de la race

Bien que cette race soit en général à poil long, certaines portées comptaient à l'origine des chiots à poil court. Une étude menée en 1960 indiquait qu'en moyenne 6 % des chiots naissaient ainsi. Ces spécimens, de plus en rares de nos jours, sont appelés des « prapsos ». L'apparence du lhassa-apso a été largement façonnée par la nature tibétaine : sa robe épaisse le protège des nuits froides, alors que les poils sous ses pieds fournissent un coussin lorsqu'il se déplace en terrain rocheux ; son corps assez long lui offre une bonne capacité pulmonaire et l'aide à mieux respirer l'air raréfié des montagnes de son pays.

Histoire

Ces chiens étroitement apparentés au terrier tibétain (voir page 43) habitaient les monastères du Tibet, où ils passaient pour être la réincarnation de moines et étaient, à ce titre, jalousement protégés. Pendant des siècles, ils furent tenus à l'abri des étrangers, bien que le dirigeant du pays, le dalaï-lama, en offrît à l'occasion une paire à la famille impériale de Chine. Le lhassa-apso demeura inconnu en Occident jusqu'au début du XXe siècle et était même en voie d'extinction à la fin de la Première Guerre mondiale. En 1928, quelques représentants de la race furent amenés en Grande-Bretagne à des fins de reproduction ; peu après, le lhassa-apso fit son apparition aux États-Unis, mais c'est vers la fin du XXe siècle qu'il connut une certaine vogue. Aujourd'hui, il se fait rare dans son pays d'origine.

Yeux marron
Les yeux, de taille moyenne, sont marron foncé et très expressifs.

Long corps
Le corps est plus long que haut et le pelage est épais et dense.

Couleurs
Le lhassa-apso peut être de n'importe quelle couleur, présentant parfois des zones foncées sur les oreilles et la barbe.

Pattes avant droites
Les pattes avant sont droites et couvertes de longs poils.

7. Le pinscher nain

Cette race d'origine allemande est connue dans son pays sous le nom de *Zwergpinscher*. La notion de *pinscher*, qui signifie « terrier », se rapporte à la forme des oreilles et au fait que ces petits chiens ressemblent au terrier par leur apparence et leur comportement.

EN UN COUP D'ŒIL

- Poil lisse
- Intrépide et loyal
- Chien de garde alerte
- Toilettage minimal
- Petit chien doté d'une forte personnalité

	CARACTÉRISTIQUES	NOTES
Personnalité	Intrépide, déterminé et plein d'entrain ; n'a peur de rien.	
Taille	Hauteur : 25-30 cm. Poids : 5,4 kg.	Surveillez son poids.
Exercice	Promenade quotidienne essentielle ; a aussi besoin de courir sans laisse dans un espace fermé.	Dressez-le à revenir sur commande afin d'éviter les conflits.
À la maison	Adore faire partie d'une famille ; convient mieux à un foyer comptant des enfants déjà grands.	
Comportement	Très curieux de nature ; déploie sa rapidité avec une balle.	Laissez-lui du temps pour jouer.
Toilettage	Le toilettage est minimal et très simple, grâce à son pelage lisse et court.	Brossez-le à l'occasion et au besoin.
Problèmes de santé communs	Dislocation de l'épaule ; généralement en très bonne santé.	La dislocation de l'épaule nécessitera sans doute une chirurgie correctrice.

Croupe puissante
La croupe est bien musclée et les cuisses sont fortes.

Couleurs
La robe peut être rousse ou rouge cerf mêlé de noir, ou encore noire ou chocolat mêlé de taches rousses.

Orteils et ongles
Les orteils bien arqués possèdent des coussinets profonds et des ongles épais, le pied dans son ensemble rappelant celui d'un chat.

Pattes droites
Les pattes avant sont droites et parallèles, contribuant à sa démarche caractéristique.

Histoire

Voici une autre race qui a subi une réduction de taille au fil du temps pour en arriver au chien menu et délicat que nous connaissons. On croit que le teckel (voir page 53) et le petit lévrier italien (voir page 48) ont joué un rôle dans son évolution, ainsi que des croisements avec le pinscher allemand. La race fut officiellement reconnue dans son pays en 1895 et introduite aux États-Unis en 1920. Ce chien a été surnommé « le roi des nains » en raison de son port altier et de sa petite taille. À l'origine, il était employé pour chasser les rongeurs sur la ferme ; aujourd'hui, c'est un animal de compagnie très populaire.

La vie avec un pinscher

Une des caractéristiques de cette race est sa démarche comparable au trot d'un cheval. Malgré son apparence fragile, le pinscher nain est audacieux et résolu. C'est un excellent compagnon doté d'une forte personnalité, mais son dressage exige beaucoup de travail. Sinon, vous risquez de voir votre chien se mesurer à beaucoup plus gros que lui, car il n'a peur de rien. Même s'il s'adapte bien à la vie en appartement, il est beaucoup plus heureux à l'extérieur, dans les limites d'un jardin où il peut explorer à sa guise ; il faudra cependant que le jardin soit fermement clôturé, car c'est un spécialiste de la fugue : sa petite taille lui permet de se faufiler sous un grillage ou de se glisser dans un interstice.

8. Le bichon bolonais

Ce membre du groupe des bichons, reconnaissable notamment à sa coloration blanche, est un animal de compagnie fort populaire depuis des siècles. C'est le type même du chien d'appartement, en raison de son long passé, de sa petite taille et de ses dispositions affectueuses.

EN UN COUP D'ŒIL

- Belle apparence
- Nature amicale
- S'entend bien avec les enfants et les autres animaux domestiques
- Race rare
- Chien de garde efficace

Histoire

Ces petits chiens d'intérieur ont charmé plus d'un souverain européen au fil des siècles. Ils étaient d'ailleurs l'objet de soins particuliers et il arrivait même qu'on leur serve leur nourriture dans un bol en or! L'impératrice Marie-Thérèse d'Autriche (1717-1780) était à ce point attachée à son bichon bolonais qu'elle le fit empailler lorsqu'il mourut; la bête est encore exposée dans un musée de Vienne. Bien que cette race soit liée à la ville italienne de Bologne, ses origines précises demeurent nébuleuses. L'explication la plus plausible veut qu'elle soit issue du bichon maltais (voir page 72) et que ses ancêtres aient été amenés de Malte en Italie, où ils devinrent très populaires. Marilyn Monroe, entre autres célébrités, était tombée sous le charme du bichon bolonais.

Traits distinctifs

De nos jours, ce chien figure parmi les bichons les plus rares et diffère à plus d'un égard de ses cousins. Sa robe – à couche unique, sans sous-poils – est décrite comme étant « floquée » et particulièrement bouffante. Les poils, plus longs sur le corps que sur la tête, retombent en boucles. Ce bichon ne mue pas de manière conventionnelle, ce qui signifie qu'il peut mieux convenir que d'autres races aux gens qui souffrent d'allergies. La coloration distincte de sa robe offre par ailleurs un agréable contraste avec ses yeux foncés et expressifs et sa truffe noire. Dans le passé, des chiens de cette race arboraient un pelage noir ou noir et blanc.

CARACTÉRISTIQUES		NOTES
Personnalité	Intelligent, loyal; tolérant à l'égard des enfants; n'aime pas d'emblée les étrangers.	Gardez-le à l'œil en présence d'autres chiens.
Taille	Hauteur: 25-30 cm. Poids: 2,2-4 kg.	
Exercice	Animé, mais peu énergique à l'extérieur.	Faites-lui faire une petite promenade quotidienne.
À la maison	Excellent chien de famille.	Accordez-lui du temps pour jouer.
Comportement	Alerte, mais pas particulièrement bruyant; aboie en présence d'étrangers.	Dressez-le à ne pas aboyer inutilement.
Toilettage	Peignage régulier requis; on ne taille ni ne rase la robe.	Peignez-le régulièrement pour empêcher les poils de s'emmêler.
Problèmes de santé communs	Pas de problème particulier.	

9. L'affenpinscher

Le nom de cette race, qui signifie littéralement « terrier singe », se rapporte à son faciès, semblable à celui d'un primate. L'affenpinscher possède une barbe et des sourcils touffus. Sa robe a une texture rêche et devient plus courte à la hauteur de la croupe.

EN UN COUP D'ŒIL

- Apparence distinctive
- Nature dynamique et déterminée
- Longévité élevée
- Relativement facile à dresser
- Ne s'entend pas toujours avec les autres chiens

Poils courts
Les poils situés sur la tête et le dessous du corps sont en général plus courts et moins rêches qu'ailleurs.

Oreilles symétriques
Les oreilles peuvent être dressées, à moitié dressées ou tombantes, mais doivent être symétriques.

Robe noire
Les chiens noirs peuvent présenter des taches rouille. Le pelage peut aussi être argenté, gris, roux, beige ou noir et feu.

Histoire

L'affenpinscher fut conçu dans la région de Munich, dans le sud de l'Allemagne, il y a environ 200 ans. Des terriers indigènes ont sûrement contribué à son ascendance, mais l'origine de sa figure aplatie demeure un mystère, car aucune race allemande équivalente n'aurait pu lui procurer ce trait. Il est possible que ce soit le résultat de croisements avec une race asiatique ou le fruit d'une mutation. Depuis, ce trait physique s'est développé grâce à la reproduction sélective et à des croisements avec le griffon bruxellois.

Harnais de sécurité

L'affenpinscher aime bien la promenade, mais comme c'est le cas de la plupart des races présentées dans ce chapitre, il est plus prudent de l'attacher à un harnais plutôt qu'à un collier. Car ainsi, même s'il tire sur sa laisse, il ne risque pas de blessure à la trachée causant une affection appelée collapsus trachéal qui peut provoquer des quintes de toux et même l'asphyxie. Les chiens souffrant d'embonpoint courent plus de risques de vivre une telle situation.

	CARACTÉRISTIQUES	NOTES
Personnalité	Curieux et intrépide ; courageux de nature.	
Taille	Hauteur : 25-30 cm. Poids : 3-3,6 kg.	Surveillez son poids.
Exercice	Aime explorer en promenade ; a une bonne endurance et est plein d'énergie.	Attention à l'extérieur : il pourrait entrer en conflit avec des chiens plus gros !
À la maison	Calme mais nerveux à l'occasion ; possessif avec les jouets, convient donc peu à un foyer avec de jeunes enfants ; jaloux de son territoire et peu amène avec les autres chiens.	Gardez-le à l'œil quand il est en présence d'autres chiens.
Comportement	Réceptif au dressage ; pas rebuté par les voyages.	
Toilettage	Son poil rêche requiert peu d'attention.	
Problèmes de santé communs	Dislocation affectant les pattes de derrière ; yeux protubérants sujets aux blessures.	La dislocation peut nécessiter une chirurgie correctrice.

10. Le border-terrier

Le border-terrier est un chien actif et un compagnon plein d'entrain pour ceux qui aiment le grand air. Malgré sa taille, il déborde d'énergie et ne se trouve bien que dans un environnement lui permettant de faire beaucoup d'exercice.

EN UN COUP D'ŒIL

- Belle apparence
- Intelligent
- Requiert un toilettage professionnel
- Actif de nature
- Adore creuser
- Débordant d'énergie

Origines

Les origines de ce chien le distinguent des autres terriers et ont influencé le tempérament de la race telle qu'on la connaît aujourd'hui. Le border – comme son nom l'indique en anglais – est né dans la zone frontalière joignant l'Angleterre et l'Écosse il y a plus de 400 ans et fut particulièrement en vogue dans le comté de Northumberland. Il faisait partie de meutes de chiens employés à débusquer les renards réfugiés sous terre. En conséquence, ce chien possède une grande endurance et s'entend plus aisément avec les autres chiens que beaucoup de terriers.

La vie du border

Ce chien n'est pas fait pour la vie en appartement. Gardez toujours à l'esprit qu'il peut facilement fuguer : il n'aura aucune difficulté à agrandir un trou sous une clôture à l'aide de ses puissantes pattes pour s'y glisser et disparaître dans la nature. Ne le laissez jamais sans surveillance dans le jardin, car il a tendance à s'ennuyer ; il peut se mettre alors à creuser la terre et à endommager les plantes. Le border-terrier n'aime pas beaucoup les chats, mais si vous avez un cheval habitué aux chiens, il apprendra à trotter à vos côtés lorsque vous monterez, pourvu que l'endroit permette aux deux bêtes de s'ébattre ensemble en toute sécurité. Ce chien polyvalent est aussi très enjoué et aimera déployer son agilité grâce au flyball.

Oreilles en V
Les oreilles relativement petites tombent en direction des joues.

Yeux noisette
Les yeux noisette foncé, de taille moyenne, soulignent son intelligence naturelle.

Museau court
Le museau relativement court présente une truffe noire proéminente.

Pattes droites
Ses pattes avant sont droites et ses petits pieds, compacts.

CARACTÉRISTIQUES		NOTES
Personnalité	Loyal, amical, intrépide ; parfois réservé à l'égard des étrangers.	
Taille	Hauteur : 25 cm. Poids : 5,4-7,2 kg.	
Exercice	Adore le plein air et la promenade, même par mauvais temps ; compagnon idéal pour les passionnés de marche ; plein d'énergie.	Faites-lui faire de longues promenades.
À la maison	Aime être pleinement impliqué dans la vie de famille.	Consacrez-lui du temps pour jouer.
Comportement	Réceptif au dressage.	Habituez-le tôt à ne pas s'en prendre aux chats.
Toilettage	Double robe résistant aux intempéries ; le brossage est essentiel et les poils doivent être taillés par un professionnel d'expérience deux fois l'an.	Brossez-le quotidiennement.
Problèmes de santé communs	Certains naissent avec une communication interventriculaire, par laquelle le sang s'écoule entre les chambres du cœur plutôt que d'être efficacement pompé.	Cette affection peut être détectée lors d'un examen de routine ; assurez-vous que cet examen a eu lieu avant d'acheter un chiot.

Des chiens **pour les gens disposant d'une grande résidence et de beaucoup d'espace, ceux pour qui les frais d'alimentation de leur animal ne sont pas un problème, les couples sans enfants et les gens vivant à la campagne.**

Malamute d'Alaska

Les gros chiens

Il n'y a pas que leur taille qui distingue les gros chiens de leurs cousins plus petits. Ils sont bien sûr beaucoup plus puissants et les maîtriser lorsqu'ils sont en laisse exige une plus grande force physique. Ces animaux ne conviennent donc pas aux enfants ni aux personnes frêles. Certains de ces chiens massifs ont aussi un tempérament assez combatif et doivent faire l'objet d'un dressage ferme dès leur plus jeune âge afin qu'ils ne deviennent pas les maîtres du logis.

Inévitablement, ils requièrent beaucoup d'espace à l'intérieur même d'une maison et il n'est pas indiqué de les priver d'une grande superficie où ils puissent s'ébattre durant le jour. Il leur faut également une promenade quotidienne – encore qu'on ne doive pas imposer trop d'exercice aux chiots –, car plusieurs d'entre eux, tel le berger d'Anatolie habitué au grand air comme chien de ferme, sont dotés d'une endurance considérable.
Les deux races les plus massives du monde – le dogue allemand (ou danois) et le lévrier irlandais – figurent dans ce chapitre. Mais il faut cependant souligner avec tristesse que ces gros chiens, pour des raisons qui demeurent obscures, ont une espérance de vie bien plus courte que les races plus petites.

Saint-bernard

1. Le dogue allemand

Cette race massive et amicale a eu une taille plus modeste, mais elle figure aujourd'hui parmi les plus grosses du monde. La taille des chiens est toujours mesurée à partir du garrot, le point le plus élevé des épaules, jusqu'au sol. Le dogue allemand est aussi connu sous le nom de danois.

EN UN COUP D'ŒIL

- Probablement la plus grande race de chiens
- Amical et affectueux
- Gros appétit
- Toilettage facile
- Doux avec les enfants

Histoire

Au Moyen Âge, ses ancêtres étaient utilisés en meutes comme chasseurs de sangliers ; cette race était beaucoup plus féroce à cette époque. Au XIXe siècle, le dogue allemand fut transformé en un chien plus grand, plus léger et bien plus amical. En 1876, il fut reconnu comme le chien national de l'Allemagne. Au cours de la décennie suivante, il gagna en popularité aussi bien au Royaume-Uni qu'aux États-Unis, à la fois comme animal de compagnie et comme participant à des expositions canines. Aux États-Unis, ses oreilles sont souvent coupées, ce qui lui confère une apparence plus alerte. Les oreilles non coupées, qui sont la norme en Europe, pendent de chaque côté de la tête, lui donnant, selon certains, un aspect plus amical.

Vivre avec un géant

Bien que le dogue allemand détienne le record du plus gros chien du monde, la race est en général un peu plus petite que le lévrier irlandais (voir page 88). C'est un géant amical et sympathique, même si sa taille et son aboiement sonore peuvent être intimidants. Son tempérament est digne et son port, altier. Même s'il s'entend bien avec les enfants, il peut leur faire peur d'entrée de jeu à cause de sa taille. Ce chien ne vous convient pas si vous disposez d'un espace restreint, notamment parce qu'avec sa nature enthousiaste et sa queue puissante, il peut facilement renverser les objets par accident.

CARACTÉRISTIQUES		NOTES
Personnalité	Énergique ; adore la compagnie des gens.	
Taille	Hauteur : 71-81 cm. Poids : 45-54,4 kg.	Le plus gros dogue allemand mesurait 106 cm et pesait 108 kg.
Exercice	Aime courir sans laisse ; choisissez une zone peu fréquentée, si possible.	Évitez les longues promenades avec les chiots, car cela peut créer des problèmes aux articulations plus tard.
À la maison	S'adapte bien, mais a besoin de beaucoup d'espace et d'un endroit pour s'allonger.	
Comportement	Docile ; aime jouer ; court par brèves saccades ; trop gros pour de jeunes enfants.	Accordez-lui du temps pour jouer.
Toilettage	Un simple brossage occasionnel suffit.	Habituez-le très tôt à être toiletté afin que cela ne devienne pas un combat.
Problèmes de santé communs	Syndrome de Wobbler, qui cause une perte d'équilibre ; les vieux chiens peuvent être affectés par l'ostéoarthrite, le cancer des os et les ballonnements.	Certaines affections peuvent nécessiter une chirurgie ; ne lui faites pas faire de l'exercice après les repas, car cela peut causer des ballonnements.

Tête rectangulaire
Le dogue allemand a une longue tête et le mâle a une apparence plus masculine.

Poitrine puissante
La poitrine est large, profonde et puissante.

Motifs arlequin
Avec ses motifs arlequin, le noir se déploie en taches de taille variable sur fond blanc.

2. Le berger d'Anatolie

Cette race d'origine turque comprend au moins trois souches régionales distinctes. Chacune a son nom particulier, par exemple le chien akbash qu'on trouve dans l'ouest de la Turquie, mais elles ne sont pas très connues hors du pays.

Histoire

Les ancêtres de cette race ont peuplé la Turquie pendant plusieurs siècles, chacun évoluant plutôt isolément dans diverses régions du pays, ce qui explique dans une large mesure la diversité de couleurs et d'apparences entre les lignées. Ces chiens étaient employés comme gardiens de troupeaux, défendant moutons et chèvres contre les loups. Ils sont demeurés inconnus en Occident jusqu'en 1967, lorsqu'un militaire américain du nom de Robert Ballard fit l'acquisition de deux chiots dans une région rurale proche d'Ankara, la capitale. C'est donc aux États-Unis que cette race participa d'abord à des expositions canines, bien qu'au départ les différences régionales n'aient pas été reconnues.

EN UN COUP D'ŒIL

- Un chien très puissant
- Un amalgame d'espèces locales
- Très déterminé
- Nature robuste
- A besoin de beaucoup d'espace
- Race peu commune

La race en Occident

Aujourd'hui, on mesure de plus en plus leurs différences ; des efforts considérables sont même déployés afin d'établir des distinctions régionales basées en particulier sur la coloration. La plupart des bêtes décrites sont les chiens de type kangal, répandus en Turquie centrale ; ils ont un faciès noir, alors que ceux de type akbash ont la tête couverte de poils blancs. Le kars – qui porte le nom d'une ville de l'extrême est du pays – a une coloration nettement plus foncée et n'a pas contribué de façon notable aux lignées occidentales de la race. Ces chiens ne sont pas recommandés aux néophytes, car il leur faut un dressage rigoureux pour s'intégrer à une famille.

Couleurs variables
Les couleurs et combinaisons de couleurs varient d'un type à l'autre.

Oreilles en V
Les oreilles tombent de chaque côté de la tête.

Cou musclé
La peau et la fourrure de son puissant cou forment un collier de protection.

CARACTÉRISTIQUES		NOTES
Personnalité	Vigoureux et déterminé ; ne reculera pas facilement s'il est mis au défi ; a les visiteurs en aversion, même s'ils sont bienvenus.	
Taille	Hauteur : 69-81 cm. Poids : 36-68 kg.	La taille et le poids varient selon les régions.
Exercice	A besoin d'être très actif quotidiennement même s'il n'est pas un très bon coureur.	Faites-lui faire de l'exercice chaque jour, mais tenez-le à distance des autres chiens et du bétail, car il pourrait les prendre en chasse.
À la maison	Extrêmement protecteur.	
Comportement	Alerte, courageux et dévoué ; peut représenter une menace pour les gens s'il n'est pas adéquatement contrôlé.	Gardez-le à l'œil en présence d'autres chiens.
Toilettage	Brossage régulier requis ; a parfois un double ergot aux pieds arrière.	
Problèmes de santé communs	Dysplasie de la hanche, une faiblesse de l'articulation de la hanche menant à la claudication ; l'entropion, par lequel les paupières s'enroulent vers l'intérieur de l'œil et se frottent au globe oculaire ; problèmes de peau ; le cancer frappe parfois les chiens âgés.	Assurez-vous que l'élevage a été testé pour la dysplasie de la hanche ; l'entropion peut nécessiter une chirurgie correctrice.

3. Le saint-bernard

Le saint-bernard est l'une des races les plus connues dans le monde, grâce au célèbre tableau de sir Edwin Landseer le montrant avec un tonnelet de brandy au cou pour ranimer un voyageur trouvé dans la neige.

EN UN COUP D'ŒIL

- Race massive et amicale
- Reconnu comme chien d'utilité
- Conçu à l'origine à partir d'un élevage de dogues
- Longévité plutôt faible
- Robe de longueur variable

CARACTÉRISTIQUES		NOTES
Personnalité	Amical et enthousiaste ; sympathique avec les enfants ; indépendant à l'occasion.	
Taille	Hauteur : 66-71 cm ou plus. Poids : 50-91 kg.	
Exercice	A besoin d'une bonne promenade chaque jour et de pouvoir courir sans laisse.	Ne poussez pas trop les chiots ; évitez l'exercice dans les moments les plus chauds de la journée.
À la maison	Paraît parfois maladroit, surtout dans un espace restreint ; peut baver sur les meubles.	Songez à couvrir les chaises pour les protéger de la bave.
Comportement	Bonnes capacités olfactives ; pas agressif en général envers les autres chiens.	
Toilettage	Le toilettage est plus simple avec un chien à poil doux.	N'oubliez pas de brosser sa queue fournie.
Problèmes de santé communs	Problèmes sanguins ; affections touchant les cils et le globe oculaire ; un cancer des os (ostéosarcome) touchant les pattes est commun chez les chiens âgés.	Des tests de détection des problèmes sanguins sont disponibles ; les affections aux cils peuvent nécessiter une chirurgie correctrice.

Histoire

Cette race est étroitement liée à l'hospice fondé au xe siècle dans les Alpes suisses par saint Bernard de Menthon afin de secourir les voyageurs perdus dans les tempêtes de neige sévissant dans cette région. Les moines de l'hospice employaient pour ce faire des chiens issus d'élevages de dogues, sans doute croisés avec des chiens de Saint-Hubert pour améliorer leurs capacités olfactives, bien qu'à l'origine, ils aient été des chiens de garde. Le saint-bernard le plus célèbre s'appelait Barry ; on dit qu'il sauva 40 vies de 1800 à 1812. À sa mort, il fut empaillé et on peut encore l'admirer à Berne, dans un muséum d'histoire naturelle. Dans l'ensemble, on estime que, durant la période où ils ont été à l'œuvre dans les Alpes, ces chiens ont secouru quelque 2000 personnes qui, autrement, auraient péri.

L'héritage de la race

Au xixe siècle, lorsque les hivers alpestres étaient particulièrement rudes, on a pensé que le saint-bernard gagnerait à posséder un pelage plus épais. C'est ainsi que des croisements furent réalisés avec des terre-neuve, dont les résultats sont encore visibles de nos jours, certains saint-bernards ayant un pelage beaucoup plus fourni que d'autres. Ces chiens sont des compagnons fiables, mais ils ne se distinguent pas particulièrement comme gardiens de la propriété.

Yeux sombres
Les yeux, de taille moyenne, sont marron foncé.

Oreilles tombantes
Les oreilles en forme de triangles arrondis sont attachées haut sur la tête.

Poitrine cambrée
La poitrine est clairement cambrée et n'atteint pas les coudes.

Pattes puissantes
Les cuisses sont très puissantes et musclées ; le bas des pattes est droit et solide.

4. Le chien de montagne des Pyrénées

Comme son nom l'indique, ce chien est originaire des Pyrénées, la chaîne de montagnes à la frontière de la France et de l'Espagne. Localement, il est aussi appelé patou. Grâce à son pelage double et à son épais sous-poil qui retient la chaleur, il est bien protégé du froid.

EN UN COUP D'ŒIL

- Magnifique apparence, tachetée selon les individus
- Robuste
- S'est bien adapté à la vie domestique
- Chien de garde loyal
- Ergots inhabituels

Histoire

À l'origine, ce chien était employé comme gardien de troupeaux, sa coloration blanche lui permettant de se fondre dans la masse des moutons qu'il protégeait, surtout contre les loups. Louis XIV (1638-1715) lui accorda le titre de « chien royal de France » en raison de sa bravoure. La seule défense qu'on fournissait à ces bêtes pour combattre une meute de loups ou un ours déchaîné était un collier de fer doté de pointes acérées. Avec le temps, loups et ours furent exterminés, plaçant le chien de montagne des Pyrénées devant un avenir incertain. Grâce à sa belle apparence, il trouva sa place dans les expositions canines, mais fut aussi longtemps utilisé pour le transport transfrontalier de marchandises de contrebande dans les Pyrénées, sur des routes inaccessibles aux humains.

CARACTÉRISTIQUES		NOTES
Personnalité	Amical ; réservé avec les étrangers ; alerte.	
Taille	Hauteur : 64-81 cm. Poids : 38,5-45 kg.	Les mâles sont un peu plus lourds que les femelles.
Exercice	A besoin de longues promenades dans un environnement champêtre.	Évitez le bétail, car il pourrait le prendre en chasse.
À la maison	A besoin d'un jardin offrant beaucoup d'espace ; heureux dans un foyer stable ; s'adapte bien à la vie de famille.	Consacrez-lui du temps pour faire de l'exploration dans le jardin.
Comportement	Attentif ; s'adapte facilement ; n'a plus la combativité de certaines races semblables.	
Toilettage	Double pelage ; le toilettage est plus exigeant au printemps, lors de la mue.	Brossez-le régulièrement.
Problèmes de santé communs	Dysplasie de la hanche, qui peut causer une grave claudication ; problème de paupières ; ballonnements.	Assurez-vous que l'élevage a subi un examen des hanches ; les problèmes oculaires peuvent nécessiter une chirurgie ; pas d'exercice après les repas pour prévenir les ballonnements.

Un chien qui revient de loin

Cette race présente un trait peu commun : des ergots doubles aux pieds arrière. Ces ergots n'ont aucune utilité, mais il faut les couper régulièrement pour les empêcher de rejoindre les coussinets, une opération qui exige une solide paire de ciseaux, et vous serez sans doute mieux inspiré de la confier à un vétérinaire, notamment parce que les ergots peuvent saigner s'ils sont coupés de trop près. Comme c'est le cas de beaucoup de races géantes, ces chiens ne seront pas bien dans une maison trop peuplée parce qu'ils ont besoin d'espace. Ils requièrent également un jardin bien clôturé où ils peuvent s'ébattre. Bien qu'ils ne soient pas particulièrement débordants d'énergie, ils font preuve d'énormément d'endurance et ont besoin d'une longue promenade quotidienne, sinon ils sont en proie à l'ennui.

Cage thoracique ovale
La cage thoracique bien développée s'étend jusqu'au niveau des coudes.

Couleur
La robe est blanche ou encore blanche tachetée de zones de gris, marron-roux, de couleur miel ou teintée de roux.

Poils frangés
L'arrière des pattes de devant et des cuisses présente des franges de poils plus longs.

Ergots doubles
Les ergots doubles sont sur les pieds arrière, lesquels sont arrondis et dotés d'orteils arqués.

5. Le grand bouvier suisse

Cette race, connue dans son pays d'origine sous le nom de *Grosser Scheizer Sennenhund,* est un proche parent du bouvier bernois (voir page 90). Même si leur coloration est identique, le grand bouvier suisse est facilement reconnaissable à sa taille plus massive et à son poil plus lisse.

EN UN COUP D'ŒIL

- Couleurs contrastées
- Bon chien de famille
- Requiert assez peu de toilettage
- Très réceptif au dressage
- Nature protectrice

Bande blanche *La longue bande de poils blancs entre les yeux s'élargit à la hauteur du museau.*

Expression caractéristique *Une expression animée caractérise cette race. Les yeux doivent être marron foncé.*

Taches symétriques *Les taches situées sur la tête et sur le corps doivent être symétriques.*

Pattes puissantes *Les pattes avant sont longues, droites et puissantes ; les pieds sont arrondis et compacts.*

Histoire

Cette race fut conçue dans les Alpes suisses et son ascendance comprend presque à coup sûr des dogues. Ces chiens exécutaient tout un éventail de travaux, mais leur principale tâche consistait à tirer des charrettes. Vers la fin du XIXe siècle, toutefois, en raison de la mécanisation croissante, la race se raréfia jusqu'à être en voie d'extinction. Grâce aux efforts déployés en particulier par un passionné, le professeur Albert Heim, elle finit par être sauvée et par élargir le cercle de ses adeptes ; elle apparut aux États-Unis en 1968.

Un chien de famille

Le grand bouvier suisse est un excellent chien de famille, à condition qu'on dispose de l'espace nécessaire pour le loger. Il ne faut pas non plus être un maniaque de la propreté, car il a tendance à laisser des filets de bave sur les meubles. En fait d'exercice, évitez de trop pousser les chiots, car ils pourraient développer plus tard des problèmes aux articulations. Une ou deux brèves promenades chaque jour valent mieux qu'une longue randonnée. Comme pour toutes les races massives, ne nourrissez jamais votre chien avant sa promenade ; cela pourrait provoquer l'accumulation de gaz dans l'estomac et s'avérer mortel.

CARACTÉRISTIQUES		NOTES
Personnalité	Calme, loyal et protecteur ; réservé à l'égard des étrangers.	
Taille	Hauteur : 61-74 cm. Poids : 59-61 kg.	
Exercice	A besoin d'une longue promenade chaque jour plutôt que d'une brève course.	Faites-le marcher longuement.
À la maison	Chien de famille ; préfère les climats froids ; excellent avec les enfants.	Aidez-le à s'intégrer à la famille.
Comportement	Maturité lente, comme pour la plupart des gros chiens ; s'entend bien en général avec les chats et les autres chiens.	
Toilettage	Brossage plus fréquent lors de la mue.	Utilisez un gant de toilettage pour chiens afin de lustrer sa robe.
Problèmes de santé communs	Dysplasie de la hanche, qui peut causer la claudication ; distichiasis, une excroissance des cils ; ballonnements.	Assurez-vous que l'élevage a été testé pour la dysplasie de la hanche ; la distichiasis peut nécessiter une chirurgie ; pas d'exercice après les repas pour prévenir les ballonnements.

6. Le dogue de Bordeaux

En 1989, un rôle principal dans le film *Turner et Hooch* aux côtés de Tom Hanks a donné à ce chien d'origine française une reconnaissance internationale. En France, on l'appelle simplement dogue depuis de nombreuses années.

EN UN COUP D'ŒIL

- D'une puissance hors du commun
- Couleurs attrayantes
- Amical envers les membres de la famille
- Appétit considérable
- Exercice très important

Histoire

Issu d'élevages de mastiffs, cet animal existe depuis des siècles. À l'origine, c'était un chien de combat ; on l'employa dans les champs de bataille au Moyen Âge, puis on s'en servit comme chien de garde et de chasse. Cette race gardait le bétail des bouchers et le menait au marché. Ces multiples emplois lui ont permis de survivre à la Révolution française, encore que certains dogues, gardiens de châteaux, aient péri en compagnie de leurs maîtres. Apparemment, des croisements avec des bouledogues plus petits furent réalisés afin de rétablir leur nombre. Plus récemment, la popularité du dogue de Bordeaux comme animal de compagnie s'est accrue, aussi bien en France qu'ailleurs dans le monde.

Le dogue aujourd'hui

Les sillons sur leur face donnent l'impression que ces chiens sont constamment renfrognés, alors que les oreilles attachées vers l'arrière de la tête témoignent de leur passé de chiens de combat. La coloration de la robe est assez caractéristique, allant du fauve au roux, avec un faciès parfois noir et souvent des taches blanches sur la poitrine. Dans l'ensemble, son aspect physique reflète sa puissance. Bien qu'il s'agisse aujourd'hui d'un chien très calme, il ne convient vraiment pas à un néophyte.

CARACTÉRISTIQUES		NOTES
Personnalité	Loyal envers la famille.	Apprenez-lui clairement la soumission envers les membres de la famille.
Taille	Hauteur : 58-76 cm. Poids : 36-54,4 kg.	
Exercice	A besoin de longues promenades, mais l'exercice mental – le jeu – est aussi important.	Évitez l'exercice durant les moments les plus chauds de la journée, car il pourrait être victime d'un coup de chaleur.
À la maison	Bave d'emblée sur les meubles et ronfle, surtout quand il est vieux ; généralement gentil avec les enfants ; chien de garde très vigilant.	
Comportement	Calme mais sensible ; son tempérament dépend beaucoup de son maître.	Favorisez la socialisation avec les autres chiens à un très jeune âge.
Toilettage	Le poil court nécessite très peu de soins ; brossage plus fréquent lors de la mue.	Essuyez régulièrement les plis de la peau à cause des risques d'infection.
Problèmes de santé communs	Dysplasie de la hanche, qui peut causer la claudication à divers degrés ; épilepsie ; la grosseur de la tête nécessite parfois un accouchement par césarienne.	Assurez-vous que l'élevage a été testé pour la dysplasie de la hanche ; l'épilepsie peut être contrôlée par médication.

7. Le lévrier irlandais

Ce chien massif est généralement plus grand que toute autre race, mais il demeure relativement léger comparé aux différents dogues. Il est donc très rapide et possède une large foulée, ce qui lui permet de couvrir beaucoup de terrain à chaque pas.

EN UN COUP D'ŒIL
- Véritable géant dans l'univers canin
- Sympathique de nature
- Robe à l'épreuve des intempéries
- Entretien onéreux
- Bon chien de garde
- Faible longévité

	CARACTÉRISTIQUES	NOTES
Personnalité	Affable, docile et affectueux.	
Taille	Hauteur : en général 76-86 cm. Poids : 41-54,4 kg.	Il peut mesurer plus de 213 cm debout ; les mâles sont beaucoup plus lourds que les femelles.
Exercice	Une bonne course quotidienne est essentielle.	Ne poussez pas trop les jeunes chiens, cela peut causer des problèmes aux articulations.
À la maison	Occupe beaucoup d'espace ; l'idéal est de disposer d'un enclos adjacent à la maison.	Résignez-vous à devoir sacrifier un ou deux fauteuils.
Comportement	Les chiots peuvent sembler plutôt maladroits par moments, mais cela leur passe à mesure que leur coordination s'améliore ; s'entend bien avec des chiens beaucoup plus petits.	Impliquez-le dans la vie de famille.
Toilettage	Son poil ébouriffé résiste remarquablement aux intempéries.	Brossez-le et peignez-le régulièrement.
Problèmes de santé communs	Dysplasie de la hanche pouvant causer la claudication ; atrophie progressive de la rétine (APR) menant à la cécité ; cardiomyopathie (dégénérescence du muscle cardiaque) ; tumeurs osseuses aux longs membres (ostéosarcome) chez les vieux chiens ; ballonnements.	Assurez-vous que l'élevage a été testé pour la dysplasie de la hanche et l'APR ; ne le nourrissez pas avant l'exercice pour éviter les ballonnements.

Museau pointu
Le lévrier irlandais a un long museau en pointe et un crâne relativement étroit.

Couleurs
La robe est généralement de couleur fauve, rouge, grise, noire ou tachetée et parfois même d'un blanc uni.

Épaules et poitrine
Les épaules musclées mettent en évidence la largeur de la poitrine, très profonde.

Pattes avant puissantes
Les pattes avant sont droites et puissantes et les pieds, relativement gros.

Histoire

Les origines de cette race pourraient remonter à 300 ans, à l'époque où des chiens de chasse furent amenés depuis la région méditerranéenne vers les îles Britanniques et croisés avec des dogues indigènes. Les premiers lévriers étaient intrépides, défendant non seulement les moutons contre les attaques des loups, mais poursuivant aussi ces derniers. Vers la fin du XVIIIe siècle, la race se trouva devant un avenir incertain lorsque le loup commença à s'éteindre partout en Grande-Bretagne.

Les temps modernes

Aujourd'hui, le lévrier irlandais est la réincarnation de l'ancienne lignée. Un Écossais, le capitaine George Graham, croisa des bêtes qui avaient survécu avec le lévrier écossais (voir page 41) qui leur était apparenté ainsi qu'avec d'autres races massives telles que le barzoï (voir page 67) et même le dogue du Tibet (voir page 89) afin d'augmenter leur nombre. Son programme de reproduction a donné une race amicale et athlétique. C'est un excellent compagnon si vous disposez de l'espace nécessaire pour le loger. Comme toutes les races de chien de chasse, il est toutefois susceptible d'ignorer vos ordres de rappel une fois libéré de sa laisse.

8. Le dogue du Tibet

Élevé dans l'Himalaya, le dogue du Tibet a une longue histoire. Son apparence est sans doute plus proche de la souche d'origine – qui a donné lieu à toutes les lignées de dogues – que celle de toute autre race apparentée vivant aujourd'hui.

EN UN COUP D'ŒIL

- Race massive et puissante
- Pieds félins peu communs
- Ne se reproduit qu'une fois l'an
- Très loyal et protecteur
- Peut être féroce, surtout quand il aboie

	CARACTÉRISTIQUES	NOTES
Personnalité	Tempérament protecteur; méfiant à l'endroit des étrangers.	Gardez l'œil ouvert lorsqu'il est en présence d'inconnus.
Taille	Hauteur: 64-71 cm. Poids: 54,4-63,5 kg.	Les mâles sont plus massifs que les femelles.
Exercice	La promenade quotidienne est essentielle.	Assurez-vous de bien le maîtriser, à cause de sa force.
À la maison	Non recommandé à un néophyte; heureux lorsqu'il est entouré d'enfants un peu âgés.	
Comportement	La maturité est lente à venir; les femelles ne mettent bas qu'une fois l'an, ce qui réduit le nombre de chiots disponibles; pas très bien disposé envers les autres chiens.	Assurez-vous qu'il est bien dressé dès le jeune âge.
Toilettage	Le brossage régulier et minutieux du pelage double est essentiel; le toilettage resserre les liens entre le chien et son maître.	Nettoyez les oreilles régulièrement pour empêcher l'infection.
Problèmes de santé communs	Neuropathie canine démyélinisante héréditaire, une paralysie progressive causant la mort en quatre mois; dysplasie de la hanche; problèmes de thyroïde affectant le métabolisme.	Assurez-vous que l'élevage a été testé pour la dysplasie de la hanche.

Des oreilles en V
Les oreilles, de taille moyenne, sont en V et retombent de chaque côté de la tête.

Couleurs
La robe peut être gris-bleu, marron ou noire, souvent avec des taches de couleur feu ou encore blonde.

Longueur du poil
Les mâles ont généralement un pelage plus long et fourni que les femelles.

Taches blanches
Il n'est pas rare de voir des zones de poil blanc sur la poitrine et les pieds.

Histoire

On croit que le groupe des dogues est né en Asie. Celui du Tibet a connu son heure de gloire à la fin du XVIIIe siècle alors qu'il était employé pour garder, de façon extrêmement efficace, la propriété et le bétail. C'est en 1828 que la race se fit connaître en Grande-Bretagne, quand un de ses représentants, offert au roi George IV (1762-1830), fut exposé au zoo de Londres. Le noir et feu demeure la combinaison de couleurs favorite, mais les Tibétains de l'époque recherchaient également des bêtes présentant une tache blanche sur la poitrine, car on disait qu'elle était un signe de bravoure.

Vivre avec un dogue tibétain

Bien que les origines précises de la race demeurent inconnues, il est certain – comme en témoigne sa queue recourbée vers l'avant au-dessus du dos – que des élevages de spitz ont contribué à son ascendance. Ce qui est aussi clair, c'est que le dogue du Tibet est aujourd'hui plus petit qu'avant, même s'il demeure massif et puissant. Les membres de cette race sont d'instinct des gardiens, aussi bien de la propriété que des personnes, et on doit les dresser adéquatement avant de les libérer de leur laisse en toute sécurité. Il est bon de rappeler que, dans leur patrie d'origine, leurs ancêtres demeuraient attachés à l'extérieur des maisons qu'ils gardaient; ils aboyaient bruyamment plutôt que d'attaquer, un trait qui est toujours associé à cette race.

9. Le bouvier bernois

Comme l'indique son passé de chien d'utilité, ce bouvier musclé est puissant, mais il n'est plus guère aujourd'hui qu'un animal de compagnie et un chien d'exposition. Connu en Suisse sous le nom de *Berner Sennenhund*, cette bête a des liens étroits avec la région de Berne.

EN UN COUP D'ŒIL

- Magnifique robe
- Réceptif au dressage
- S'adapte bien à un environnement familial
- Toilettage peu exigeant
- Race impressionnante

CARACTÉRISTIQUES		NOTES
Personnalité	Tolérant, dévoué et calme ; amical et affectueux.	
Taille	Hauteur : 58-71 cm. Poids : 38,5-41 kg.	
Exercice	A besoin d'une bonne promenade chaque jour ; trotte plutôt qu'il ne court.	Faites-lui faire de l'exercice quotidiennement.
À la maison	S'entend bien avec les membres de la famille.	
Comportement	Apprend rapidement et est désireux de plaire.	Entreprenez le dressage dès son jeune âge.
Toilettage	Le brossage régulier du pelage double est nécessaire, mais ce n'est pas une tâche difficile ou qui exige beaucoup de temps.	Toilettez-le plus souvent au printemps lors de la mue.
Problèmes de santé communs	Dysplasie de la hanche ; atrophie progressive de la rétine (APR) causant la cécité ; maladie de von Willebrand, une affection hémorragique héréditaire ; certains chiens naissent avec le palais ou les lèvres fendues ; cancer.	Assurez-vous que l'élevage a été testé pour la dysplasie de la hanche, l'APR et la maladie de von Willebrand.

Histoire

Dans son pays d'origine, le bouvier bernois avait de multiples fonctions : chien de ferme, gardien de troupeaux ou gardien du bétail et de la propriété. Mais son rôle le plus important consistait à tirer des charrettes servant au transport des biens. Le bouvier bernois, qui a une riche histoire dans la région de la capitale suisse, descend apparemment d'élevages de dogues romains, une race aujourd'hui disparue. Dans les années 1890, tout comme d'autres races liées au bouvier, il commença à se raréfier, son rôle comme chien d'utilité ayant considérablement décliné. Heureusement, un aubergiste local entreprit un programme de reproduction pour le sauver de l'extinction.

Pourquoi le bouvier bernois ?

La coloration riche et contrastée du bouvier bernois, jointe à son marquage symétrique, a largement contribué à sa popularité. Ce chien représente la plus en vogue des quatre races de bouviers et est un excellent animal de compagnie. Les bouviers bernois sont aussi polyvalents, participant à un large éventail d'activités, qu'il s'agisse de concours d'obéissance et d'agilité, ou encore de compétitions de garde et de pistage de troupeaux. Des concours de traction de charrettes sont même organisés aux États-Unis à leur intention. Leur nature avenante en a aussi fait des chiens de thérapie.

Museau droit
Le museau est droit et fort ; on ne note pas de fanon prononcé.

Taches caractéristiques
Le bouvier bernois possède un marquage tricolore très distinctif et aussi symétrique que possible.

Pattes et pieds
Les pattes avant sont droites et puissantes ; les pieds sont arrondis et compacts.

Cuisses puissantes
Ses cuisses bien musclées sont puissantes.

10. Le malamute d'Alaska

Le malamute d'Alaska tient son nom d'une tribu inuit, les Mahlemut, qui vit dans le nord-ouest de l'État, près du détroit de Kotzebue. Il s'agit d'un chien d'attelage très puissant et, comme beaucoup de races semblables, il hurle à la façon d'un loup plutôt que d'aboyer.

EN UN COUP D'ŒIL

- Très puissant
- Déterminé
- Chien d'utilité
- Traits semblables à ceux du loup
- Dressage ferme essentiel
- Habitué à une hiérarchie de meute

Histoire

L'ascendance du malamute d'Alaska remonte aux premiers chiens domestiqués en Alaska il y a des milliers d'années. Depuis, il s'est avéré pour les habitants de cette région une véritable bouée de sauvetage, leur fournissant notamment un moyen de transport vital. Ces chiens travaillent en équipe, tirant des traîneaux chargés de vivres et dirigés par un conducteur ou meneur de chiens.

L'inné et l'acquis

Peu de races sont aussi bien adaptées à leur environnement que le malamute d'Alaska. Ses épaules massives, alliées à un corps puissant, lui donnent la force nécessaire pour tirer un traîneau, alors que sa large poitrine lui confère une excellente capacité pulmonaire qui l'aide à pousser l'oxygène jusque dans le sang et les muscles. Son sous-poil, qui mesure jusqu'à 5 cm d'épaisseur, l'aide à conserver l'air chaud près de la peau, ce qui lui permet de travailler par des froids mordants. La dense couche supérieure de son pelage, à l'épreuve des intempéries et plus épaisse sur le dos, empêche la neige d'y pénétrer. Enfin, ses puissantes pattes lui permettent de ne pas s'enfoncer dans la neige. Ces chiens doivent être fermement dressés, sinon ils risquent de devenir un handicap pour leur maître. Le châtrage est important afin de contrôler la nature dominante du mâle, qui autrement peut s'attaquer à d'autres chiens. Les bêtes de cette race désirant instinctivement devenir chef de meute, elles peuvent causer de graves ennuis si on ne les contrôle pas.

CARACTÉRISTIQUES		NOTES
Personnalité	Dominant, combatif et déterminé ; profitera de la moindre faiblesse.	Affirmez votre leadership.
Taille	Hauteur : 58-64 cm. Poids : 34-38,5 kg.	Les mâles sont sensiblement plus lourds que les femelles.
Exercice	Endurance exceptionnelle, donc les longues promenades sont essentielles ; toujours employé dans les courses de traîneaux, qui peuvent se dérouler sur terre avec des véhicules adaptés.	Évitez l'exercice dans les moments les plus chauds de la journée, car il pourrait souffrir de coups de chaleur à cause de son poil épais.
À la maison	Peut devenir impatient, mais établit des liens étroits avec son maître ; d'instinct, c'est un chien à « un seul maître » ; non recommandé aux néophytes.	
Comportement	Le comportement peut poser des problèmes.	Il est essentiel de commencer le dressage dès son plus jeune âge.
Toilettage	Brossage minutieux requis ; la mue du sous-poil est plus abondante au printemps.	
Problèmes de santé communs	Maladies des reins ; nyctalopie, qui consiste à être aveuglé par la lumière vive ; dysplasie de la hanche ; nanisme ou chondrodysplasie, lorsque le chien naît avec des pattes courtes.	Assurez-vous que l'élevage a été testé pour la dysplasie de la hanche.

Des chiens **pour les gens qui aiment l'exercice, qu'il s'agisse de marcher ou de courir au grand air, pour ceux qui désirent participer à des courses de traîneaux ou de charrettes, et pour ceux qui sont à la recherche d'un chien de chasse à dresser.**

Les chiens qui adorent courir

Beaucoup de chiens sont des athlètes-nés. Comme c'est le cas pour les humains, on peut même distinguer les sprinters des coureurs de fond ou marathoniens, lesquels tiennent le rythme un certain temps, puis ralentissent avant de s'élancer de nouveau. Les chiens courants, tel le saluki, ont une accélération étonnante, ce qui leur permet de doubler leur proie, puis de la maîtriser. D'autres recourent plutôt à leurs capacités olfactives ; ils sont moins rapides, mais peuvent couvrir de longues distances sans pause.

Certaines races, comme le husky sibérien, ont été habituées à tirer des traîneaux en équipe et à déployer ainsi un vif instinct de meute et une incroyable endurance. Le dalmatien a également été lié à l'univers du transport : il accompagnait les carrosses tirés par des chevaux afin de dissuader les bandits de grand chemin de les attaquer.

Bien que tous les chiens figurant dans ce chapitre soient d'excellents coureurs, leurs tempéraments diffèrent considérablement selon leurs origines. Vous devez tenir compte de cet élément avant d'opter pour l'une de ces races et disposer de l'espace nécessaire pour que des chiens aussi actifs aient pleinement le loisir de courir.

1. Le husky sibérien

Cette race a joué un rôle très important dans l'histoire des États-Unis. En 1925, une équipe de huskies sibériens conduits par leurs meneurs de chiens sauva la ville de Nome, en Alaska, d'une épidémie de diphtérie en livrant à ses habitants, par un temps épouvantable, une réserve de sérum salvateur.

EN UN COUP D'ŒIL

- Déterminé
- Amical
- Puissant
- Extrêmement endurant
- Très énergique
- Forts instincts de meute

Expression sympathique
Le husky sibérien a une expression sympathique et alerte. Les yeux en forme d'amande peuvent être marron ou bleus ; certains chiens peuvent avoir un œil marron et l'autre bleu.

Couleurs
La robe peut être de n'importe quelle couleur ou combinaison de couleurs ; les taches sur la tête sont fréquentes.

Cuisses puissantes
Ses cuisses musclées sont puissantes et ses jarrets, relativement bas.

Pattes droites
Les pattes avant paraissent parallèles et droites vues de face.

Histoire

On dit que les origines de cette race remontent à plus de 3000 ans, dans la région de Iakoutsk en Sibérie. Au début, on l'appelait chukchi, du nom de la tribu des Tchouktches qui se servit d'abord de ce chien de traîneau comme moyen de transport. Ces bêtes représentaient une véritable planche de salut et les Tchouktches n'utilisaient que les meilleures d'entre elles pour l'élevage. Comme ces animaux vivaient parmi des enfants, ils ont développé une nature amicale qui subsiste encore aujourd'hui. Le husky sibérien est le plus petit mais aussi le plus rapide des chiens de traîneau, en plus de faire preuve d'une endurance remarquable. Il a fait son apparition aux États-Unis au début du XXe siècle.

Une bête de course

Le husky sibérien est l'un des chiens de traîneau les plus prisés, en partie en raison de sa taille, mais aussi pour son naturel sympathique. Ces chiens très actifs sont plutôt élevés en paire et même en groupe, car ils sont sociables d'instinct bien qu'il existe une hiérarchie claire au sein d'une meute. Dans plusieurs pays, le manque de neige empêche les courses de traîneau, mais la course de charrettes tirées par des huskies sibériens est un passe-temps populaire qui leur permet de déployer leur force et leur détermination. Ces bêtes sont calmes de nature, comme il convient à un chien qui a une ressemblance frappante avec le loup et qui, d'ailleurs, hurle plutôt qu'il n'aboie. Il n'est pas rare de rencontrer des individus de cette race qui ont les yeux bleus.

CARACTÉRISTIQUES		NOTES
Personnalité	Réceptif et amical, mais parfois entêté ; sensible à la hiérarchie de meute.	
Taille	Hauteur : 51-61 cm. Poids : 16-27 kg.	
Exercice	L'exercice quotidien intense est essentiel ; on peut former des équipes de huskies sibériens pour tirer des charrettes.	Faites-lui faire de l'exercice au moins une fois par jour.
À la maison	S'adapte bien au foyer à condition que ses besoins d'exercice soient satisfaits.	Accordez-lui beaucoup de temps pour jouer afin qu'il ne s'ennuie pas.
Comportement	Comme il est indépendant, le dressage est très important.	Le dressage quotidien est recommandé, même pour les chiens plus âgés.
Toilettage	Son pelage épais et dense le protège des intempéries.	Brossez-le chaque semaine.
Problèmes de santé communs	Affections oculaires héréditaires, dont l'atrophie progressive de la rétine (APR).	Assurez-vous que l'élevage a été testé pour les problèmes oculaires.

2. Le dalmatien

Le dalmatien est l'une des races canines les plus distinctives, en raison des taches dont sa robe est parsemée. Il doit sa grande notoriété au roman de Dodie Smith, *Les 101 Dalmatiens*, qui a inspiré nombre de films.

EN UN COUP D'ŒIL

- Apparence remarquable
- Très actif et débordant d'énergie
- Robe facile d'entretien
- Bon chien de garde
- Dénué de taches à la naissance

Histoire

Bien que le nom de ce chien s'inspire de la côte dalmate, située dans les Balkans, peu de choses semblent le relier à cette région d'Europe. Ses origines demeurent inconnues, mais son apparence porte à croire que le dalmatien descend d'une lignée de chiens courants. La première mention d'un chien de ce type remonte au milieu du XVIIe siècle, aux Pays-Bas. Par la suite, cette race devint très populaire en Angleterre, où son endurance était mise à profit dans un rôle de protection : il accompagnait en effet les carrosses ou les cavaliers pour les protéger des attaques. Aux États-Unis, il escortait également les voitures de pompiers tirées par des chevaux et est devenu très populaire au cours des premières expositions canines présentées dans les années 1890.

Une naissance sans tache

Chose peu commune, les chiots sont entièrement blancs à la naissance et les taches distinctives du dalmatien ne commencent à apparaître que deux ou trois semaines plus tard. Les motifs sont personnalisés, mais si vous pensez présenter votre chien aux expositions canines, sachez que les juges préfèrent les bêtes ayant des taches bien espacées et clairement définies. Les taches (et la truffe) peuvent être marron ou noires, mais les deux couleurs ne sont pas acceptées chez le même individu. En plus d'être des chiens attrayants, les dalmatiens sont très actifs, aussi doit-on leur offrir de nombreuses occasions de courir sans laisse.

	CARACTÉRISTIQUES	NOTES
Personnalité	Protecteur, loyal, intelligent et s'adapte bien ; réservé face aux étrangers.	Gardez l'œil ouvert en présence d'étrangers.
Taille	Hauteur : 48-58 cm. Poids : 22,7-25 kg.	
Exercice	Préfère les espaces ouverts plutôt que la forêt.	Offrez-lui une bonne course quotidienne sans laisse.
À la maison	Alerte ; bon chien de garde.	
Comportement	A conservé un fort instinct de chasseur ; chasse les rats ; a déjà été un chien de rapport.	Gardez l'œil ouvert en présence de petits animaux.
Toilettage	Un simple brossage de son poil court suffit ; on rencontre, quoique très rarement, des dalmatiens à poil long.	Brossez-le au besoin.
Problèmes de santé communs	Calculs de la vessie et rénaux attribuables à une déficience métabolique qui peut aussi causer la goutte ; les dalmatiens aux yeux bleus peuvent souffrir de surdité.	

3. Le braque de Weimar

L'apparence du braque de Weimar est unique, en bonne partie en raison de sa robe grise dont les nuances vont d'une teinte légèrement argentée à un gris souris plus sombre. La couleur de ses yeux expressifs varie de l'ambre au gris.

EN UN COUP D'ŒIL

- Élégance remarquable
- Robe peu commune
- Compagnon loyal
- Amical de nature
- Dressage relativement facile
- Toilettage minimal requis

Longues oreilles
Les oreilles de forme lobulaire sont attachées haut et légèrement repliées.

Traits faciaux
Il présente une expression enthousiaste et intelligente, avec des yeux bien espacés dont la couleur varie de l'ambre pâle au gris en passant par le gris-bleu.

Robe grise
La robe est généralement plus pâle sur la tête et les oreilles que sur le reste du corps.

Pieds fermes
Ses pieds fermes et compacts sont dotés d'orteils bien arqués présentant des signes de palmure.

Histoire

Cette race fut créée en Allemagne au début du XIXe siècle par le grand-duc Charles-Auguste de Weimar, qui cherchait à créer un chien de chasse pouvant exceller dans tous les domaines. Au départ, il croisa des chiens d'arrêt allemands avec des chiens de Saint-Hubert et des chiens de chasse français afin d'améliorer leur vitesse, leurs capacités olfactives et leur endurance. Le courage était aussi important à cette étape, puisque le braque de Weimar était utilisé pour chasser le sanglier et même l'ours. Depuis, il est devenu un chasseur de gibier à plumes. Ces bêtes étaient tellement prisées qu'il n'était pas permis de les élever librement ; de fait, de strictes mesures de contrôle gouvernèrent leur propriété jusqu'au début des années 1930.

Un compagnon polyvalent

Ce chien de chasse réunit tous les atouts de ses ancêtres, étant à la fois un chien d'arrêt, un très bon traqueur et même un rapporteur. Encore aujourd'hui, il est très apprécié pour sa polyvalence. Sa magnifique apparence et l'élégance de sa démarche en font un chien extrêmement populaire dans les expositions canines. Le braque de Weimar s'avère un excellent animal de compagnie, en particulier à la campagne, là où l'exercice et les longues promenades quotidiennes feront son bonheur. Il convient parfaitement à un foyer comptant des enfants débordants d'énergie, car il adore jouer. Il est important de pouvoir disposer d'un vaste jardin où il puisse courir derrière des balles et attraper au vol des frisbees, qu'il rapportera avec enthousiasme.

CARACTÉRISTIQUES		NOTES
Personnalité	Amical.	
Taille	Hauteur : 58-69 cm. Poids : 32-39 kg.	
Exercice	Aime les longues promenades ; fait preuve d'énormément d'endurance ; athlétique.	Gardez l'œil ouvert près de l'eau, car il y plongera volontiers.
À la maison	Devient destructeur s'il s'ennuie.	Accordez-lui du temps pour jouer.
Comportement	Énergique.	
Toilettage	Le toilettage est simple ; on rencontre, bien que rarement, des braques à poil long.	Brossez-le au besoin.
Problèmes de santé communs	Les chiots peuvent être affligés d'une hernie ombilicale ; vulnérable aux problèmes de peau.	Assurez-vous que les chiots ont été testés pour des problèmes ombilicaux, qui pourraient nécessiter une chirurgie correctrice.

4. Le braque hongrois

Appelé *vizsla* dans sa Hongrie natale, ce chien possède une robe très caractéristique avec des nuances de roux et de doré. Sa truffe – tout comme ses yeux et ses ongles – devrait toujours être rougeâtre, se mariant ainsi à la couleur de sa robe.

EN UN COUP D'ŒIL

- Aime les températures chaudes
- Amical de nature
- Compagnon de sport
- Toilettage simple
- Énergique

Histoire

Les origines du braque hongrois remonteraient à plus de 900 ans, son nom étant celui d'un ancien village de la vallée du Danube. À la fin du XIXe siècle, cette race était en voie d'extinction et ne comptait plus qu'une douzaine d'individus. Sa survie fut sans doute assurée par des croisements avec des chiens d'arrêt, bien que les deux guerres mondiales l'aient à nouveau mise en péril. Finalement, des réfugiés hongrois fuyant leur pays dans les années 1940 amenèrent quelques braques avec eux, et leur popularité ne s'est jamais démentie depuis.

Le dressage est important

Le braque hongrois possède d'excellentes facultés d'adaptation. Après avoir d'abord été un chien d'arrêt pour la chasse aux faucons, il est devenu un excellent rapporteur. Il forme un lien étroit avec sa famille immédiate, mais il faut s'assurer qu'il n'est pas le « chien d'un seul maître ». Il est possible de relever ce défi en veillant à ce que plus d'un membre de la famille s'engage dans le dressage du chiot. Comme il a été conçu pour chasser dans les plaines de Hongrie, le braque exige beaucoup d'exercice.

CARACTÉRISTIQUES		NOTES
Personnalité	Doux et protecteur ; aime la compagnie des gens ; loyal, sensible et affectueux.	Encouragez-le.
Taille	Hauteur : 53-61 cm. Poids : 22-30 kg.	
Exercice	Préfère les grands espaces champêtres ; possède énormément d'énergie.	Donnez-lui l'occasion de courir sans laisse.
À la maison	Heureux dans un foyer comptant de grands enfants.	
Comportement	Bonnes capacités d'adaptation ; réceptif au dressage ; plein d'entrain.	Impliquez toute la famille dans le dressage.
Toilettage	Le toilettage des braques à poil court est simple, mais l'absence de sous-poils le rend vulnérable au froid ; il existe une espèce à poil dur, plus rare, possédant une couche de sous-poils.	Toilettez-le au besoin.
Problèmes de santé communs	L'hémophilie, un problème sanguin, affecte parfois les mâles ; certaines lignées ont un héritage génétique moins bon.	

Cou musclé
Le cou relativement long et musclé s'élargit en direction des épaules.

Poitrine large
La large poitrine s'étend jusqu'au niveau des coudes.

Longues pattes
Les pattes avant longues et droites se terminent sur des pieds arrondis et plutôt félins.

Cuisses fortes
Les cuisses sont bien développées et les pattes de derrière paraissent parallèles vues de dos.

5. Le setter irlandais

Le setter irlandais gagnerait facilement n'importe quel concours de beauté canine, grâce à son élégante démarche et à sa splendide robe marron et roux. Voilà pourquoi on l'appelle aussi le setter roux. Ce chien affectueux est un excellent choix pour une famille comptant des adolescents.

EN UN COUP D'ŒIL

- Magnifique apparence
- Parfois rétif
- Le dressage peut poser problème
- Amical
- Robe caractéristique

Histoire

Conçu en Irlande à partir de croisements incluant des braques espagnols et des épagneuls, ce chien fut d'abord appelé épagneul roux. Au XVIIIe siècle, le setter irlandais n'était qu'une des trois variétés émergeant de la même souche. Il était moins populaire que le setter roux et blanc parce que certains croyaient que les taches blanches de ce dernier le rendaient plus voyant. La variété la plus rare du setter irlandais était appelée *hail* (« grêle » en anglais) car sa robe rousse était parsemée de petites taches blanches ressemblant à des grêlons. Elle est aujourd'hui virtuellement éteinte, encore que très rarement un chiot de ce type naisse dans une portée. Au XXe siècle, des croisements avec le barzoï (voir page 67) furent réalisés afin de faire paraître le setter irlandais plus grand et longiligne.

Un chien actif

Les croisements avec le barzoï n'ont sans doute pas contribué à atténuer la nature rétive de la race. Le setter irlandais s'est néanmoins avéré un chien de chasse très efficace, son enthousiasme naturel étant manifeste quand il est à l'œuvre. Il est très important de ne pas vous laisser séduire par sa belle apparence, car pour l'apprécier comme animal de compagnie, il vous faudra lui permettre de faire beaucoup d'exercice. Les chiots de cette race sont beaucoup plus longs à dresser que bien d'autres types de chiens de chasse. À la maison, le setter deviendra destructeur s'il s'ennuie et désobéira sitôt débarrassé de sa laisse, pour souvent disparaître dans la nature.

	CARACTÉRISTIQUES	NOTES
Personnalité	Amical et exubérant ; travailleur dévoué.	
Taille	Hauteur : 64-69 cm. Poids : 27-32 kg.	
Exercice	A besoin de beaucoup d'occasions de courir.	Choisissez une zone sécuritaire, loin des routes, au cas où il s'enfuirait.
À la maison	Adore jouer.	Donnez-lui beaucoup d'occasions de jouer.
Comportement	Peut être porté à fuguer ; n'apprend pas très vite, mais adore travailler.	Le dressage exige de la patience.
Toilettage	Le toilettage régulier du long poil s'impose, surtout à l'arrière des pattes et sur la queue.	Brossez-le et peignez-le régulièrement.
Problèmes de santé communs	Les chiots peuvent avoir de la difficulté à avaler, ce qui peut être un signe de faiblesse musculaire.	

Longue tête
Il possède une longue tête qui fait deux fois la largeur de l'espace entre les yeux ainsi que de grandes narines.

Oreilles pendantes
Les oreilles sont attachées bas, assez loin vers l'arrière, et pendent de chaque côté de la tête.

Cuisses bien développées
Les cuisses sont larges et les pattes de derrière, longues.

Petits pieds
Les pieds sont relativement petits et dotés d'orteils arqués, rapprochés l'un de l'autre.

6. Le lurcher

Il n'existe pas de normalisation de ces chiens, principalement employés comme bêtes d'utilité encore aujourd'hui. Ils sont généralement le résultat de croisements entre un chien de chasse et un chien gardien de troupeau, l'objectif étant de donner naissance à un compagnon de chasse calme et intelligent.

EN UN COUP D'ŒIL

- Apparence personnalisée
- Coureur
- Très docile
- Possède souvent une robe à poil dur
- Calme de nature

Histoire

L'usage de chiens de chasse en Angleterre remonte à plus d'un millénaire. Cette activité était réservée à la noblesse, mais des gens n'en utilisaient pas moins leurs chiens pour poursuivre et cerner des proies – dont des cerfs – même s'ils encouraient de lourdes peines. C'est dans ce contexte qu'on se servait des lurchers, souvent le fruit de croisements entre des chiens de chasse tels que les lévriers écossais ou anglais, qui leur procuraient la rapidité, et des colleys, qui étaient plus réceptifs. Une foule de races différentes ont ainsi été créées pour jouer ce rôle, mais on peut dire que les lurchers sont les premiers chiens « griffés », parce que « faits sur mesure ».

CARACTÉRISTIQUES		NOTES
Personnalité	Authentique et enthousiaste ; amical et calme.	
Taille	Hauteur : variable. Poids : selon la taille.	Les lurchers sont naturellement élancés, avec une carrure de lévrier.
Exercice	Généralement plus actif lorsque le soir tombe ; a besoin de courir sans laisse.	Faites-lui faire de l'exercice sans laisse chaque jour.
À la maison	Bon compagnon ; s'entend mieux avec les gens que bien des lévriers ; ne convient pas à un foyer avec des chats.	
Comportement	En promenade, il chasse lapins, chats et petits chiens ; ses instincts de chasseur sont plus aiguisés la nuit tombée.	Gardez l'œil ouvert en présence d'autres animaux.
Toilettage	Le toilettage dépend de son ascendance, qui comprend souvent des chiens à poil dur tel le bedlington-terrier.	
Problèmes de santé communs	Souvent liés à son ascendance ; l'atrophie progressive de la rétine (APR) peut poser un problème.	Informez-vous sur la filiation de votre chien afin de savoir à quoi vous attendre.

Un chien personnalisé

Le lurcher issu d'un élevage de chiens d'utilité déploiera presque à coup sûr des instincts de chasseur, mais moins s'il provient d'une lignée de chiens d'exposition. Aujourd'hui, les bêtes plus pâles sont souvent plus populaires en raison de leur apparence alors qu'auparavant, celles de couleur foncée étaient plus prisées parce que moins voyantes quand elles étaient à l'œuvre. Le lurcher est un chien rapide et très réceptif à l'égard de son maître. Il est aussi intelligent, ce qui en fait une option de choix si vous êtes à la recherche d'un chien actif. L'éventail des apparences disponibles vous permet d'avoir un chien personnalisé. Tentez néanmoins de connaître sa filiation avec exactitude, car vous pourrez ainsi prévoir sa taille probable à l'âge adulte et son apparence. Certains chiots sont le fruit de rétrocroisements avec des lévriers chasseurs à vue afin d'améliorer la lignée.

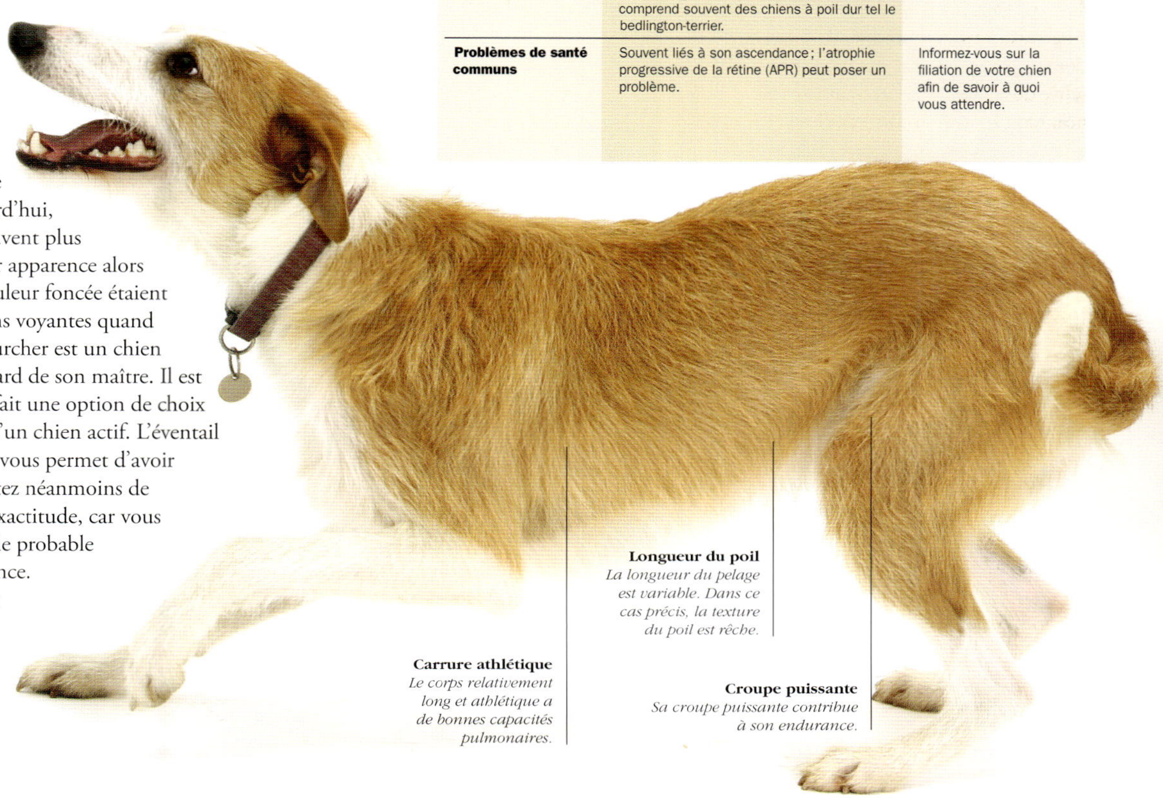

Longueur du poil
La longueur du pelage est variable. Dans ce cas précis, la texture du poil est rêche.

Carrure athlétique
Le corps relativement long et athlétique a de bonnes capacités pulmonaires.

Croupe puissante
Sa croupe puissante contribue à son endurance.

7. Le groenendael

Il existe en Belgique quatre races locales de chiens de berger, mais dans certains pays, elles sont regroupées sous une seule et même appellation. L'une de ces races, qui se caractérise par son long poil et sa coloration uniformément noire, est connue sur le continent américain sous le nom de berger belge ; ailleurs, on l'appelle le groenendael.

EN UN COUP D'ŒIL

- Intelligent
- Poil long
- Industrieux
- A besoin d'exercice physique et mental
- Réceptif au dressage
- Alerte et plein d'entrain

Museau blanc
La zone blanchâtre autour du museau peut devenir plus prononcée avec l'âge.

Poils blancs
Il y a généralement une zone de poils blancs sur la poitrine.

Orteils félins
Les orteils allongés et matelassés rappellent beaucoup ceux d'un chat.

CARACTÉRISTIQUES		NOTES
Personnalité	Déterminé et loyal ; peut être méfiant de nature ; réservé à l'égard des étrangers.	Surveillez-le lorsqu'il est en présence d'étrangers.
Taille	Hauteur : 56-66 cm. Poids : 27,7-28,5 kg.	Surveillez son poids, car il est sujet à l'obésité.
Exercice	A besoin de courir librement pour déployer son énergie.	Encouragez le jeu, comme la poursuite d'une balle.
À la maison	Bon compagnon ; doit avoir accès à un jardin ; s'adaptera plus facilement s'il est adopté tout jeune.	Donnez-lui beaucoup d'occasions de jouer dans le jardin.
Comportement	Amical envers les membres de son foyer.	Favorisez la socialisation à un très jeune âge.
Toilettage	Il faut brosser sa longue robe et peigner ses plus longs poils ; le collier de poils autour du cou et sur la poitrine est plus fourni en hiver.	Brossez-le et peignez-le régulièrement.
Problèmes de santé communs	Épilepsie.	

Histoire

La race tient son nom du château de Groenendael, au sud de Bruxelles, où elle fut créée en 1885. Elle est issue d'une femelle au long poil noir croisée avec un mâle de même type. Introduite aux États-Unis en 1907, elle est aujourd'hui la plus commune des quatre races de bergers belges. Les autres sont le tervueren, dont la robe est fauve et fournie, avec du noir aux extrémités des poils, le malinois, son équivalent à poil court, de couleur fauve et noir, et le laekenois, qui représente la variété la plus distinctive, avec son poil dur et sa robe fauve.

Personnalité de la race

En plus d'être un animal de compagnie, ce chien a été employé comme berger, chien policier et gardien, tout en devenant très populaire dans les expositions canines. En raison de ses antécédents de chien d'utilité, le groenendael est actif et a besoin d'être stimulé mentalement pour ne pas être en proie à l'ennui. Il est porté naturellement au travail et apprend rapidement. Le temps consacré au dressage contribue à renforcer ses liens avec son maître, mais plus d'un membre de la famille doit s'y engager. Comme il est plutôt méfiant de nature, il faut travailler sa socialisation à un très jeune âge.

8. Le saluki

Aussi appelée salouki et lévrier persan, cette vieille race a toutes les apparences du lévrier, avec sa charpente allongée, sa poitrine profonde et sa taille étroite. Elle possède aussi un long poil, frangé à l'arrière des pattes, sous la queue et sur les oreilles.

EN UN COUP D'ŒIL

- Race ancienne
- Très rapide
- Grande endurance
- Dressage assez difficile
- Tendance à fuguer

Histoire

Le saluki représente l'une des lignées les plus anciennes de l'univers canin, ses origines remontant à plus de 10 000 ans. Cette race fut créée au Moyen-Orient pour chasser la gazelle – la petite antilope aux pieds légers –, le lièvre et le renard. Les lévriers persans travaillaient souvent de concert avec des oiseaux de proie, transportés à dos de chameau ou de cheval. Lorsqu'un oiseau signalait une proie en volant au-dessus d'elle, les lévriers étaient alors libérés de leur laisse. Leur rôle ne consistait pas à tuer cette proie, mais simplement à la maintenir en place jusqu'à ce qu'un chasseur s'en charge. Ce manège exigeait de ces chiens vitesse et capacité de travailler en synchronisme.

Une tâche difficile

Aujourd'hui, le saluki a conservé plusieurs des traits essentiels de ses ancêtres. Malheureusement, cela signifie qu'il prendra en chasse toute proie éventuelle pour disparaître dans la nature. Il est difficile de prévenir un tel comportement, sauf en entreprenant un dressage résolu, en particulier parce que ces chiens ont besoin de courir abondamment chaque jour pour ne pas s'ennuyer et devenir destructeurs. Si votre saluki est susceptible d'apercevoir une cible (p. ex. un petit chien) pendant sa promenade, vous feriez mieux de le museler auparavant. Malgré son côté indépendant – évident lorsqu'il est en chasse –, il est affectueux envers son entourage immédiat, mais n'est pas d'emblée bien disposé envers les étrangers.

CARACTÉRISTIQUES		NOTES
Personnalité	Loyal ; méfiant à l'égard des visiteurs.	Surveillez-le lorsqu'il est en présence de visiteurs.
Taille	Hauteur : 56-71 cm. Poids : 20-30 kg.	Certaines souches sont plus imposantes que d'autres.
Exercice	Athlétique ; doté de beaucoup d'énergie et d'endurance.	Offrez-lui une bonne course chaque jour ; évitez les petits animaux.
À la maison	Bon chien de garde ; risque de ne pas s'entendre avec lapins et chats.	
Comportement	Coureur très rapide ; difficile de le dresser à ne pas fuguer ; connaît des moments d'indépendance.	Soyez persévérant dans le dressage.
Toilettage	Toilettage général requis ; il existe une version à poil doux de cette race, plus commune au Moyen-Orient.	Brossez sa robe et peignez les poils plus longs sur les oreilles et ailleurs.
Problèmes de santé communs	Vulnérable à diverses affections oculaires ; le cancer des os peut frapper les chiens plus âgés.	

9. Le chien du pharaon

Voici une autre de ces races dont l'apparence s'est peu modifiée au cours de milliers d'années. D'abord conçue pour chasser le lapin, on la voit régulièrement aujourd'hui dans les expositions canines, ce qui témoigne de l'attrait qu'elle exerce.

EN UN COUP D'ŒIL

- Coloration magnifique et frappante
- Apparence élégante
- Passé intéressant
- Nature amicale
- Robe facile d'entretien
- Bon avec les enfants

Histoire

On attribue aux marins phéniciens qui faisaient commerce en Méditerranée, il y a des milliers d'années, le mérite d'avoir porté les ancêtres du chien du pharaon depuis l'Égypte jusqu'à l'île de Malte et sa voisine, Gozo. On trouve des races semblables sur d'autres îles méditerranéennes, dont Ibiza et la Sicile. Mais il fallut attendre la fin des années 1960, lorsqu'elle fit son apparition au Royaume-Uni et aux États-Unis, pour que cette race s'attire des adeptes à l'échelle internationale, surtout grâce à son apparence attrayante et à sa nature amicale. Quand on songe qu'à l'origine, le chien du pharaon était un simple chasseur de lapins…

Toujours à l'affût

Bien qu'il soit un bon chien de famille, ne lui permettez pas d'entrer en contact avec des lapins domestiques, car alors ses instincts de chasseur prendront rapidement le dessus. Cela est aussi vrai pendant la promenade. Essayez donc de trouver une zone champêtre loin des routes… et des lapins. Si le chien du pharaon part à la poursuite d'un lièvre – et il est difficile de le dresser à ne pas le faire –, le fait d'être loin de la circulation minimisera les risques de blessures chez votre animal, dont les puissants pieds lui permettent de chasser même sur un terrain rude et rocheux. Sa robe lisse et brillante peut contenir certaines zones de poils blancs, celle située sur la poitrine étant appelée « l'étoile ».

	CARACTÉRISTIQUES	NOTES
Personnalité	Intelligent et affectueux.	
Taille	Hauteur : 53-64 cm. Poids : 20,4-25 kg.	
Exercice	Il est essentiel qu'il fasse beaucoup d'exercice et puisse courir sans laisse chaque jour.	Soyez conscient qu'il prendra en chasse lapins, lièvres et parfois même de plus petits animaux.
À la maison	S'adapte bien à une famille réunissant des personnes de tous âges.	
Comportement	Alerte et réceptif ; peut ne pas s'entendre avec les chats et vouloir les prendre en chasse ; apprend aisément à courir après une balle ; quelque peu indépendant.	Accordez-lui du temps pour jouer.
Toilettage	Exigences de toilettage minimales.	Utilisez un gant de toilettage pour chien pour maintenir le lustre de sa robe.
Problèmes de santé communs	Généralement en bonne santé, mais peut mal réagir à certains médicaments et produits antiparasitaires.	Surveillez les effets secondaires de tels produits.

10. Le chien d'élan norvégien

Ce chien scandinave, intrépide et polyvalent, existe depuis plus de 7000 ans. On le présente aussi parfois comme le chien d'élan norvégien gris, pour le distinguer de son cousin dont la robe est plutôt noire.

EN UN COUP D'ŒIL

- Race ancienne
- Requiert beaucoup de toilettage
- Intelligent
- Peu adapté au milieu urbain
- Aime la vie de famille

	CARACTÉRISTIQUES	NOTES
Personnalité	Déterminé, fort, intrépide et loyal.	Soyez ferme mais juste lors du dressage.
Taille	Hauteur: 51-56 cm. Poids: 21,7-25 kg.	
Exercice	A besoin de beaucoup d'exercice chaque jour, mais il peut lui arriver de fuguer.	Choisissez une zone éloignée des gens et du bétail pour le dresser.
À la maison	Établit une relation individuelle avec son maître; peut être un bon chien de garde.	Consacrez-lui du temps pour jouer afin de prévenir l'ennui.
Comportement	Courageux.	
Toilettage	Il est important de brosser la frange de poils entre les pattes, une opération qui prendra plus de temps lors de la mue.	Brossez-le régulièrement.
Problèmes de santé communs	Atrophie progressive de la rétine (APR); dysplasie de la hanche.	Assurez-vous que l'élevage a été testé pour ces affections.

Histoire

Ses ancêtres étaient fort estimés, leurs restes ayant été découverts dans des tombes de Vikings datant de 7000 ans. Des études plus poussées ont aussi indiqué qu'à cette époque, l'apparence de cette race était presque identique à celle de la race actuelle. À l'origine, ces chiens étaient utilisés pour la chasse – avec ou sans laisse – en Norvège, mais aussi en Suède. On permettait aux bêtes qui chassaient en zone forestière de s'aventurer hors des sentiers à la poursuite de leurs proies, dont l'élan, et d'autres gros mammifères tels que le cerf, l'ours et le loup. Ces chiens d'élan poursuivaient aussi le gibier à plumes, comme le coq de bruyère. On les tenait toutefois en laisse en terrain ouvert, où on les employait pour flairer les pistes.

Hier et aujourd'hui

La charpente forte et puissante et l'immense détermination de cette race témoignent de sa nature athlétique et résolue. Les chiens d'élan norvégiens renoncent difficilement à un défi et on doit leur donner suffisamment d'exercice chaque jour pour éviter qu'ils soient en proie à l'ennui et adoptent alors un comportement destructeur dans la maison. Son toilettage peut exiger aussi beaucoup de temps, en particulier au moment de la mue.

Des chiens destinés aux personnes qui souffrent d'allergies entraînant des difficultés respiratoires et des larmoiements ainsi qu'aux gens soucieux de leur intérieur qui détestent les travaux ménagers!

Airedale-terrier

Chien d'eau portugais

Caniche miniature

Les chiens hypoallergéniques

Bichon à poil frisé

À une époque où un nombre croissant d'adultes et d'enfants souffrent d'allergies de diverses natures, on s'intéresse de plus en plus aux races canines moins susceptibles d'en être la cause, d'où le qualificatif d'hypoallergéniques. Dans la plupart des cas, cela est attribuable au fait que ces chiens ne perdent pas leurs poils de façon régulière, contrairement à la majorité des races. Mais il y a un autre avantage à jeter son dévolu sur un chien qui ne mue pas : le nettoyage des meubles et des moquettes exige moins de temps, encore qu'il existe aujourd'hui des aspirateurs conçus pour faciliter le ramassage des poils d'animaux.

Il n'y a cependant aucune garantie absolue qu'un chien ne provoquera pas de réaction allergique. Si vous éprouvez des doutes à cet égard, il serait bon que la personne allergique de votre famille passe un peu de temps avec le chien que vous projetez d'acquérir afin que vous puissiez observer sa réaction. Les éleveurs de chiens ne trouvent pas cela étrange et préfèrent largement se livrer à cette expérience que de vendre un chiot qui se retrouvera bientôt sans domicile fixe.

1. Le caniche

Peu de races font preuve d'autant d'intelligence que le caniche ; la variété naine actuelle a précisément connu la notoriété pour cette raison à titre d'animal de cirque. Les caniches sont des chiens très enjoués et faciles à dresser qui établiront d'emblée des liens avec les membres de la famille.

EN UN COUP D'ŒIL

- Choix de tailles
- Ne mue pas
- Apprend rapidement
- Très loyal
- Bon animal de compagnie
- Plein d'entrain
- Idéal en milieu urbain

Histoire

De nos jours, le caniche existe en trois tailles différentes largement reconnues, le plus massif étant le grand caniche. Le caniche nain – comme on l'appelle aujourd'hui, mais qui porta le nom de caniche toy jusqu'en 1907 – fut conçu au moyen de croisements sélectifs visant à réduire sa taille. Plus tard, d'autres croisements permirent de réduire encore la taille du toy, qui est aujourd'hui la plus petite variété de la race. Et pour compliquer les choses encore, certains organisateurs d'expositions canines reconnaissent une taille dite moyenne, intermédiaire entre le grand caniche et le caniche nain.

Coupe étrange

La coupe inhabituelle du caniche a été conçue pour des raisons pratiques, tout au moins dans le cas du grand caniche. D'abord employé comme chien rapporteur, il était appelé à plonger dans l'eau froide pour ramener le gibier d'eau qui avait été tué. Les poils longs autour des articulations des pattes le protégeaient du froid, alors que la robe taillée au niveau de sa puissante croupe l'aidait à mieux nager en réduisant le tirant d'eau. Quant au pompon ornant sa queue, il permettait de le repérer plus facilement dans l'eau. Mais nul besoin d'offrir à votre caniche une coupe aussi élaborée. Les chiens de compagnie, tout comme les chiots, peuvent très bien se contenter d'une coupe « à l'agneau », soit une robe de longueur uniforme facile à entretenir. Les caniches nains, en particulier, sont devenus des compagnons urbains très populaires dans un environnement où le grand caniche pourrait se sentir à l'étroit.

	CARACTÉRISTIQUES	NOTES
Personnalité	Réceptif et capable de s'adapter ; accepte d'emblée les enfants.	
Taille	Hauteur : moins de 28 cm et 28-46 cm. Poids : 2,7-32 kg.	Les caniches sont reconnus, selon leur taille, comme des races distinctes.
Exercice	Les petits caniches ont besoin de moins d'exercice, mais exigent quand même une promenade quotidienne qui leur offre aussi une stimulation mentale.	Faites-lui faire de l'exercice chaque jour.
À la maison	La socialisation est importante, sinon les caniches nains risquent d'aboyer fréquemment.	Favorisez la socialisation à un très jeune âge.
Comportement	Enjoué et alerte.	Consacrez-lui du temps pour jouer.
Toilettage	Le toilettage est généralement exécuté dans un salon de toilettage.	Toilettez et taillez les poils toutes les 4 à 8 semaines.
Problèmes de santé communs	Affections oculaires telles que l'atrophie progressive de la rétine (APR) ; problèmes cardiaques ; épilepsie ; dislocation rotulienne ; divers autres problèmes. Le grand caniche est le plus robuste.	Assurez-vous que l'élevage a été testé pour l'APR ; la dislocation rotulienne peut nécessiter une chirurgie correctrice.

Yeux foncés
Ses yeux sombres sont de forme ovale.

Oreilles pendantes
Les oreilles sont attachées au niveau des yeux ou plus bas et pendent de chaque côté de la tête.

Robe
La coloration doit être à la fois régulière et unie, allant du blanc au noir en passant par l'abricot.

Pattes ovales
Les pattes relativement petites sont dotées d'orteils bien arqués et d'épais coussinets.

2. Le chien d'eau portugais

Dans les années 1960, cette race était l'une des plus rares du monde, mais depuis, la situation a changé grâce à une remarquable publicité qui a fait le tour du monde: la famille du président américain Barack Obama a choisi un chien d'eau portugais nommé Bo comme animal domestique.

EN UN COUP D'ŒIL

- Ascendance peu commune
- De plus en plus populaire
- Exigences de toilettage minimales
- Nature amicale
- Type de robe variable

Histoire

Connu au Portugal sous le nom de *cão de água,* ce chien aurait une ascendance commune avec le grand caniche. La première mention de cette race date du XIIIe siècle: dans un texte, un moine raconte comment l'un d'eux sauva un marin de la noyade. Les chiens d'eau portugais sont associés à la région de l'Algarve, où ils accompagnaient les pêcheurs; assis dans le bateau, ils aboyaient quand ils repéraient un banc de poissons, puis se jetaient à l'eau pour les pousser dans les filets. Leur aboiement était aussi très utile par temps brumeux: il prévenait les pêcheurs de la position de leurs bateaux, ce qui leur permettait d'éviter les collisions. Les effectifs de la race déclinèrent au gré du progrès technologique; à son plus bas, elle comptait moins de 50 individus dans le monde.

Un chien qui revient de loin

C'est la personnalité de cette race qui l'a aidée à éviter l'extinction. Conçue pour travailler étroitement avec les gens, le chien d'eau portugais est doté d'un caractère amical qui le rend tout à fait charmant. Le fait qu'il soit aussi hypoallergénique contribue sans doute à sa popularité. Comme c'est le cas des autres races présentées dans ce chapitre, toutefois, rien ne garantit que cette bête ne causera pas d'allergies, mais les risques sont minimes.

CARACTÉRISTIQUES		NOTES
Personnalité	Enjoué et amical; habile dans les concours d'obéissance et d'agilité.	
Taille	Hauteur: 43-58 cm. Poids: 16-27 kg.	
Exercice	Comme c'est un chien actif, il a besoin de faire régulièrement de l'exercice.	Surveillez-le quand il est près de l'eau, il pourrait vouloir y plonger.
À la maison	Habituellement calme, aboie lorsque quelque chose d'important se produit; son aboiement a des tons distinctifs.	
Comportement	Très réceptif au dressage; a tendance à sauter s'il est excité.	Habituez-le à ne pas sauter sans raison.
Toilettage	Brossage requis; la coupe peut être uniforme ou léonine (la moitié arrière du corps sauf la queue est taillée).	Taillez son poil tous les deux mois et brossez-le chaque jour.
Problèmes de santé communs	Affections oculaires, dont les cataractes et l'atrophie progressive de la rétine (APR); dysplasie de la hanche.	Assurez-vous que l'élevage a été testé pour l'APR et la dysplasie de la hanche.

Crâne bombé
Le crâne est large et bombé, avec une dépression au milieu.

Large museau
Le museau est plus large à la base qu'à l'extrémité et les narines sont aussi larges.

Cou solide
Le cou est droit et court.

3. Le chien chinois à crête

Cette race suscite bien des commentaires. Certaines personnes adorent son apparence glabre, alors que d'autres la trouvent grotesque. Heureusement, il existe une version entièrement poilue appelée *powder puff* (« houppette »).

EN UN COUP D'ŒIL

- Choix entre un chien glabre ou poilu
- Le climat influence son entretien
- Pigmentation sombre variable
- Tendance à la boulimie
- Nature calme

Histoire

Les origines du chien chinois à crête sont inconnues. Cette race est probablement le produit d'une mutation dans une population canine quelque part en Asie. En Occident, elle fut décrite pour la première fois dès 1686. Le chien chinois à crête connut la notoriété aux États-Unis dans la première partie du XXe siècle grâce à la célèbre effeuilleuse Gipsy Lee Rose, qui en avait acquis plusieurs, apparemment en raison de leur relative « nudité ». On peut retrouver des chiens glabres et de type houppette dans la même portée. Trait caractéristique du modèle glabre, sa peau est relativement chaude, si bien qu'à une certaine époque, on l'appelait le « chien de fièvre » parce qu'on croyait que le simple fait de le toucher pouvait guérir de la fièvre.

Particularités anatomiques

En fait, la variété glabre du chien chinois à crête n'est pas entièrement dépourvue de poils, mais la présence de ceux-ci est limitée aux extrémités du corps, soit les pattes, la crête velue, qui s'étend entre les oreilles et lui a donné son nom, et le plumet de poils visible sur sa queue. La pigmentation de la peau est très personnalisée, certains chiens présentant une coloration plus rose que d'autres. Mais cette absence de poils rend cette bête particulièrement vulnérable au froid et aux coups de soleil. Autre particularité : cette race possède un nombre réduit de prémolaires ; certains individus en sont même dépourvus.

CARACTÉRISTIQUES		NOTES
Personnalité	Alerte et enjoué.	
Taille	Hauteur : 30 cm. Poids : jusqu'à 4,5 kg.	Surveillez son poids, car il est sujet à l'obésité.
Exercice	A peu besoin d'exercice.	Évitez l'exercice dans les moments plus chauds de la journée ; faites-lui porter un chandail par temps froid et appliquez une crème solaire canine par temps chaud.
À la maison	Forme un lien étroit avec les gens de son entourage immédiat.	Assurez-vous que votre jardin est bien clôturé pour l'empêcher de s'échapper.
Comportement	Pas toujours bien disposé envers les autres chiens ; n'aboie généralement pas.	Favorisez la socialisation dès son plus jeune âge.
Toilettage	Pas d'odeur canine perceptible ; le *powder puff* requiert un brossage ; le glabre nécessite peu d'entretien.	Brossez le *powder puff* chaque jour ; frictionner la peau du chien sans pelage avec de l'huile appropriée.
Problèmes de santé communs	Problèmes dentaires ; ostéonécrose affectant la tête fémorale ; dislocation rotulienne ; vulnérable aux coups de soleil et au cancer de la peau.	La dislocation rotulienne peut nécessiter une chirurgie correctrice ; surveillez votre chien par temps chaud.

Queue fine
La queue s'effile pour ensuite se courber et s'étendre jusqu'au niveau des jarrets.

Couleurs
Sa robe peut être de n'importe quelle couleur ou combinaison de couleurs.

Crête
La crête du chien chinois correspond à la touffe de poils située sur la tête.

Longues pattes
Les pattes sont longues, droites et minces, avec une touffe de longs poils au bas de chacune.

4. Le bedlington-terrier

Cet attrayant terrier est immanquable avec sa tête unique en forme de poire, sans parler de sa croupe inclinée souvent décrite comme un « dos de blatte ». Comme la plupart des races figurant dans ce chapitre, il requiert un toilettage professionnel.

EN UN COUP D'ŒIL

- Apparence originale
- Rude et robuste
- Peu susceptible de s'entendre avec les autres chiens
- Bon chien de famille
- Chasse les rongeurs

Histoire

Originaire du comté de Northumberland dans le nord-ouest de l'Angleterre, cette race, qui tire son nom d'un village houiller, existait déjà au début du XIXe siècle. Son apparence fort distinctive rappelle celle d'un agneau, mais ne vous y fiez pas : ce terrier est robuste et déterminé. On compte parmi ses ancêtres le terrier de Rothbury, un chien de combat qui exterminait les animaux nuisibles. Le bedlington n'est pas seulement reconnu pour chasser le rat, il peut aussi s'en prendre à des proies plus grosses et dangereuses, telles que le blaireau, la loutre et le putois.

La race actuelle

Depuis sa première présence à une exposition canine à la fin du XIXe siècle, le bedlington est populaire principalement comme animal de compagnie, plutôt que comme chien d'utilité. Il est ainsi devenu un chien plus calme, bien qu'il ne s'entende pas toujours avec les autres chiens, y compris les membres de sa race. Grâce à des croisements avec des whippets, il figure parmi les terriers les plus rapides, ce qu'il ne faut jamais oublier en promenade. Sa grande énergie en fait un bon choix pour un foyer avec enfants, surtout qu'il est doté d'une nature enjouée. Aujourd'hui, des bedlingtons-terriers sont fréquemment utilisés pour donner naissance à des lurchers (voir page 99), ce croisement impliquant souvent aussi des whippets. C'est par ailleurs un chien sensible.

CARACTÉRISTIQUES		NOTES
Personnalité	Très calme ; plutôt détendu en toutes circonstances.	
Taille	Hauteur : 41 cm. Poids : 8-10,4 kg.	
Exercice	A besoin de courir sans laisse chaque jour.	Gardez l'œil ouvert en présence d'autres chiens, il pourrait ne pas s'entendre avec eux.
À la maison	La vie en appartement ne lui convient pas ; il lui faut un jardin ; s'entend généralement bien avec les enfants.	
Comportement	Très actif de nature ; énergique ; susceptible de prendre en chasse chats et écureuils.	Tentez de lui apprendre à ne pas chasser les autres animaux.
Toilettage	La robe doit être brossée, peignée et taillée.	Brossez-le et peignez-le chaque semaine ; taillez son poil tous les deux mois.
Problèmes de santé communs	La toxicose au cuivre, qui affecte le foie et peut être mortelle, est très répandue.	Assurez-vous, au moyen d'un test d'ADN, que l'élevage a été examiné pour cette affection.

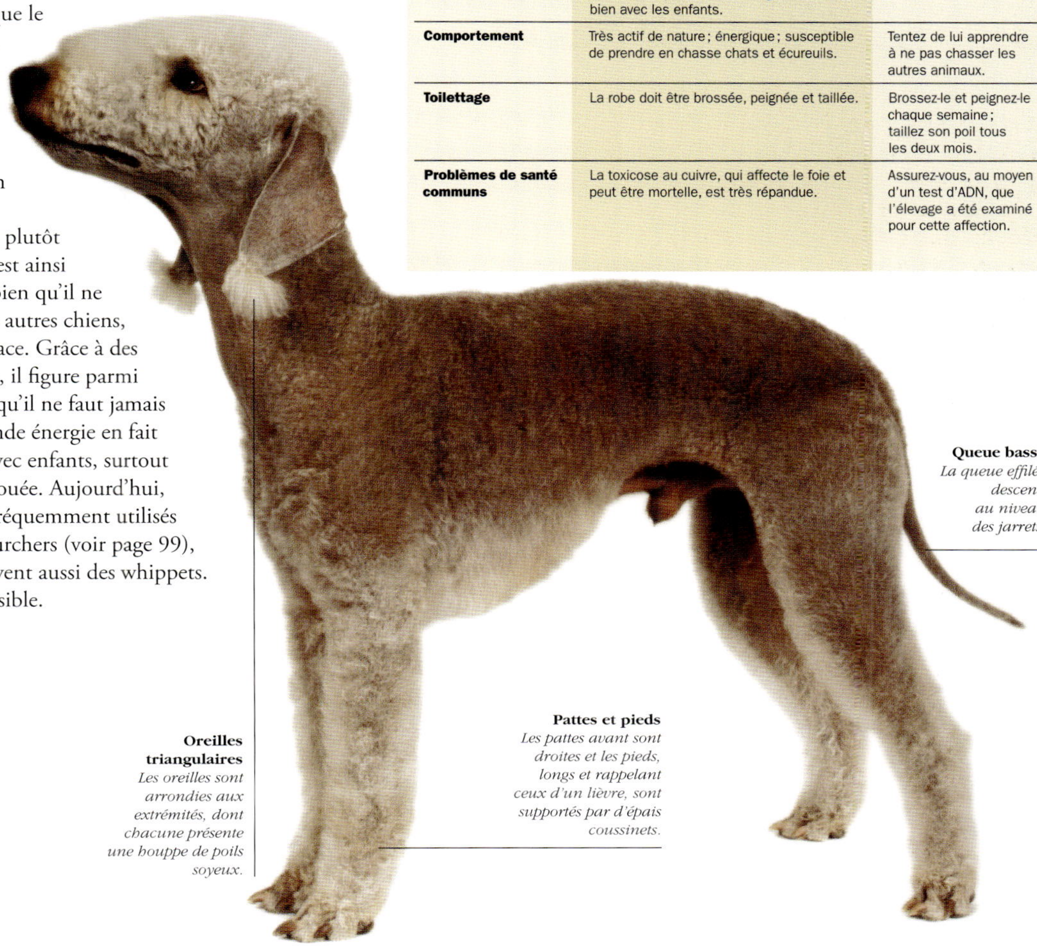

Queue basse
La queue effilée descend au niveau des jarrets.

Oreilles triangulaires
Les oreilles sont arrondies aux extrémités, dont chacune présente une houppe de poils soyeux.

Pattes et pieds
Les pattes avant sont droites et les pieds, longs et rappelant ceux d'un lièvre, sont supportés par d'épais coussinets.

5. Le retriever à poil bouclé

Aussi connue sous le nom de curly-coated retriever, cette race est l'une des moins communes parmi les chiens rapporteurs. Plus indépendants que les autres membres de son groupe, ces chiens possèdent une robe imperméable facile d'entretien.

EN UN COUP D'ŒIL
- Énergique et plein d'entrain
- Attiré par l'eau
- Risque d'être en proie à l'ennui
- Robe facile d'entretien
- Besoin de beaucoup d'exercice
- Réceptif au dressage

	CARACTÉRISTIQUES	NOTES
Personnalité	Amical envers les gens qu'il connaît bien.	
Taille	Hauteur: 58-69 cm. Poids: non précisé pour cette race.	
Exercice	A besoin d'une bonne promenade chaque jour.	Surveillez-le près de l'eau, car il pourrait y plonger.
À la maison	Il est essentiel de lui donner l'occasion de jouer à la maison.	Jouez avec lui pour éviter qu'il s'ennuie.
Comportement	Désireux d'apprendre et réceptif au dressage; causera sans doute des dégâts s'il s'ennuie.	Variez les méthodes de dressage pour maintenir sa concentration.
Toilettage	Très peu de toilettage requis; pas de sous-poils; les femelles risquent de muer plus que les mâles, surtout quand elles sont en chaleur.	Donnez-lui un bain de temps à autre pour réduire l'« odeur de chien »; attention aux poils emmêlés.
Problèmes de santé communs	Dysplasie de la hanche; affections oculaires.	Assurez-vous que l'élevage a été examiné pour la dysplasie de la hanche.

Histoire

Voici l'un des plus anciens chiens rapporteurs dont l'ascendance remonte au vieil épagneul d'eau anglais, une race aujourd'hui éteinte. Créé en Angleterre, il compte aussi parmi ses ancêtres le terre-neuve de Saint-Jean, dont les descendants sont connus sous le nom de labrador (voir page 11). D'autres chiens rapporteurs, comme le chien d'eau irlandais (voir page 113), font partie de ses ancêtres, tout comme le grand caniche (voir page 106), qui a contribué à lui donner un poil plus fermement bouclé. Son apparence singulière lui a permis d'être bien représenté dans les expositions canines, quoique le labrador et le golden retriever lui aient ensuite damé le pion. Ce retriever à poil bouclé a vu son rôle décliner comme chien de chasse et d'utilité, son cousin à poil plat (flat-coated retriever) ayant aujourd'hui la faveur à ce titre.

Bien vérifier

Tout indique que la popularité du retriever à poil bouclé pourrait croître à nouveau. Car son croisement avec le caniche n'a pas seulement raffermi son poil bouclé, il a aussi réduit les risques de mue. Cela signifie qu'il est sans doute plus hypoallergénique que tout autre retriever. Il n'en demeure pas moins que les personnes souffrant d'allergies devraient passer un peu de temps avec un chiot de cette race pour s'en assurer avant d'en faire l'acquisition. Chaque chien diffère des autres à cet égard et, tel qu'il a été mentionné dans les pages précédentes, il n'existe pas de garantie absolue qu'il ne causera pas d'allergie.

Grands yeux
Les yeux en amande sont relativement grands.

Marron ou noir
La robe est marron ou noire. Quelques poils blancs peuvent apparaître, surtout sur la poitrine.

Pelage bouclé
Les poils courts et serrés collent à la peau et le protègent des intempéries.

6. Le fox-terrier à poil dur

Le fox-terrier à poil dur a une apparence très caractéristique et un tempérament très animé. Cette race fut extrêmement populaire de la fin du XIXe siècle jusqu'aux années 1930, lorsque d'autres races devinrent plus en vogue. Aujourd'hui, ce chien est relativement rare.

EN UN COUP D'ŒIL
- Courageux
- Combatif
- Belle apparence
- Toilettage professionnel requis à l'occasion
- Pas fait pour un environnement urbain

CARACTÉRISTIQUES		NOTES
Personnalité	Intrépide et curieux; très indépendant.	
Taille	Hauteur: jusqu'à 41 cm. Poids: jusqu'à 8 kg.	
Exercice	Actif et énergique.	Surveillez-le quand il n'a pas de laisse.
À la maison	N'est pas heureux en milieu urbain; creuse dans le jardin; chien de garde alerte.	
Comportement	Enjoué; adore chasser les rongeurs.	Consacrez-lui du temps pour jouer.
Toilettage	Les fox-terriers à poil dur et à poil lisse ne formèrent deux races distinctes aux É.-U. qu'à partir de 1984; brossage et toilettage professionnel du poil dense et rêche nécessaires.	Brossez-le plusieurs fois par semaine; offrez-lui des soins de toilettage professionnel trois ou quatre fois par année.
Problèmes de santé communs	Problèmes oculaires, dont l'atrophie progressive de la rétine (APR); épilepsie; dislocation rotulienne affectant les articulations tibio-fémorales.	Assurez-vous que l'élevage a été examiné pour l'APR; la dislocation rotulienne peut nécessiter une chirurgie correctrice.

Oreilles en V
Les oreilles sont petites, repliées aux extrémités et pendent vers l'avant.

Petits yeux
Les yeux sont relativement petits, sombres, circulaires et profondément enfoncés.

Longueur de la tête
Les mâles ont une tête plus longue que les femelles.

Couleur
La robe doit être principalement blanche, bien que la couleur ne soit pas particulièrement importante.

Histoire

Les fox-terriers furent conçus à l'origine pour repérer les renards et les déloger de leur tanière afin que les chiens de chasse les poursuivent ensuite. C'est dire que cette race est intrépide et déterminée. Jusqu'aux années 1870, les fox-terriers à poil dur et à poil lisse ne représentaient qu'une seule race. Puis on développa ces deux branches selon des critères distincts, encore qu'à bien des égards elles soient toujours assez proches. La coloration de leur robe constitua un trait de première importance; elle était foncée à l'origine, mais cela incitait parfois les chiens de chasse – qui les confondaient avec des renards – à les poursuivre lorsqu'ils émergeaient de sous la terre. C'est ainsi que le blanc devint leur couleur dominante.

Un déclin de popularité

La raison pour laquelle le fox-terrier à poil dur est moins répandu de nos jours tient sans doute à son tempérament. Si vous jetez votre dévolu sur ce chien, sachez que vous choisissez une race particulièrement têtue et indépendante, en plus d'autres traits typiques du terrier, dont une tendance à creuser la terre. Le dressage peut s'avérer complexe: vous aurez entre les mains un chien plein d'entrain, mais difficile à contrôler et surtout pas un toutou d'appartement. Il n'est pas recommandé aux foyers comptant de jeunes enfants, parce qu'il peut lui arriver de manifester de l'impatience.

7. Le bichon à poil frisé

Ayant évolué comme chien d'appartement, le bichon à poil frisé s'avère un excellent animal de compagnie.

EN UN COUP D'ŒIL

- Mignon et pelucheux
- Enjoué
- Toilettage élaboré requis
- S'adapte bien à la vie en appartement
- Confiant de nature

Histoire

Le nom de ce chien fournit un indice de son ascendance, « bichon » étant une forme abrégée de « barbichon », qui signifie littéralement « petit barbet », une race de chiens d'eau rapporteurs. Les origines de ce bichon sont aussi rappelées par son ancien nom de Tenerife, la plus grande des sept îles Canaries, l'archipel espagnol situé au nord-ouest de la côte africaine. On croit en effet que les Espagnols y amenèrent ces petits chiens lorsqu'ils colonisèrent les Canaries au XVIe siècle. À cette époque, la race changea sans doute quelque peu d'apparence, puis fit le chemin inverse vers l'Espagne, où elle devint prisée de la noblesse. La popularité de ce bichon déclina toutefois à la fin du XIXe siècle et il devint alors un animal de cirque. Ce n'est que depuis les années 1970 qu'il est de nouveau en vogue dans plusieurs pays, aussi bien comme animal de compagnie que comme chien d'exposition.

CARACTÉRISTIQUES		NOTES
Personnalité	Intelligent, animé et confiant.	
Taille	Hauteur : 23-30 cm. Poids : 3-5,4 kg.	Aucun poids n'est précisé dans la norme officielle de la race.
Exercice	Se contente de trotter dans le parc.	
À la maison	Compagnon doux et enjoué.	
Comportement	Actif et réceptif ; aime rester à proximité ; pas agressif envers les autres chiens.	Jouez à la balle avec lui.
Toilettage	Brossage, bains et taille des poils requis.	Brossez-le chaque jour ; baignez-le et taillez ses poils régulièrement ; toilettage professionnel tous les mois.
Problèmes de santé communs	Problèmes sanguins, dont l'anémie et la thrombocytopénie, qui nécessitent toutes deux un traitement urgent.	Surveillez les hémorragies cutanées, plus communes chez les lignées nord-américaines qu'européennes.

Une robe distinctive

Le bichon à poil frisé est étroitement apparenté à d'autres races semblables, telles que les bichons bolonais (voir page 77) et havanais (voir page 40), mais s'en distingue par sa double couche de poils bouclés. Cette robe exige un entretien beaucoup plus élaboré que celle de ses cousins. En revanche, le fait qu'il ne mue pas signifie que vous passerez aussi nettement moins de temps à ramasser des poils de chien un peu partout dans la maison.

Robe blanche
Le blanc domine, mais des teintes crème, abricot ou chamois peuvent être présentes près des oreilles ou sur le corps.

Yeux arrondis
Les yeux sombres et arrondis sont bordés d'une peau sombre, ce qui ajoute au charme de cet animal de compagnie.

Pattes avant
Les pattes avant sont droites et les coudes sont situés très près du corps.

Pieds félins
Les pieds arrondis ressemblent à ceux d'un chat.

8. Le chien d'eau irlandais

Même si certains le décrivent comme un épagneul, ce n'est pas le cas puisque ce dernier débusque ses proies dans les sous-bois. Il s'agit plutôt ici d'un rapporteur qui, dans son Irlande natale, plongeait dans l'eau pour en ramener le gibier à plumes abattu par les chasseurs.

EN UN COUP D'ŒIL

- Coloration unique
- Adore l'eau
- Actif
- Besoins modestes de toilettage
- Bon chien de garde
- Compagnon enthousiaste

Yeux en amande
Les yeux sont relativement petits et en amande, surmontés d'une touffe de poils.

Longues oreilles
Les oreilles lobulaires, couvertes de poils bouclés, sont attachées bas et retombent tout près de la tête.

Queue caractéristique
La queue très caractéristique n'est pas bouclée sur la majeure partie de sa longueur et s'effile jusqu'à un certain point.

CARACTÉRISTIQUES		NOTES
Personnalité	Exubérant, intelligent et doux; peut se montrer nerveux.	Favorisez la socialisation dès son tout jeune âge afin de prévenir la nervosité.
Taille	Hauteur: 56-61 cm. Poids: 25-29,4 kg.	
Exercice	Adore nager; ses pieds légèrement palmés témoignent de ses liens étroits avec l'eau.	Trouvez un lac ou un étang où il puisse nager en toute sécurité ou rendez-vous à un centre d'hydrothérapie canine.
À la maison	S'adapte bien à un foyer où il y a des enfants plus âgés.	
Comportement	Les chiots peuvent paraître maladroits; l'aboiement des chiens plus âgés est prononcé et intimidant.	Dressez-le à ne pas devenir surexcité.
Toilettage	Robe sans mue; la nage contribue à maintenir les poils bien bouclés.	Peignez les poils pour les empêcher de s'emmêler; taillez-les pour qu'ils demeurent propres.
Problèmes de santé communs	Cancer, en particulier du système lymphatique.	

Histoire

Les origines de cette race remontent au barbet et au chien d'eau anglais aujourd'hui disparu. Le grand caniche (voir page 106) pourrait aussi faire partie de son ascendance. Au milieu du XIXe siècle, une claire distinction s'établit entre le chien d'eau irlandais du sud, dont est issue la race actuelle, et celui du nord. Les différences tenaient essentiellement à leur coloration – la race du nord était de couleur marron et blanc – et à leurs oreilles – les oreilles des chiens du nord étaient courtes, largement dépouillées de poils longs, alors que celles des chiens du sud étaient plus grandes et offraient un pelage plus fourni.

Attributs uniques

Le chien d'eau irlandais est exclusivement destiné à un environnement champêtre. Mais vous devrez le tenir fermement en laisse à proximité de l'eau, car il risque d'y plonger. Ce chien bénéficie d'une bonne cuirasse grâce à son pelage dense, bouclé et imperméable qui le protège du froid. Sa robe donne l'impression d'être marron foncé ou dotée d'une teinte unique appelée puce. Mais ce qui distingue vraiment cette race des autres chiens rapporteurs, c'est sa petite queue: comme elle est exempte de franges de poils, certains la décrivent comme une «queue de rat».

9. L'airedale-terrier

Peu de chiens s'avèrent aussi polyvalents que ce terrier. Il fut messager durant la Première Guerre mondiale, puis employé comme chien policier, en plus d'être chien rapporteur de gibier à plumes, de pourchasser le cerf et d'exterminer les rats.

EN UN COUP D'ŒIL

- Très déterminé
- Pas très sociable
- Intelligent
- Bon chien de garde
- Toilettage exigeant
- Pas idéal pour un foyer avec de jeunes enfants

	CARACTÉRISTIQUES	NOTES
Personnalité	Intelligent, indépendant et déterminé ; peut s'avérer dominateur s'il n'est pas dressé adéquatement.	Favorisez la socialisation afin qu'il accepte les visiteurs.
Taille	Hauteur : 53-58 cm. Poids : 22,7-32 kg.	Il existe aux É.-U. une souche plus massive, l'oorang airedale, vouée à la chasse.
Exercice	Adore une bonne promenade quotidienne, de préférence à la campagne.	Gardez l'œil ouvert en présence d'autres chiens.
À la maison	Jaloux de son territoire ; bon chien de garde.	
Comportement	Apprend rapidement et s'adapte facilement.	Variez le dressage pour maintenir sa concentration.
Toilettage	Son poil dur, dense et rêche est à son mieux lorsqu'il est épilé à la main, quoique le taillage soit plus simple.	
Problèmes de santé communs	Dermatite (l'épilation à la main peut la prévenir) ; ballonnements.	Pas d'exercice après les repas pour prévenir les ballonnements.

Histoire

L'airedale-terrier provient de la vallée de l'Aire dans la région du Yorkshire en Angleterre, où il fut créé au XIXe siècle pour chasser la loutre. Il compte parmi ses ancêtres le chien à loutre, dont il a hérité la taille et les talents de pisteur, et le bull-terrier (voir page 28), qui lui a donné sa force et sa détermination, ainsi que le terrier noir et feu, une race aujourd'hui disparue qui a raffermi ces derniers traits, en plus de lui fournir son poil rêche et de favoriser son attirance pour l'eau. L'airedale est le plus massif des terriers issus d'Angleterre. Des tentatives ont été menées aux États-Unis pour le reclasser en raison de sa taille, mais en vain.

Puissante personnalité

L'airedale-terrier peut présenter par moments une vigoureuse personnalité, comme il faut s'y attendre d'une race qui fut à ses débuts un chien de combat. Cela peut présenter un inconvénient, dans la mesure où il ne reculera pas s'il est mis au défi. C'est aussi un chien très énergique, donc non recommandé à un foyer situé en milieu urbain. À la campagne, il est mieux en mesure de satisfaire ses besoins d'exercice, là où il peut explorer et est peu susceptible d'être en contact avec d'autres chiens. Le châtrage des mâles peut les rendre plus calmes. L'airedale est généralement obstiné, tout comme les autres terriers.

Crâne et yeux
Le crâne est long et plat ; les yeux sont petits et foncés.

Oreilles repliées
Les oreilles en V sont repliées et retombent de chaque côté de la tête.

Épaules et poitrine
Les omoplates sont aplaties et la poitrine profonde s'étend jusqu'au niveau des coudes.

Pattes et pieds
Les pattes avant sont droites et musclées, alors que les pieds sont petits et arrondis.

10. Le labradoodle

Aujourd'hui le mieux connu des « chiens griffés » – issus d'un croisement entre deux races distinctes –, le labradoodle a acquis une grande popularité en relativement peu de temps en partie grâce à sa nature amicale et réceptive.

EN UN COUP D'ŒIL

- Apparence variable
- Intelligent et amical
- Chien de famille idéal
- Large éventail de couleurs
- Dressage simple

Histoire

Le labradoodle (contraction de « labrador » et « poodle », nom du caniche en anglais) est issu d'un programme de reproduction conçu pour permettre aux personnes non voyantes de posséder un chien-guide même si elles souffrent d'allergies. Wally Conron, de l'Association australienne des chiens guides, se fit le promoteur d'un tel croisement entre le labrador (voir page 11) et le grand caniche (voir page 106) dans les années 1980. Le grand caniche était un choix idéal non seulement parce qu'il ne mue pas, mais aussi parce qu'il est intelligent, alors que le labrador servait déjà de chien-guide. Comme dans tous les cas de croisement, l'apparence des chiots peut varier considérablement, y compris au sein de la même portée, et ainsi ils ne sont pas tous hypoallergéniques.

	CARACTÉRISTIQUES	NOTES
Personnalité	Amical, fiable et affectueux.	
Taille	Hauteur: 43-61 cm. Poids: 14-35 kg.	Il n'existe pas de normes pour la taille.
Exercice	A besoin d'une bonne promenade; aime l'eau et est un bon nageur.	Promenez-le chaque jour.
À la maison	Idéal pour un foyer comptant des adolescents.	
Comportement	Apprend rapidement, mais peut se montrer sensible; peut être dressé à obéir à des signes de la main; débordant d'énergie.	Prodiguez-lui toujours des encouragements.
Toilettage	La plupart présentent aujourd'hui divers niveaux de poils. Le poil peut être laineux et bouclé (comme un caniche), cotonneux, doux et ondulé ou ressembler à celui du labrador.	
Problèmes de santé communs	Dysplasie de la hanche, une faiblesse qui affecte les deux races d'origine; atrophie progressive de la rétine (APR).	Assurez-vous que l'élevage a été examiné pour ces deux affections.

Faire l'acquisition d'un labradoodle

Les croisements sélectifs entre chiots de première génération existent depuis longtemps. Maintenant que la reproduction entre labradoodles est monnaie courante, une race clairement distincte en a émergé. Considéré non pas simplement comme un chien d'utilité, le labradoodle est aussi devenu un animal de compagnie idéal, en particulier pour les personnes souffrant d'allergies.

Robe
L'apparence de la robe varie, la coloration du labradoodle reflétant celle des races parentes.

Pattes puissantes et poitrine profonde
Ces chiens se distinguent par leurs pattes avant puissantes et droites ainsi que par leur poitrine relativement profonde.

Queue épaisse
La queue est relativement longue et très épaisse.

Des chiens destinés aux maîtres d'expérience, habitués au dressage des chiens, aux gens qui n'ont pas d'enfants et à ceux qui vivent dans des régions isolées.

Rottweiler

Les chiens de garde

Terrier noir de Russie

Pensez-y bien avant de faire l'acquisition d'un des chiens figurant dans ce chapitre. Même s'ils sont généralement amicaux et loyaux envers les gens qu'ils connaissent bien, ils sont instinctivement méfiants à l'endroit des étrangers et n'acceptent pas d'emblée les visiteurs. Cela peut poser certains problèmes si vous avez de jeunes enfants, car leurs amis seront facilement intimidés par des chiens de ce type et pourraient craindre d'aller chez vous.

Comme il faut également s'y attendre, la plupart de ces bêtes massives et puissantes peuvent s'avérer difficiles à maîtriser, en particulier quand elles sont libérées de leur laisse. Elles ont tendance à se montrer dominantes et ne reculeront pas facilement si on les provoque. Cela signifie que, hors du foyer, il peut être très difficile de les retenir si elles rencontrent un chien du même type. Toutefois, les représentants de ces races sont bien moins agressifs que par le passé, puisque ce sont aujourd'hui surtout des chiens d'exposition. Ils sont très intelligents, comme en témoigne le dobermann, souvent utilisé comme chien policier. La clé, c'est le dressage. Si vous ne possédez pas d'expérience dans ce domaine, mieux vaut envisager l'acquisition d'une autre race.

Akita inu

1. Le dobermann

Cette race fut connue à l'origine sous le nom de pinscher de Thuringe, d'après la région d'Allemagne dont elle est issue, mais elle fut renommée dobermann pinscher en 1899, commémorant ainsi le nom de son créateur, décédé quatre ans auparavant.

EN UN COUP D'ŒIL

- Dominateur d'instinct
- Apparence élégante
- Carrure puissante
- Loyal et réceptif
- Plein d'entrain
- Athlétique

Cou solide
Le cou bien musclé s'élargit en direction du corps.

Couleurs
La robe peut être noire, bleue, rousse ou fauve avec une petite tache blanche sur la poitrine.

Taches de rouille
Le dobermann présente des taches de rouille au-dessus des yeux, sur le museau et la gorge ainsi que sur la poitrine, les pattes, les pieds et la queue.

Pieds félins
Les pieds, semblables à ceux d'un chat, sont bien arqués.

Histoire

Cette race fut conçue dans les années 1870 par Louis Dobermann, qui fit appel pour ce faire à toute une variété de chiens, bien qu'il ne subsiste aucun registre de la manière dont cela fut réalisé. Ce qu'on sait toutefois, c'est que des chiens sans pedigree furent utilisés. Il croisa certaines de ces bêtes avec des pinschers allemands, puis recourut à tout un éventail de races, dont le chien d'arrêt allemand et le lévrier anglais (voir page 52) ainsi que des chiens de garde tels que le rottweiler (voir page 120). Son objectif : créer une race qui paraîtrait agressive – et pourrait l'être au besoin. Aujourd'hui, dans certains pays, dont les États-Unis, le nom « doberman » prend un seul n.

Popularité mondiale

Le dobermann compte des adeptes à l'échelle mondiale et est fréquemment employé comme chien policier ou chien de patrouille pour protéger la propriété. Féroce et intrépide s'il est mis au défi, il doit être dressé dès son tout jeune âge si on veut l'empêcher de devenir dominant et combatif. Même s'il demeure méfiant à l'égard des visiteurs, il peut être un compagnon affectueux et loyal pour les gens qu'il connaît bien. Il peut aussi faire preuve de douceur, comme en témoignent les dobermanns dressés pour servir de chiens-guides aux personnes non voyantes.

	CARACTÉRISTIQUES	NOTES
Personnalité	Dominant et intelligent ; moins agressif que par le passé ; très loyal envers les membres de la famille.	Favorisez la socialisation dès son plus jeune âge pour minimiser les risques de conflit.
Taille	Hauteur : 61-71 cm. Poids : 27-45 kg.	
Exercice	A besoin de beaucoup d'occasions de courir, sinon il risque de s'ennuyer.	L'exercice quotidien s'impose.
À la maison	Chien de garde alerte ; il existe des races plus calmes convenant mieux à un foyer avec de jeunes enfants ; déconseillé aux néophytes.	
Comportement	Plein d'entrain.	Impliquez tous les membres plus âgés de la famille dans le dressage pour l'empêcher de devenir dominant.
Toilettage	Les besoins de toilettage sont minimaux, en raison de son poil lisse.	Brossez-le avec un gant de toilettage pour chien.
Problèmes de santé communs	Affections de la peau ; allergies alimentaires.	Les puces peuvent déclencher des réactions indésirables ; il existe des aliments hypoallergéniques.

2. L'akita inu

Cette race porte le nom d'une préfecture du nord du Japon située sur l'île de Honshu, où elle a été conçue. Comme son apparence en témoigne, l'akita inu est un spitz. Ses ancêtres étaient probablement originaires des régions nordiques de l'Asie continentale.

EN UN COUP D'ŒIL

- Brave et loyal
- Peu sociable envers les autres chiens
- Puissant en laisse
- Besoins de toilettage modérés
- Énergique

Histoire

À ses débuts, il y a 400 ans, l'akita inu était un chien de combat. Plus tard, il fut apprécié comme chien policier et chien de garde. Sa bravoure fut aussi mise à l'épreuve comme chasseur d'ours et de sanglier. Il poursuivait également le cerf, si bien qu'on lui donna le nom de lévrier japonais. L'évolution de l'akita inu vers la race actuelle débuta dans les années 1920, en grande partie grâce aux efforts d'un éleveur nommé Hiroshi Saito. Sa popularité monta en flèche dans les années 1980 ; il compte actuellement des adeptes dans le monde entier.

Un compagnon dévoué

La loyauté de l'akita inu fut illustrée par un chien nommé Hachi, dont le dévouement capta l'attention de tout le Japon. Chaque matin à Tokyo, il accompagnait le professeur Eizaburo Ueno à la gare, d'où celui-ci prenait le train jusqu'à l'université, et le soir il attendait son maître devant la gare pour revenir avec lui à la maison. Un soir de 1925, le chien était à son poste comme d'habitude, mais M. Ueno ne s'y est pas présenté – il était décédé à son bureau dans la journée. Tous les jours jusqu'à sa mort neuf ans plus tard, Hachi attendit son maître devant la gare. Désormais, une statue de bronze érigée devant l'édifice rappelle ce modèle de fidélité. Aujourd'hui, l'akita inu est reconnu comme monument national au Japon.

CARACTÉRISTIQUES		NOTES
Personnalité	Déterminé, indépendant, loyal et affectueux.	
Taille	Hauteur : 61-71 cm. Poids : 32-59 kg.	Les mâles sont sensiblement plus gros que les femelles.
Exercice	A besoin chaque jour d'une longue promenade ou de courir sans laisse.	Évitez les zones où un conflit pourrait survenir ; assurez-vous de bien le maîtriser avant de le libérer de sa laisse.
À la maison	Bon chien de garde ; peut ne pas vivre en harmonie avec un chat.	
Comportement	Il arrive fréquemment qu'il ne s'entende pas avec d'autres chiens ; pas particulièrement réceptif au dressage.	Soyez ferme lors du dressage.
Toilettage	Double pelage dense ; le toilettage s'impose plus au printemps, lors de la mue.	Brossez-le régulièrement.
Problèmes de santé communs	Dysplasie de la hanche ; problèmes oculaires ; myasthénie grave acquise qui se traduit par une difficulté à avaler et une salivation excessive.	Assurez-vous que l'élevage a été examiné pour la dysplasie de la hanche ; surveillez les symptômes de myasthénie.

Crâne puissant *Le crâne large et puissant arbore un large museau et repose sur un cou épais et musclé.*

Queue en plumet *La queue dotée d'un plumet touffu se courbe vers l'avant en retombant vers le dos, à la façon typique des spitz.*

Épaules et pattes *Les épaules courtes et puissantes sont reliées à des pattes avant fortes et droites, les coudes demeurant tout près du corps.*

Couleurs *Les couleurs de l'akita inu sont variables, mais les taches – s'il y en a – doivent être bien équilibrées par rapport au reste de la robe.*

3. Le rottweiler

L'apparence nettement plus trapue du rottweiler, aussi appelé bouvier allemand, contribue à le distinguer du dobermann. Ce chien doté de forts instincts protecteurs est, malheureusement, officiellement considéré comme une race dangereuse dans certains pays.

EN UN COUP D'ŒIL

- Carrure musclée
- Courageux et intrépide
- Méfiant à l'égard des étrangers
- Réceptif
- Un dressage adéquat est essentiel
- Fort et déterminé
- Pas nerveux de nature

Robe noire
La robe noire est parsemée de taches dont les teintes varient de rouille à acajou.

Traits accentués
Le museau et la truffe sont larges.

Poitrine profonde
La poitrine large et profonde s'étend jusqu'au niveau des coudes.

Pieds compacts
Les pieds, arrondis et compacts, sont dotés de coussinets épais et durs et d'ongles noirs.

Histoire

Le rottweiler tient son nom de la ville de Rottweil, dans le sud de l'Allemagne. Ce chien fut conçu à la fois pour mener le bétail au marché et pour protéger l'argent de son maître, qu'il transportait dans une trousse spéciale attachée à son cou. Lorsqu'on commença à transporter le bétail par train, la race se mit à péricliter et au début du XXe siècle, elle était en voie d'extinction. Peu après, son rôle de chien de garde et de chien policier lui permit (pour ainsi dire) de reprendre du poil de la bête avant de gagner les stands d'expositions canines dans les années 1930.

Un chien qu'il faut savoir maîtriser

La réputation de la race a été ternie par certains maîtres incompétents qui ont cherché à exploiter son côté agressif. Le rottweiler a ainsi été victime de mauvaise presse au cours des dernières années, mais s'il subit un entraînement adéquat, il s'avère un excellent compagnon. Cependant, il ne convient pas à un foyer comptant de jeunes enfants susceptibles de le taquiner ou même de le blesser, ce qui pourrait entraîner une réponse agressive. Ce bouvier est extrêmement puissant et on doit lui apprendre dès le très jeune âge à ne pas tirer sur sa laisse lors de la promenade. Ne laissez pas ce chien prendre le dessus : il faut qu'il sache qu'il doit être soumis aux membres de la famille. Voilà pourquoi il est important de les impliquer tous dans son dressage.

CARACTÉRISTIQUES		NOTES
Personnalité	Intrépide et intelligent ; très protecteur ; peu susceptible de bien accueillir les visiteurs.	Favorisez la socialisation dès son plus jeune âge pour éviter un tel comportement.
Taille	Hauteur : 56-69 cm. Poids : 42-50 kg.	Surveillez son poids.
Exercice	Peut être agressif envers les autres chiens lors de la promenade.	Faites châtrer les jeunes mâles pour refréner un tel comportement ; évitez les autres chiens.
À la maison	Jaloux de son territoire.	Impliquez tous les membres de la famille dans le dressage.
Comportement	Brave ; ne reculera pas s'il est menacé.	
Toilettage	Son poil doux doit paraître brillant.	Brossez-le au besoin.
Problèmes de santé communs	Vulnérable à l'obésité et aux complications qui s'y rattachent telles les maladies cardiaques ; le châtrage entraîne généralement un gain de poids.	

4. Le bouvier des Flandres

EN UN COUP D'ŒIL

- Apparence hirsute caractéristique
- Amical
- N'accepte pas facilement les étrangers
- Robe à l'épreuve des intempéries
- Déterminé

Le mot « bouvier », qui signifie « gardien de bovins », témoigne du premier emploi du bouvier des Flandres. Bien sûr, ce chien peut aussi garder d'autres types de bétail, tirer des charrettes et s'avérer un bon chien de famille !

Histoire

Plusieurs variétés locales de bouviers ont existé en Belgique, où elles ont gardé les troupeaux pendant des siècles. Mais au lendemain de la Première Guerre mondiale, la plupart d'entre elles – dont le bouvier de Paret – ont disparu. Aujourd'hui, le bouvier des Flandres est la plus répandue des deux espèces survivantes, l'autre étant le bouvier des Ardennes. La capacité d'adaptation du bouvier des Flandres – on l'utilisait entre autres comme messager – a contribué à sa survie. Les origines précises de la race ne sont pas connues, mais le schnauzer géant (voir page 126) et le berger de Beauce (voir page 134) font sans doute partie de son ascendance. Traditionnellement, on lui coupait les oreilles dont il ne restait que de petites pointes ; autrement, elles retombent de chaque côté de la tête.

De la ferme aux expositions

Ce chien a fait son apparition dans les expositions canines juste avant la Première Guerre mondiale, et il n'est pas rare de l'y voir de nos jours, surtout si la compétition est de niveau international. Ses traits faciaux – les sourcils clairement visibles et les poils plus longs formant moustache et barbe autour de la gueule – ajoutent à son charme quand on le regarde de près. Comme il a un physique imposant, une nature déterminée et se méfie des étrangers, il faut travailler sa socialisation dès le jeune âge afin de limiter sa méfiance.

CARACTÉRISTIQUES		NOTES
Personnalité	Intelligent, loyal et très calme ; pas très agressif de nature ; peu susceptible d'accepter d'emblée les étrangers.	Gardez l'œil ouvert en présence de visiteurs.
Taille	Hauteur : 56-71 cm. Poids : 27-54,4 kg.	
Exercice	Il est essentiel de le faire courir chaque jour.	Tenez-le loin du bétail, car il pourrait le prendre en chasse ; évitez les autres chiens car il pourrait réprouver leur présence.
À la maison	Très protecteur.	
Comportement	Obéissant et réceptif au dressage.	Soyez constant dans vos habitudes de dressage.
Toilettage	Double pelage épais ; le toilettage est très simple.	Brossez et taillez ses poils, au besoin.
Problèmes de santé communs	Dysplasie de la hanche ; cataractes.	Assurez-vous que l'élevage a été testé pour ces affections.

Oreilles alertes
Les oreilles alertes sont attachées haut sur la tête. La paroi interne de chaque oreille doit s'aligner sur le coin extérieur de l'œil correspondant.

Tête touffue
La tête relativement large comporte une touffe de longs poils formant une barbe et une moustache.

Couleurs
La robe peut varier du fauve au noir en passant par le gris, le poivre et sel et les motifs tachetés.

5. Le kuvasz

Le nom peu commun de ce gardien de troupeau d'origine hongroise proviendrait du turc *kawasz*, qui signifie « garde armé », ce qui décrit assez bien l'esprit dans lequel ce chien gardait les troupeaux de moutons, en particulier après la tombée de la nuit, quand les loups étaient spécialement menaçants.

EN UN COUP D'ŒIL

- Apparence magnifique
- Gros appétit
- Chien massif
- Le dressage peut s'avérer difficile
- Souvent bruyant de nature
- N'accepte pas d'emblée les étrangers

Histoire

Les ancêtres du kuvasz sont probablement arrivés en Hongrie en provenance de la Turquie il y a environ 900 ans. À mesure que le nombre de loups déclinait, il devenait essentiellement un chien de garde. Presque éteinte au lendemain de la Seconde Guerre mondiale, la race connut un regain de faveur, notamment dans les expositions canines des deux côtés de l'Atlantique, et ses effectifs augmentèrent. Bien que moins répandue aujourd'hui, son avenir n'en est pas moins assuré. Le museau du kuvasz s'effile en direction de la truffe, ce qui le distingue des autres races semblables telles que le berger polonais des Tatras, bien que les deux races n'occupent pas le même territoire.

Un compagnon dévoué

Tout comme les autres chiens de même carrure, le kuvasz est très dévoué envers sa famille, mais il peut se montrer réservé, voire hostile, vis-à-vis des étrangers. Un dressage adéquat dès le plus jeune âge s'impose afin de bien le contrôler. Il est également important, parallèlement, de travailler sa socialisation afin qu'il devienne plus tolérant. Les chiots de cette race sont particulièrement enjoués et apprennent vite. C'est aussi à ce stade qu'il faut les dresser à ne pas aboyer inconsidérément, sinon ils risquent d'être bruyants à l'âge adulte. Le poil devrait être bouclé, mais il peut arriver qu'il soit raide.

Yeux marron
Les yeux marron foncé, en amande, sont bien espacés et légèrement bridés.

Oreilles en V
Les oreilles ne doivent pas s'étendre au-dessus du sommet de la tête.

Robe blanche
La robe est blanche, ce qui permet à ces chiens de se confondre avec les moutons.

Pattes frangées
L'arrière des pattes avant est couvert de poils frangés.

CARACTÉRISTIQUES		NOTES
Personnalité	Intelligent et protecteur ; brave, comme le démontre son passé ; n'acceptera pas d'emblée vos amis.	Surveillez-le en présence d'autres personnes.
Taille	Hauteur : 66-76 cm. Poids : 34-52 kg.	Les mâles sont beaucoup plus gros que les femelles.
Exercice	Il est vital de lui donner beaucoup d'occasions de se promener, car il déborde d'énergie.	Ne soumettez pas les jeunes chiots à un excès d'exercice.
À la maison		Soyez toujours vigilant à l'approche d'étrangers.
Comportement	Calme au travail ; les chiots sont étonnamment enjoués.	
Toilettage	Le brossage est requis, ainsi qu'un bain à l'occasion ; au début, le bain risque d'aplatir sa robe.	Vous pouvez utiliser une étrille.
Problèmes de santé communs	Dysplasie de la hanche.	Assurez-vous que l'élevage a été testé pour la dysplasie de la hanche.

6. Le bullmastiff

En dépit de sa taille, le bullmastiff n'est pas un chien agressif, mais il a besoin de beaucoup d'espace et il est dispendieux à nourrir. Il est doté de forts instincts de protection et s'avère un gardien efficace ainsi qu'un bon chien de famille.

EN UN COUP D'ŒIL

- Très puissant
- Le dressage peut poser des problèmes
- Bien disposé envers la famille immédiate
- Robe facile d'entretien
- Nature indépendante

	CARACTÉRISTIQUES	NOTES
Personnalité	Placide mais déterminé ; calme de nature.	
Taille	Hauteur : 61-69 cm. Poids : 45-59 kg.	Les mâles sont souvent beaucoup plus gros que les femelles.
Exercice	On doit le promener tous les jours.	Évitez l'exercice dans les moments les plus chauds de la journée pour prévenir les coups de chaleur.
À la maison	Trop gros pour un foyer avec des enfants ; il lui faut un grand jardin ; peut devenir dévoué envers la famille.	Assurez-vous que le jardin est bien clôturé.
Comportement	Très indépendant ; ne devrait pas être agressif.	
Toilettage	Le toilettage est simple, mais doit être plus fréquent durant la mue.	Brossez-le, au besoin.
Problèmes de santé communs	Dysplasie de la hanche ; hypothyroïdie ; cancer du système lymphatique ; comme tous les gros chiens, peut vivre moins de 10 ans.	Assurez-vous que l'élevage a été testé pour la dysplasie de la hanche.

Couleurs
La robe peut être fauve, rousse ou tachetée. Il peut y avoir une minuscule zone de blanc sur la poitrine.

Yeux foncés
Les yeux foncés, de taille moyenne, contribuent à l'expression alerte de cette race.

Large museau
La longueur du museau large et profond fait environ le tiers de la tête.

Pattes et pieds
Les pattes avant, qui sont droites et charpentées, se terminent sur des pieds de taille moyenne dotés d'ongles noirs. Les coussinets sont épais et durs.

Histoire

Le bullmastiff fut créé dans un but bien précis. À la fin du XIXe siècle, les gardes-chasses anglais étaient menacés par des groupes de braconniers. Pour les aider, on conçut le bullmastiff à partir de croisements entre des bouledogues anglais (voir page 162) et des mastiffs (voir page 124). Les bouledogues étaient alors beaucoup plus gros, actifs et agressifs que ceux d'aujourd'hui, tandis que les mastiffs étaient extrêmement puissants mais relativement calmes. Il en résulta un chien plus rapide et déterminé, suffisamment fort pour rejoindre un homme et l'immobiliser, mais sans lui infliger de blessures graves. Depuis sa reconnaissance à des fins d'exposition en 1924, la pureté de la race a été maintenue.

La race actuelle

Le bullmastiff actuel est très amical, bien qu'il ait conservé toute sa puissance. Son apparence s'est quelque peu modifiée, notamment sa robe, plus souvent fauve que tachetée. Il est encore très protecteur et veillera sur la famille avec dévouement. Le dressage peut poser des problèmes. Si votre chiot devient rétif, il vous faudra peut-être une aide professionnelle, et le plus tôt sera le mieux, compte tenu de la taille et de la force du chien adulte.

7. Le mastiff

Encore plus gros que le bullmastiff, le mastiff, qu'on appelle aussi dogue anglais, provient d'une longue lignée. Même si ce chien incroyablement puissant s'adapte bien à un foyer avec des enfants, ces derniers auraient beaucoup de difficulté à le maîtriser compte tenu de sa force.

	CARACTÉRISTIQUES	NOTES
Personnalité	Dévoué, digne et déterminé; courageux et loyal.	
Taille	Hauteur: 69-76 cm. Poids: 54,4-113 kg.	
Exercice	A besoin d'une bonne promenade; n'aime pas beaucoup la course.	Promenez-le chaque jour.
À la maison	Alerte à l'approche d'étrangers.	Surveillez-le en présence d'étrangers.
Comportement	Réagit aux menaces; le dressage assure un bon niveau de communication; généralement digne de confiance avec les chats.	Le dressage ferme est essentiel; tous les membres plus âgés de la famille doivent être impliqués.
Toilettage	Ses besoins de toilettage sont modestes, grâce à son poil court et lisse.	Surveillez les possibles infections cutanées dans les plis de la tête.
Problèmes de santé communs	Dysplasie de la hanche; ballonnements menant à une torsion gastrique.	Assurez-vous que l'élevage a été testé pour la dysplasie de la hanche; évitez l'exercice après les repas pour prévenir les ballonnements.

Histoire

Le mastiff est probablement originaire d'Asie; il a passé par l'ancienne route de la Soie pour aboutir en Méditerranée, puis en Grande-Bretagne. Quand les Romains y débarquèrent en 55 av. J.-C, ils affrontèrent des chiens qu'ils apprécièrent à un tel point qu'ils en ramenèrent à Rome. Pendant des siècles, le mastiff fut employé comme chien de guerre en plus de combattre des ours dans des concours et de chasser le loup. Mais au début du XXe siècle, la race était en voie d'extinction. Les efforts de relance furent sapés par la Deuxième Guerre mondiale, puis le nombre de mastiffs augmenta grâce à des importations en provenance d'Amérique du Nord.

Un gentil géant

Le mastiff n'est toujours pas très répandu de nos jours, ce qui s'explique notamment par le coût et l'espace qu'exige son entretien. Il s'agit de l'une des races les plus lourdes qui soient et son appétit est à l'avenant! Ce chien est généralement calme, facile à vivre et très loyal. S'il se sent menacé, cependant, il réagira d'instinct de façon agressive. Comme les autres races massives, le mastiff est lent à se développer et il est recommandé de limiter l'exercice des chiots les deux premières années afin de prévenir les problèmes d'articulation à l'âge adulte.

EN UN COUP D'ŒIL

- Véritable poids lourd du monde canin
- Agressif seulement si on le provoque
- Entretien onéreux
- Amical de nature
- Dressage adéquat essentiel

Couleurs
La robe peut être de couleur abricot, fauve ou tachetée de stries foncées. Le museau, la truffe et les oreilles sont toujours noirs.

Cou musclé
Le cou est très puissant et musclé et sa taille s'élargit vers les épaules.

Poitrine profonde
La poitrine large et profonde est arrondie et s'étend jusqu'au niveau des coudes.

8. Le terrier écossais

Même si les autres races présentées dans ce chapitre sont plutôt massives, ne vous fiez surtout pas à l'apparence bizarre du terrier écossais, surnommé affectueusement « scottie ». C'est un chien de garde alerte et déterminé, qui ne sympathise pas d'emblée avec les étrangers.

EN UN COUP D'ŒIL

- Apparence peu commune
- Plutôt téméraire
- Peu sociable envers les autres chiens, surtout les terriers
- Chien de garde alerte
- Chasse les animaux nuisibles

Histoire

La bravoure de ces bêtes est telle que la meute de terriers écossais du comte de Dumbarton, à la fin du XIXe siècle, fut appelée Diehards (Les Irréductibles). C'est ainsi que son régiment, le Royal Scots, fut surnommé « Dumbarton Diehards ». Les origines de cette race remontent au XVe siècle. Cette proche parente du skye-terrier fut aussi connue sous diverses appellations, dont terrier des Highlands et terrier d'Aberdeen. Elle acquit ce dernier nom à la fin du XIXe siècle, non seulement parce qu'elle était répandue dans cette région d'Écosse, mais aussi parce qu'un éleveur, J. A. Adamson, devint célèbre pour sa lignée de terriers. Dans les années 1930, le terrier écossais était l'une des races les plus populaires aux États-Unis ; un peu plus tard, le président Franklin D. Roosevelt en devint un adepte.

Une nature courageuse

Le terrier écossais est un excellent chien de garde qui n'aboie généralement que lorsqu'il détecte quelque chose d'inquiétant. Il n'accepte pas facilement les étrangers et a même tendance à s'attacher plus à certains membres de la famille qu'à d'autres. Sa nature courageuse est illustrée par le fait qu'il fut utilisé pour déloger les blaireaux de leurs refuges souterrains. Il n'est pas très bien disposé envers les autres chiens, encore que l'apprentissage de la socialisation à un tout jeune âge puisse amoindrir cette tendance jusqu'à un certain point.

CARACTÉRISTIQUES		NOTES
Personnalité	Sûr de lui ; intelligent ; s'adapte bien aux situations ; méfiant envers les étrangers.	Surveillez-le en présence d'autres chiens.
Taille	Hauteur : 25 cm. Poids : 8,6-10,4 kg.	
Exercice	Aime bien trotter ; agile et rapide.	Offrez-lui une promenade quotidienne ; attention quand il y a d'autres chiens, surtout des terriers !
À la maison	Pas idéal pour un foyer avec des enfants.	
Comportement	Peut être têtu à l'occasion ; peut ne pas bien s'entendre avec les chats ; indépendant.	Soyez persévérant dans le dressage.
Toilettage	Pelage double ; le toilettage est essentiel.	Brossez-le chaque semaine ; toilettage professionnel toutes les 6 à 8 semaines.
Problèmes de santé communs	Risques de divers cancers plus élevés que la moyenne ; cancer de la vessie associé plus communément à cette race ; crampe du terrier écossais qui affecte le mouvement après l'exercice.	Surveillez les signes de la crampe, notamment les spasmes temporaires.

Oreilles en pointe
Les oreilles sont attachées haut sur la tête et se terminent en pointe.

Couleurs
La robe peut être noire, dorée ou tachetée. Il peut y avoir des poils blanchâtres sur la robe des chiens noirs ou tachetés.

Long museau
Le long museau se termine par une truffe imposante et noire.

Pattes avant
Les pattes avant se prolongent sur des pieds arrondis et plus gros que les pieds arrière.

9. Le schnauzer géant

Le nom de ce groupe de chiens provient de l'allemand *Schnauze*, qui signifie « museau ». Ce nom reflète le museau relativement large de cette race, lequel est couvert de longs poils souvent décrits comme formant une moustache.

EN UN COUP D'ŒIL

- La plus massive des races de schnauzers
- Intelligent
- Chien d'utilité capable de s'adapter
- Toilettage professionnel recommandé
- Amical envers les membres de la famille

	CARACTÉRISTIQUES	NOTES
Personnalité	Intelligent et déterminé ; peut être dominant ; peu accueillant envers les étrangers.	Surveillez-le en présence d'étrangers.
Taille	Hauteur : 58-71 cm. Poids : 25-36 kg.	
Exercice	A besoin de beaucoup d'exercice et d'occasions de courir.	Faites-lui faire de l'exercice pendant sa longue promenade quotidienne.
À la maison	Pas fait pour la vie en appartement.	
Comportement	Énergique ; son aboiement est bruyant et intimidant ; réceptif au dressage, qui devrait débuter dès son jeune âge.	Favorisez la socialisation lorsqu'il est jeune, de façon qu'il s'habitue à la présence des gens et d'autres chiens.
Toilettage	Le peignage et le brossage sont essentiels, en particulier pour le sous-poil ; pour le garder propre, l'épilation des poils à la main est recommandée.	Toilettez-le chaque semaine ; taillez les poils plus longs autour des yeux et des oreilles.
Problèmes de santé communs	Dysplasie de la hanche ; épilepsie ; le cancer est une cause de mortalité fréquente chez cette race.	Assurez-vous que l'élevage a été testé pour la dysplasie de la hanche.

Histoire

La forme ancestrale de cette race était le schnauzer moyen, qui servait traditionnellement pour la chasse aux rongeurs. Puis des fermiers bavarois conçurent le schnauzer géant pour garder les troupeaux, augmentant sa taille par croisements avec d'autres races allemandes, dont le rottweiler (voir page 120) et le dogue allemand (voir page 82). D'abord utilisés pour mener les bestiaux, les schnauzers géants furent ensuite employés comme chiens policiers et chiens de garde, notamment dans les brasseries. Ils devinrent également populaires comme chiens d'exposition et animaux de compagnie.

À la maison

L'intelligence naturelle du schnauzer géant lui permet de très bien s'adapter à un environnement familial, bien qu'il soit souvent méfiant à l'endroit des visiteurs. Cela peut causer des problèmes à vos enfants et à leurs amis. Dans le passé, on coupait souvent les oreilles de ces bêtes afin de leur donner une apparence plus féroce, mais désormais on les laisse généralement retomber de chaque côté de la tête. Il ne faut toutefois pas négliger les exigences en matière de toilettage : l'apparence du schnauzer géant sera nettement mieux si sa robe est taillée à la main au moins tous les six mois afin de la débarrasser des poils lâches, plutôt que de la raser.

10. Le terrier noir de Russie

Cette race peu commune fut créée pendant la guerre froide par l'armée soviétique. Depuis la dissolution de l'Union soviétique, son usage a été démilitarisé et il connaît désormais une bonne notoriété en Occident comme ailleurs.

EN UN COUP D'ŒIL

- Robe noire dense
- Race récente
- Tempérament très stable
- Apparence impressionnante
- Mue très peu
- Relativement facile à dresser

Histoire

Plus de 17 races différentes ont contribué à l'ascendance du terrier noir de Russie, mais sa coloration provient probablement du schnauzer géant (voir page 126). L'airedale-terrier (voir page 114) compte aussi parmi ses ancêtres, tout comme le rottweiler (voir page 120). L'objectif du projet était de créer un chien de garde assez robuste pour travailler dans des conditions climatiques extrêmes tout en étant doté d'un tempérament fiable. Ce n'est qu'en 1957, 10 ans après le début du projet, que des civils furent autorisés à posséder ce chien. Les éleveurs s'attachèrent par la suite à normaliser son apparence.

Capacités d'adaptation

Le terrier noir de Russie, dont le nom rappelle ses ancêtres airedales-terriers, a obtenu la pleine reconnaissance de l'American Kennel Club en 2004. Cette race s'est avérée très polyvalente, obtenant du succès non seulement dans les expositions canines, mais aussi dans les concours d'obéissance et d'agilité, ce qui démontre l'ampleur de ses talents. Le seul inconvénient digne de mention demeure, aux yeux de certains, la remarquable endurance de ce chien, qui requiert énormément d'exercice.

CARACTÉRISTIQUES		NOTES
Personnalité	Intelligent, loyal, réceptif; méfiant à l'endroit des étrangers.	Surveillez-le en présence d'étrangers.
Taille	Hauteur: 66-76 cm. Poids: 35-70 kg.	
Exercice	A besoin de beaucoup d'exercice; possède énormément d'endurance.	Faites-lui faire de l'exercice durant ses longues promenades.
À la maison	Chien de garde empressé.	
Comportement	Réceptif, mais requiert un dressage ferme dès son plus jeune âge.	Dressez-le et tenez-le occupé pour ne pas qu'il s'ennuie et devienne destructeur.
Toilettage	Les mâles ont une petite crinière de poils plus longs autour du cou; mue peu abondante.	Brossez-le et peignez-le une ou deux fois par semaine.
Problèmes de santé communs	Dysplasie de la hanche; atrophie progressive de la rétine (APR).	Assurez-vous que l'élevage a été testé pour ces affections.

Des chiens **pour les gens qui recherchent plus qu'un compagnon tranquille, pour les familles comptant de grands enfants, pour les personnes seules vivant en dehors des milieux urbains et pour ceux qui ont pris une retraite précoce et aiment la marche.**

Berger australien

Parson jack russell-terrier

Les chiens superintelligents

Les gens s'émerveillent de l'intelligence de certains chiens d'utilité comme le border collie. Malheureusement, ces derniers ne font pas particulièrement de bons compagnons. C'est que leurs instincts de travailleurs sont à ce point ancrés qu'ils s'adaptent mal à un environnement domestique. En l'absence de stimulation mentale suffisante, le chien cède ainsi à l'ennui, adopte un comportement destructeur et se conduit généralement mal. Il ne faut pas oublier non plus que les véritables chiens de troupeaux sont pleins d'énergie et ont besoin de courir à l'air libre, plutôt que d'être enfermés à la maison.

Néanmoins, certaines races de petits chiens ont de grandes facultés d'adaptation, tel le papillon, un excellent animal de compagnie. Les terriers sont aussi pleins de ressources, mais ils ne conviennent pas à un foyer comptant de jeunes enfants, car ils peuvent être irritables à l'occasion. Parmi les races plus massives réputées pour leur intelligence figurent le berger allemand et le berger de Beauce, moins connu, ainsi que le berger australien, lesquels ont tous été employés comme chiens policiers, ce qui témoigne de leur polyvalence. Les bâtards sont aussi renommés pour leur débrouillardise et sont disponibles dans toute une variété de formats.

Berger allemand

1. Le border collie

Ces colleys, qui ont acquis une compréhension presque intuitive du travail de ferme, figurent parmi les chiens les plus intelligents qui soient. Au fil des siècles, les bergers et leurs chiens ont élaboré un mode de communication spécial basé sur le sifflement et les gestes de la main.

EN UN COUP D'ŒIL

- Extrêmement intelligent
- Très réceptif
- Généralement le chien d'un seul maître
- Énergie incroyable
- Robuste

Histoire

Le border collie, originaire de la région frontalière unissant l'Écosse et l'Angleterre (*border* signifiant « frontière » en anglais), y demeure toujours aussi populaire comme chien de berger. Cette race connut la notoriété vers les années 1870, lors des premiers concours d'habiletés pour chiens de berger, et depuis, ses talents ont été appréciés par un nombre croissant de gens, notamment grâce à la télévision. C'est sur le tard que le border collie fit son apparition dans les expositions canines, n'ayant été considéré jusqu'alors que comme un chien d'utilité. Il fut reconnu officiellement par le Kennel Club du Royaume-Uni en 1976.

CARACTÉRISTIQUES		NOTES
Personnalité	Assez intense, bien que réservé ; pas particulièrement affectueux.	
Taille	Hauteur : 46-56 cm. Poids : 12,2-20,4 kg.	
Exercice	A besoin de beaucoup d'exercice chaque jour ; ses instincts de berger sont très forts.	Tenez-le à distance du bétail, car il pourrait vouloir le guider.
À la maison	Doit disposer de beaucoup d'espace, dont une grande cour.	Gardez-le occupé afin de prévenir l'ennui.
Comportement	Très concentré et déterminé.	Prévoyez du temps pour le jeu. C'est important pour ce chien intelligent.
Toilettage	Les chiens à poil long ont davantage besoin de toilettage que ceux à poil court.	Laissez la boue sécher avant de brosser sa robe.
Problèmes de santé communs	Anomalie de l'œil du colley (AOC) ; dysplasie de la hanche ; épilepsie.	Assurez-vous que l'élevage a été testé pour la dysplasie de la hanche ; il est possible d'obtenir un test d'ADN à 7 semaines pour détecter l'AOC.

Un chien qui ne convient pas à tous

Les qualités mêmes qui font du border collie une race irrésistible quand on le voit à l'œuvre sont précisément celles qui le rendent beaucoup moins adéquat comme animal de compagnie. C'est que ce chien est à son mieux quand il travaille avec son maître. Débordant d'énergie, il n'est pas fait pour vivre en ville ni même en banlieue, ni pour être laissé à lui-même pendant de longues périodes dans les limites d'une résidence. Dans ces conditions, sa vive intelligence l'incitera à exprimer son ennui de façon destructrice. Il est aussi susceptible de vouloir se faire le gardien des autres animaux de la maison, qu'il s'agisse de chats ou de tortues. Le border collie a été habitué à travailler seul avec son maître et n'est pas non plus très patient avec les enfants. En revanche, il excelle dans les concours d'obéissance et d'agilité.

2. Le berger allemand

Ces bêtes extrêmement réceptives ont été élevées à plusieurs fins au fil des ans. Elles ont été employées comme chiens policiers, chiens de garde, dans des missions de recherche et de secours, et même comme chiens-guides pour les aveugles, ce qui confirme leurs capacités d'adaptation.

EN UN COUP D'ŒIL

- Polyvalent
- Apparence impressionnante
- Compagnon loyal
- Athlétique
- Apprend rapidement
- Relat vement massif

Histoire

Dans divers pays d'Europe de l'Ouest, il existait à l'époque plusieurs souches de chiens de berger dont la tâche était de surveiller les troupeaux de moutons. Ce travail exigeait à la fois de la concentration et la capacité de ramener les moutons qui s'éloignaient au sein du groupe sans effaroucher les autres. Les premiers bergers allemands étaient bien différents de ceux d'aujourd'hui, puisque leur dos était droit et non pas long et incliné comme celui de la race actuelle. Dans certains pays, le berger allemand a été appelé berger d'Alsace – sa région d'origine, à la frontière de la France et de l'Allemagne – durant une bonne partie du XXe siècle, un changement de nom qui faisait écho aux forts sentiments anti-allemands en Grande-Bretagne et ailleurs au lendemain de la Première Guerre mondiale.

La race actuelle

Les bergers allemands forment de loin le groupe le plus commun de chiens de berger européens, encore que les groenendaels (voir page 100) soient désormais plus répandus. Comme compagnons, ils sont loyaux et réceptifs, quoiqu'il arrive à certains individus de faire preuve de nervosité, surtout s'ils n'ont pas été dressés à la socialisation dès leur plus jeune âge. Le berger allemand est fort et athlétique, et a donc besoin de beaucoup d'exercice, mais il vous faudra éviter les zones où il est susceptible de rencontrer des moutons.

CARACTÉRISTIQUES		NOTES
Personnalité	Concentré, mais capable d'adaptation; les mâles peuvent être particulièrement obstinés; vigilant en présence d'étrangers.	Surveillez-le en présence d'étrangers.
Taille	Hauteur: 56-66 cm. Poids: 29,4-38,5 kg.	
Exercice	A besoin d'une bonne promenade chaque jour et de s'ébattre sans laisse; bon sauteur et bon nageur.	Donnez-lui l'occasion de faire de l'exercice sans laisse.
À la maison	Chien de garde alerte; aime la compagnie des humains.	Favorisez la socialisation dès le plus jeune âge.
Comportement	Apprend rapidement; adore jouer; peut être très dominant.	N'encouragez pas les comportements dominateurs.
Toilettage	Un simple brossage suffira, mais les chiens à poil long requièrent plus de toilettage.	Brossez-le une ou deux fois par semaine.
Problèmes de santé communs	Dysplasie de la hanche; déficience pancréatique qui réduit sa capacité de digestion et mène à la perte de poids.	Assurez-vous que l'élevage a été testé pour la dysplasie de la hanche; les problèmes de pancréas peuvent être traités.

3. Le parson jack russell-terrier

Pendant plusieurs années, les éleveurs de cette race se sont opposés à la normalisation de leurs chiens à des fins d'exposition, mais ils finirent par s'y résoudre et c'est ainsi que ces bêtes furent enregistrées sous le nom de parson jack russell-terriers.

EN UN COUP D'ŒIL

- Alerte et plein d'entrain
- Belle personnalité
- Dressage ferme nécessaire
- Peut être bruyant
- Toilettage simple

Histoire

Les origines de ce terrier remontent à 1819, lorsqu'un étudiant d'Oxford remarqua un petit chien de type terrier accompagnant un laitier. Après une longue négociation, il persuada l'homme de se séparer de sa bête, qui répondait au nom de Trump. Tout indique que Trump était issu d'un croisement entre un terrier noir et feu et un fox-terrier à poil dur (voir page 111). Quand Jack Russell quitta Oxford pour entamer une carrière ecclésiastique, il amena Trump avec lui dans le sud-ouest de l'Angleterre où, en plus de s'adonner à sa passion pour la chasse au renard, il entreprit de développer une nouvelle lignée de terriers. Son objectif : créer des chiens suffisamment petits pour s'aventurer dans la tanière d'un renard et l'en déloger, mais assez rapides pour soutenir le rythme des autres chiens de chasse.

La personnalité de la race

Ce terrier est très énergique, compte tenu de sa taille, et il lui faut une bonne promenade quotidienne. Il déploie une curiosité sans bornes, examinant chaque parcelle de terrain pendant sa promenade. C'est un excellent compagnon, mais il doit être bien dressé, notamment sur le plan de la socialisation, sinon il risque de disparaître à l'improviste dans un terrier ou d'engager le combat avec un chien beaucoup plus gros. Ce terrier n'accepte pas naturellement d'être confiné : creuseur efficace, il peut facilement se glisser sous une clôture ou la sauter avec une aisance étonnante.

Petites oreilles
Les oreilles en V sont petites et retombent vers l'avant de sorte que les extrémités pointent en direction des yeux.

Robe blanche
Le blanc, le blanc parsemé de taches noires ou fauves et des variantes tricolores figurent parmi les possibilités, mais le blanc est toujours prédominant.

Pattes puissantes
Les pattes sont fortes, droites et bien charpentées.

Pieds arrondis
Les pieds sont arrondis, compacts et félins et les orteils arqués ont d'épais coussinets.

CARACTÉRISTIQUES		NOTES
Personnalité	Intelligent ; sa personnalité en impose beaucoup plus que son poids ne le laisse croire.	
Taille	Hauteur : 30-36 cm. Poids : 6,3-8 kg.	
Exercice	A besoin d'exercice sans laisse ; une petite promenade autour du pâté de maisons ne suffit pas.	Veillez à ce qu'il ne puisse pas disparaître sous terre.
À la maison	Compagnon plein d'entrain ; bon chien de garde ; pas recommandé à un foyer comptant de jeunes enfants.	Assurez-vous que la cour est bien clôturée.
Comportement	Enjoué ; possède les traits typiques du terrier, dont une habileté à creuser ; peut ne pas s'entendre avec les chats.	Prenez le temps de jouer à la balle avec lui.
Toilettage	Le toilettage est simple pour les chiens à poil lisse ; ceux à poil rêche doivent être épilés ou rasés.	Brossez-le une fois par semaine.
Problèmes de santé communs	Affections oculaires ; dislocation rotulienne ; surdité.	Assurez-vous que l'élevage a été testé pour les affections oculaires ; la dislocation rotulienne peut exiger une chirurgie correctrice ; vérifiez les signes de surdité chez les chiots.

4. Le patterdale-terrier

Les îles Britanniques sont le lieu d'origine de la plupart des races de terriers, dont certaines demeurent relativement peu répandues. C'est le cas du patterdale-terrier, un chien d'utilité qui n'est toujours pas accepté officiellement dans les expositions canines.

EN UN COUP D'ŒIL

- Terrier peu répandu et non homologué
- Chasseur déterminé
- Le dressage doit débuter tôt
- Divers types de poils et de couleurs

Histoire

Ce chien provient de la région des lacs, dans le nord-ouest de l'Angleterre. Cette région fut le lieu de naissance du fell-terrier, dont l'apparence variait énormément. En 1912, les représentants les plus typiques de la race formèrent l'élevage de base du lakeland-terrier, qui obtint la reconnaissance officielle du Kennel Club du Royaume-Uni et ses propres normes d'exposition. D'autres éleveurs voulurent préserver les terriers de type utilitaire originaires de l'endroit en créant une souche de fell-terriers à robe noire, qu'ils baptisèrent ensuite patterdale, du nom d'un village de la région.

Le patterdale aujourd'hui

Ce chien fut créé pour travailler sous terre, soit en poussant un renard hors de sa tanière où l'attendait une meute, soit encore en le tuant sur place. Il est donc doté d'une nature intrépide et n'est pas vraiment un animal de compagnie, puisque ses instincts de chasseur demeurent très vifs. Dans les années 1970, il fut importé en Amérique du Nord, où on l'utilise encore pour la chasse. Son apparence variée témoigne de l'absence de normalisation, puisqu'on rencontre des chiens à poil lisse, rêche ou dur. Lorsqu'il poursuit une proie sur terre, le patterdale rampe sur le ventre, comme il le ferait dans la tanière d'un renard, et utilise toutes les formes de camouflage qui s'offrent à lui.

	CARACTÉRISTIQUES	NOTES
Personnalité	Énergique mais amical ; chasseur intelligent ; peut se montrer têtu.	Entreprenez le dressage dès son tout jeune âge.
Taille	Hauteur : 23-30 cm. Poids : 4-5,4 kg.	
Exercice	A besoin de beaucoup d'exercice pour ne pas s'ennuyer.	Dressez-le avec soin afin qu'il revienne promptement quand vous l'appelez.
À la maison	Pas un animal de compagnie, mais sa nature robuste en fait un bon compagnon pour qui vit à l'extérieur la majorité du temps.	Habituez-le très jeune à voyager en automobile.
Comportement	Intrépide et tenace.	
Toilettage	Son apparence varie énormément selon le type de poil ; brossez-le régulièrement ; les chiens à poil lisse sont les plus simples à toiletter.	Brossez-le au moins une fois par semaine.
Problèmes de santé communs	Très peu de problèmes de santé.	

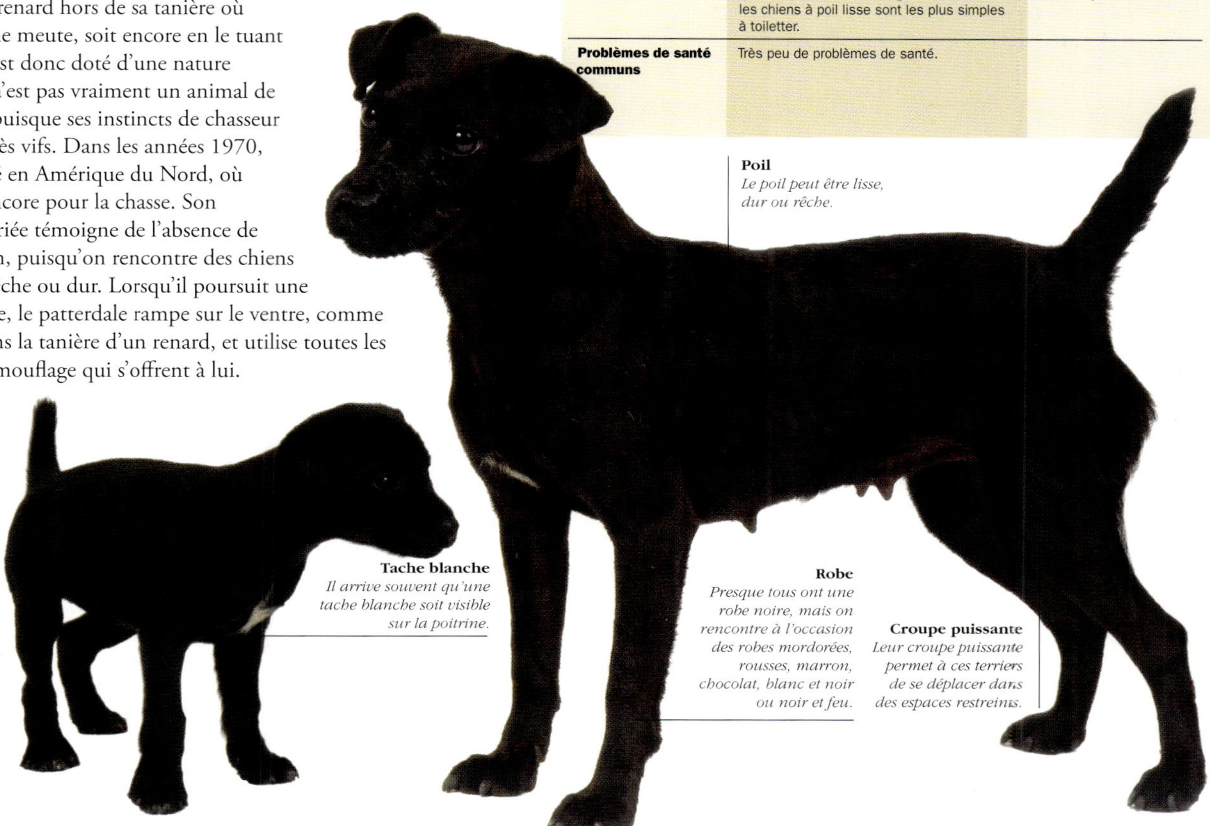

5. Le berger de Beauce

Le berger de Beauce, ou beauceron, possède une particularité qui le distingue nettement de la plupart des autres chiens : il a un double ergot à chacune de ses pattes arrière. Bien que cette caractéristique n'ait aucune importance fonctionnelle, elle doit être présente chez les bêtes inscrites à des expositions canines.

EN UN COUP D'ŒIL

- Chien de garde puissant et loyal
- Très déterminé
- Pelage facile d'entretien
- Apprend rapidement
- Réceptif au dressage
- Robe attrayante

Histoire

Ce chien d'origine française existe depuis plus de 400 ans. Il s'est avéré un compagnon intelligent et un chien d'utilité polyvalent. Comme beaucoup de ses semblables, les tâches qu'on lui a confiées ont évolué avec le temps. On ignore pratiquement tout de ses origines, bien qu'il partage probablement une ascendance avec le berger allemand (voir page 131). Comme c'est le cas pour ce dernier, les expositions canines reconnaissent les bergers de Beauce à poil long et ceux à poil court ; c'est cette dernière catégorie qui est aujourd'hui prédominante. Le berger de Beauce fit son apparition sur les stands d'exposition en 1910, à l'époque où l'armée française l'utilisait à la fois comme messager et pour transporter des munitions, lesquelles étaient sanglées à son corps.

La question des taches

Dans sa patrie d'origine, ce berger est largement utilisé comme chien policier, mais il est encore plus populaire dans les pays voisins, dont l'Allemagne, comme chien d'exposition. Il est également de plus en plus prisé en Amérique du Nord. Peu de races sont aussi réceptives à l'endroit de leur maître. Son intelligence innée fait en sorte qu'il apprend rapidement, mais la constance dans le dressage reste très importante. Comme c'est un chien fort et puissant, il peut clairement s'avérer un handicap s'il n'est pas bien contrôlé.

CARACTÉRISTIQUES		NOTES
Personnalité	Intelligent et s'adapte facilement ; méfiant à l'endroit des visiteurs.	Surveillez-le en présence de visiteurs.
Taille	Hauteur : 61-71 cm. Poids : 30-45 kg.	
Exercice	Énergique et doté d'une grande endurance, il a besoin de beaucoup d'exercice.	Offrez-lui une bonne promenade quotidienne.
À la maison	Compagnon protecteur.	
Comportement	Apprend rapidement ; se développe lentement.	Les séances de dressage doivent être courtes et répétitives.
Toilettage	Son poil à l'épreuve des intempéries le protège du froid et de la pluie.	Brossez-le pour garder son poil en bon état.
Problèmes de santé communs	Dysplasie de la hanche ; atrophie progressive de la rétine (APR) ; ballonnements pouvant être provoqués par l'exercice après le repas.	Assurez-vous que l'élevage a été testé pour l'APR et évitez l'exercice après les repas.

6. Le papillon

Tous les chiens superintelligents n'ont pas une ascendance de chiens d'utilité, comme en témoigne le papillon, un chien miniature. Son nom est inspiré de la forme de ses oreilles, qui rappelle les ailes ouvertes d'un papillon.

EN UN COUP D'ŒIL
- Nature amicale
- Taille compacte
- Compagnon joyeux
- Intelligent
- Apparence et oreilles caractéristiques

CARACTÉRISTIQUES		NOTES
Personnalité	Dispositions joyeuses et amicales ; peu timide envers les visiteurs.	
Taille	Hauteur : 20-28 cm. Poids : 3-4,5 kg.	
Exercice	A besoin chaque jour d'une promenade au parc ; athlétique et très endurant pour un petit chien ; heureux à l'extérieur, même si c'est simplement pour aller au magasin.	Offrez-lui une bonne promenade quotidienne.
À la maison	Bien adapté à la vie en appartement et à la vie de famille ; bon chien de garde.	
Comportement	Apprend rapidement ; alerte ; démarche délicate.	Consacrez-lui du temps pour jouer.
Toilettage	L'absence de sous-poils réduit les risques d'emmêlement ; brossage régulier requis.	Brossez-le tous les deux ou trois jours.
Problèmes de santé communs	Atrophie progressive de la rétine (APR) ; dislocation rotulienne ; sensibilité aux anesthésiques.	Assurez-vous que l'élevage a été testé pour l'APR ; la dislocation rotulienne peut nécessiter une chirurgie correctrice.

Capacités d'adaptation

Le papillon est une race amicale dont les traits sont parfois qualifiés de félins. Son apparence délicate ne rend pas bien compte du fait qu'il est robuste et capable de poursuivre et d'attraper des rongeurs. Ces petits chiens apprennent rapidement et obtiennent beaucoup de succès dans les compétitions d'obéissance et d'agilité. Ce qui est encore plus étonnant, c'est qu'ils ont même été utilisés comme chiens de berger, qu'ils possèdent un odorat aigu et sont donc aussi d'excellents pisteurs. En raison de leur nature amicale et équilibrée, ils jouent le rôle de chiens thérapeutiques auprès de patients dans des hôpitaux. Cette race a une longévité élevée et tend à manifester peu de signes de vieillissement, aussi bien sur le plan physique que de la personnalité, les papillons plus âgés demeurant très enjoués.

Histoire

À l'origine, les oreilles du papillon retombaient à plat de chaque côté de sa tête. On trouve parfois des bêtes de ce type – appelées phalènes – dans une portée de papillons et les deux races sont connues sous l'appellation unifiée d'épagneul nain continental. La mutation qui a donné lieu à l'apparence caractéristique du papillon serait survenue en Belgique il y a 300 ans, bien qu'il soit aussi possible que des croisements avec des spitz aient produit cette forme typique d'oreilles. Par la suite, le papillon est rapidement devenu la plus populaire des deux races. Ces petits chiens intelligents étaient très prisés au sein de l'aristocratie, comme en témoignent de nombreux tableaux peints au fil des siècles par de grands artistes comme Titien et Rembrandt.

Petite tête
La tête relativement petite est légèrement arrondie sur le dessus du crâne.

Grandes oreilles
Les oreilles attachées sur le côté de la tête sont dressées ou tombantes et leurs extrémités sont en pointe.

Yeux sombres
Les yeux sombres sont ronds et cernés de bords également foncés.

Robe
La robe est toujours contrastée.

7. Le berger australien

Le nom berger australien est trompeur, car cette race fut créée aux États-Unis. Ce gardien a été employé aussi bien auprès des bovins que des moutons, ce qui témoigne de sa polyvalence. Au cours des dernières années, sa popularité dans les expositions canines s'est accrue.

EN UN COUP D'ŒIL

- Belle apparence, motifs personnalisés
- Calme
- Apprend rapidement
- Désireux de plaire
- Excellent compagnon
- Race massive

Poil court
Les poils sont plus courts de chaque côté de la tête et au bas des pattes.

Robe
La robe peut être noire, rousse ou bleu merle. Elle peut aussi présenter des taches blanches et/ou fauves.

Poitrine profonde
La poitrine s'étend vers le bas.

Pattes puissantes
Les pattes longues et droites se terminent sur des pieds ovales dotés d'orteils bien arqués et d'épais coussinets.

Histoire

L'ascendance de cette race débute dans les Pyrénées, cette chaîne de montagnes à cheval entre la France et l'Espagne. Au début du XIXe siècle, des bergers de la région se fixèrent en Australie, amenant avec eux leurs chiens, qui subirent alors des croisements avec divers types de colleys. Un certain nombre de ces bêtes firent leur apparition aux États-Unis et la race devint particulièrement commune en Californie où elle était employée comme chien de berger. Aujourd'hui, la polyvalence de ces chiens est reconnue : ils ont été utilisés dans des missions de recherche et de secours, auprès de personnes malentendantes et comme chiens renifleurs de narcotiques. Peu importe la tâche pour laquelle on l'a dressé, le berger australien s'y dévouera corps et âme.

La race actuelle

Le berger australien est un compagnon idéal, qui devance presque d'instinct ce qu'on attend de lui quand il est entre les mains d'un maître sensible. Mais le dressage est important, en particulier parce qu'il amène le chien et son maître à établir un lien étroit. L'un des traits peu communs de ce chien est sa robe aux couleurs personnalisées, ce qui permet de le distinguer à bonne distance. Dans certains cas, la queue est courte. Récemment, afin de rendre cette race mieux adaptée à un environnement domestique, des éleveurs ont créé une forme miniaturisée, qui n'en possède pas moins les mêmes attributs.

CARACTÉRISTIQUES		NOTES
Personnalité	Dévoué et actif ; affectueux ; intelligent.	
Taille	Hauteur : 46-58 cm. Poids : 16-32 kg.	
Exercice	A besoin de beaucoup d'exercice pour s'épanouir ; très robuste ; énergique.	Offrez-lui au moins une séance d'exercice par jour.
À la maison	Idéal pour un foyer comptant des enfants d'un certain âge et des adolescents.	
Comportement	Apprend rapidement ; s'adapte bien ; très réceptif ; adore jouer et courir après des jouets.	Accordez-lui beaucoup de temps pour jouer.
Toilettage	Sous-poils très denses et imperméables ; poils plus longs autour du cou ; brossage intense requis, surtout à la mue.	Brossez-le une ou deux fois par semaine.
Problèmes de santé communs	Anomalie oculaire du colley (AOC) ; cataractes ; épilepsie ; hypothyroïdie.	Il est possible d'obtenir un test d'ADN à 7 semaines pour détecter l'AOC.

8. Le colley

Il existe deux types de colleys, que l'on distingue selon leur poil. Les colleys à poil ras sont beaucoup moins populaires, même si leur toilettage est moins exigeant que celui de leurs congénères à poil long, rendus célèbres par la chienne Lassie.

EN UN COUP D'ŒIL

- Choix de poil ras ou long
- Robe attrayante
- Apparence élégante
- Très réceptif
- Nature énergique
- Enjoué

CARACTÉRISTIQUES		NOTES
Personnalité	Affectueux; peut parfois se montrer irritable quand il est tourmenté par des enfants.	Surveillez-le en présence d'enfants.
Taille	Hauteur: 56-66 cm. Poids: 22,7-32 kg.	
Exercice	Il est très important qu'il puisse courir souvent sans laisse.	Évitez les zones où il y a des moutons, car il pourrait les prendre en chasse.
À la maison	Enjoué; se lance volontiers à la poursuite de balles ou de frisbees.	Consacrez-lui beaucoup de temps pour déployer son énergie dans le jeu.
Comportement	Actif; adore avoir de l'attention et peut s'ennuyer s'il n'en obtient pas assez; désireux de plaire; apprend rapidement.	
Toilettage	Les colleys à poil long requièrent un brossage régulier; brossage occasionnel pour les colleys à poil ras.	Toilettez votre chien régulièrement.
Problèmes de santé communs	Affections oculaires, en particulier l'atrophie progressive de la rétine (APR) et l'anomalie oculaire du colley (AOC); peut mal réagir à certains médicaments contre le ver du cœur.	Assurez-vous que l'élevage a été testé pour l'APR; il est possible d'obtenir un test d'ADN à 7 semaines pour détecter l'AOC.

Capacités d'adaptation

Au fil des siècles, les colleys se sont révélés des chiens de berger intelligents et doués de bonnes facultés d'adaptation, comme en témoignent les multiples rôles qu'on leur a confiés. Mais de nos jours, on les retrouve principalement dans les expositions canines, plutôt que dans leurs rôles traditionnels, bien qu'ils aient conservé leurs instincts de chien d'utilité et continuent de déployer énormément d'énergie. C'est dire qu'ils ont quotidiennement besoin d'exercice pour éviter d'être en proie à l'ennui. Soyez aussi disposé à consacrer plus de temps à leur toilettage au printemps, lors de la mue de leur dense pelage hivernal. Les longs poils entre leurs pattes seront moins prononcés durant l'été.

Histoire

On pense que les origines du colley remontent à l'époque de l'Empire romain, lorsque l'ancêtre du colley à poil long fit son apparition en Angleterre. Ce chien n'était pas aussi grand que celui d'aujourd'hui et son museau était plus court; ces changements sont survenus beaucoup plus tard, grâce à des croisements avec le barzoï (voir page 67). Dans les années 1860, le colley devint un favori de la reine Victoria, ce qui accrut sa notoriété. Par la suite, des colleys à poil long jouèrent le rôle de Lassie dans divers films et séries télévisées, ce qui donna à la race une grande popularité dans les années 1940 et 1950. Aujourd'hui, toutefois, elle est moins commune.

9. Le bull-terrier du Staffordshire

Cette race musclée a été victime de mauvaise publicité à cause de ses liens avec le fameux pit-bull. Elle n'en a pas moins accru sa popularité au cours des dernières années en raison de deux qualités indéniables : son intelligence et son dévouement à son maître.

EN UN COUP D'ŒIL

- Bonne prestance
- Le dressage peut être exigeant
- Souvent mal disposé envers les autres chiens
- Loyal et protecteur
- Robe simple d'entretien

	CARACTÉRISTIQUES	NOTES
Personnalité	Tenace et obstiné ; loyal ; a les autres chiens en aversion.	Faites-le châtrer afin d'altérer son agressivité.
Taille	Hauteur : 36-41 cm. Poids : 11-17,2 kg.	Ne le nourrissez pas à l'excès, car il est porté à l'obésité, surtout après avoir été châtré.
Exercice	Doit être libéré de sa laisse pendant la promenade s'il a été bien dressé ; fait preuve de beaucoup d'endurance.	Muselez-le si vous craignez qu'il soit agressif.
À la maison	S'adapte bien à la vie de famille et à un nouvel environnement ; s'entend souvent bien avec les enfants.	
Comportement	Plein d'entrain ; manifeste son besoin d'attention en sautant.	Ne favorisez pas son inclination à sauter.
Toilettage	Le toilettage est très simple ; le brossage suffit.	Vérifiez régulièrement ses oreilles et ses ongles.
Problèmes de santé communs	Affections oculaires, notamment les cataractes héréditaires et le distichiasis, par lequel des cils supplémentaires risquent de frotter la surface des yeux.	Assurez-vous que l'élevage a été testé pour les cataractes ; le distichiasis peut nécessiter une chirurgie correctrice.

Histoire

Créée pour les combats de chiens au début du XIXe siècle, cette race naquit d'abord de croisements entre de vieux bouledogues anglais et des terriers noir et feu, partageant ainsi une ascendance avec le bull-terrier anglais. Par la suite, au milieu du XIXe siècle, sous la direction d'un passionné nommé James Hinks, ce chien subit d'autres croisements avec le terrier blanc anglais. La race évolua alors vers une espèce à tête de dogue avec de petites oreilles attachées en arrière du crâne, reflet de son passé pugnace. En raison de sa popularité considérable, le bull-terrier du Staffordshire fut homologué en 1935 dans son pays d'origine à des fins d'exposition.

La socialisation

Bien qu'assez petit, ce bull-terrier est étonnamment puissant. Tout enjoué et doux soit-il, il est essentiel de le dresser très jeune afin d'éviter que sa nature combative prenne le dessus et pose ainsi des problèmes à un âge plus avancé. Il est aussi important de favoriser la socialisation à un tout jeune âge, car il n'est pas bien disposé naturellement envers les autres chiens, en particulier ceux de sa race. S'il subit un dressage approprié, il s'avérera un excellent compagnon, mais n'oubliez jamais qu'il pourrait être agressif envers les autres chiens pendant la promenade. Minimisez toujours les possibilités de conflit, même si, pour cela, vous devez museler votre chien de temps à autre.

Robe
On rencontre fréquemment des spécimens tachetés et blancs ainsi que des robes de couleur fauve, rousse, bleue ou noire avec ou sans zones blanches.

Pattes puissantes
Les pattes de derrière sont puissantes et la queue est attachée bas sur la croupe.

Pattes droites
Les pattes avant sont droites et bien espacées ; les pieds sont solides et dotés d'épais coussinets.

10. Le bâtard

L'intelligence innée des bâtards a été relatée par une foule de gens au fil des siècles. N'ayant été élevés pour aucune tâche particulière, ces chiens ont de bonnes facultés d'adaptation. Ils sont enthousiastes et doués, en plus d'être d'excellents chiens de famille.

EN UN COUP D'ŒIL

- Apparence unique et personnalisée
- Nature amicale
- Robe à motifs
- Plusieurs types de poil
- Tailles diverses

Histoire

Les bâtards existent depuis qu'il y a des chiens domestiques et bien des gens les préfèrent de nos jours aux chiens de race. Le bâtard n'est pas issu de races croisées, mais plutôt d'accouplements entre des chiens non homologués au fil de plusieurs générations. Cela explique la diversité au sein de ce groupe. En général, on peut dire que, sur les plans de l'apparence et du comportement, les bâtards sont moins portés aux extrêmes que les bêtes de race. Ils ne deviennent ni très gros ni très petits et il est peu probable que la robe d'un bâtard à poil long soit aussi fournie que celle d'un animal de race.

Ce dont il faut tenir compte

Il peut être difficile de prévoir la taille qu'aura un chiot bâtard à l'âge adulte, mais les pieds peuvent fournir un indice à cet égard. Ainsi, les chiots dotés de grands pieds sont plus susceptibles de devenir assez massifs à leur maturité. De même, les motifs de la robe resteront probablement constants tout au long de la vie. On dit souvent que les bâtards sont en meilleure santé que les chiens de race, mais ce n'est pas tout à fait vrai. En fait, ils sont tout aussi vulnérables aux principales affections canines mortelles, telles que la maladie de Carré, et il est essentiel qu'ils soient vaccinés dans les délais requis.

	CARACTÉRISTIQUES	NOTES
Personnalité	Tout dépend des races qui ont contribué à son ascendance, en particulier celles dont la contribution est la plus récente.	Favorisez la socialisation à un tout jeune âge.
Taille	Hauteur : en général 20 cm ou plus. Poids : devrait correspondre à la taille d'un chien de race d'apparence semblable.	La taille des bâtards est en général de moyenne à grande ; ils sont rarement très petits.
Exercice	Les besoins d'exercice dépendent de sa taille ; les chiens du type chasseur doivent courir chaque jour ; ceux de type terrier, plus petits, préfèrent un rythme plus lent.	
À la maison	Le dressage à la maison est important.	Sachez qu'un bâtard plus âgé peut ne pas avoir été dressé adéquatement.
Comportement	Généralement amical et d'humeur égale, apprend rapidement s'il est socialisé tôt ; sinon, il peut devenir renfermé et il peut être difficile de gagner sa confiance.	Demandez assez tôt l'aide d'un dresseur si vous craignez que votre chien ait un problème de comportement.
Toilettage	La robe est généralement moins fournie que celle des chiens de race ; les besoins de toilettage dépendent du type de poil, mais cela pose rarement problème.	Brossez-le et peignez-le régulièrement.
Problèmes de santé communs	Peut être affligé des mêmes affections que les chiens de race, comme la dysplasie de la hanche ; les chiots élevés dans des conditions moins qu'idéales peuvent avoir des mites.	

Museau
Le museau est généralement de longueur et de largeur moyennes et se termine sur une truffe noire. Les yeux ronds et expressifs sont généralement foncés.

Robe
Ces chiens se distinguent par leurs couleurs mêlées et leurs motifs personnalisés.

Couleur des ongles
Dans ce cas particulier, les ongles sont noirs, mais cela peut varier.

Des chiens pour les individualistes, les romantiques sensibles aux origines d'une race et ceux qui apprécient le talent et l'habileté, de quelque façon qu'ils se déploient.

Pointer anglais

Terre-neuve

Les chiens de talent

Cairn-terrier

Sans doute depuis les premiers moments de la domestication animale, il y a plus de 20 000 ans, on utilise des chiens à des fins bien précises. En cours de route, certaines races ont disparu en même temps que l'emploi auquel elles étaient destinées. Ainsi en est-il du petit chien tournebroche qui, dans les cuisines des grandes maisons, marchait dans une roue pour faire tourner la viande rôtissant au-dessus du feu. D'autres races hautement spécialisées existent encore, comme le chien de Saint-Hubert, apprécié pour ses incroyables talents de pisteur, et le lagotto romagnolo, ce chien truffier italien dont les capacités olfactives lui permettent de détecter sous terre des champignons de grande valeur.

Il est impossible de tirer des conclusions générales des chiens présentés dans ce chapitre, sauf pour dire qu'ils ont tous établi dans le travail des relations étroites avec les gens, ce qui signifie qu'ils forment des liens solides avec ceux qui les entourent. De plus, à titre de chiens d'utilité, ce sont des bêtes actives qui ont besoin de beaucoup d'exercice. Au bout du compte, il s'agira d'approfondir vos recherches pour décider si l'une de ces races est susceptible de convenir à votre style de vie.

1. Le bouvier australien

Le bouvier australien est incroyablement coriace. Pas étonnant qu'un membre de cette race, appelé Bluey, détienne le record de longévité pour un chien domestique ! Lorsqu'il est mort en 1939, après avoir gardé les troupeaux toute sa vie, il était âgé de 29 ans et demi.

EN UN COUP D'ŒIL

- Coloration peu commune
- Longévité élevée
- Réceptif
- Grandes capacités d'adaptation
- Socialisation à travailler
- Race robuste

	CARACTÉRISTIQUES	NOTES
Personnalité	Très loyal, plutôt prudent.	
Taille	Hauteur : 43-51 cm. Poids : 14-27 kg.	
Exercice	Il est essentiel qu'il ait beaucoup d'exercice mental et physique ; demeure généralement près de son maître avec ou sans laisse.	Offrez-lui une bonne course quotidienne et l'occasion de jouer.
À la maison	Bon chien de garde ; excellent compagnon ; établit des liens étroits ; peut tenter de mener les membres de la famille en mordant leurs talons.	Ne l'encouragez pas à mordre.
Comportement	Il arrive souvent qu'il ne s'entende pas très bien avec les autres chiens ; a tendance à mâcher les objets.	Favorisez la socialisation à un jeune âge.
Toilettage	Un simple brossage suffit ; un toilettage plus fréquent est requis lors de la mue.	Brossez-le une fois par semaine.
Problèmes de santé communs	Atrophie progressive de la rétine (APR) ; surdité congénitale.	Assurez-vous que l'élevage a été testé pour l'APR ; vérifiez la capacité auditive du chiot.

Histoire

Ses ancêtres étaient issus de croisements entre des chiens de berger amenés d'Europe et le dingo, un chien sauvage introduit en Australie par des colons aborigènes. Le dingo a contribué à l'endurance de la race, lui permettant ainsi de travailler dans l'environnement sec et torride de l'Australie. Deux types de colleys à poil lisse ont également joué un rôle dans son ascendance, afin d'améliorer une souche déjà existante de chien de berger appelé Timmins' biter (chien qui mord de Timmins), ainsi nommé parce qu'il était plus agressif que nécessaire et blessait le bétail en le mordant, plutôt que de simplement l'inciter à avancer. Diverses autres races – notamment le dalmatien (voir page 95), qui lui apporta encore plus d'endurance – contribuèrent à l'évolution du bouvier australien, dont l'apparence fut établie dans les années 1890.

Le bouvier australien dans le monde

Ces dernières années, le bouvier australien est devenu populaire hors de son pays d'origine. L'un des traits qu'il partage avec le dingo est sa capacité à travailler en silence, bien qu'il possède un aboiement distinctif. Avant de faire l'acquisition d'un tel chien, il faut toutefois garder à l'esprit sa formidable énergie et sa passion pour le travail. Comme chien de compagnie, c'est un excellent choix, et il a démontré son habileté dans les concours d'obéissance et d'agilité. Il adore aussi jouer, mais il peut s'avérer difficile de lui trouver des jouets suffisamment robustes pour durer très longtemps.

Petites oreilles
Les oreilles relativement petites et dressées sont larges à leur base.

Cou musclé
Le cou puissant et musclé est de longueur moyenne et soutient un crâne solide.

Robe
La robe est rousse tachetée ou bleue. Elle peut aussi être mouchetée avec ou sans taches, lesquelles peuvent être bleues, noires ou fauves.

Queue basse
La queue attachée relativement bas descend au niveau des jarrets.

2. Le basenji

Le basenji est l'une des races, relativement rares, provenant de l'Afrique et figure parmi les chiens domestiques les plus singuliers. On le qualifie parfois de chien silencieux mais, en fait, son cri est une espèce de *iodle* (chant tyrolien). Il s'agit d'une race très distinctive jouissant d'une belle apparence.

EN UN COUP D'ŒIL

- Race primitive
- Longue histoire
- Traits comportementaux peu communs
- Félin à bien des égards
- Aime les légumes

Histoire

Des images frappantes de chiens ressemblant au basenji et datant de plus de 4000 ans ont été découvertes en Égypte. Cette race était largement répandue dans le bassin du fleuve Congo, au centre-ouest de l'Afrique, et vers le nord jusqu'à ce qui est aujourd'hui le Soudan. Ces chiens servaient de compagnons de chasse pour les tribus, qui en prenaient un soin jaloux. Les deux premières tentatives pour l'importer en Angleterre échouèrent, les bêtes ayant succombé à la maladie de Carré à une époque où aucun vaccin n'existait. Un éleveur en visite dans ce qu'on appelait alors le Congo belge en ramena finalement un groupe en Angleterre. En 1937, ces chiens furent présentés à l'exposition canine de Cruft, où ils firent sensation parce qu'ils ne ressemblaient à aucun des chiens présents.

Des attributs peu communs

Certains comportements du basenji sont très singuliers. Ainsi, il se consacre à sa toilette pendant de longues périodes, comme un chat, et lorsqu'il est sur le qui-vive, des rides apparaissent sur son front de sorte qu'il paraît inquiet. De plus, sa démarche élégante ressemble au trot d'un cheval. Il faut être patient si l'on souhaite faire l'acquisition d'un basenji, car, contrairement à la plupart des autres races, la femelle n'est en chaleur qu'une fois par année et ne produit donc qu'une seule portée de chiots, comme les chiens sauvages.

Queue recourbée
La queue est recourbée fermement au-dessus du dos.

Yeux en amande
Les yeux foncés, bordés de contours également foncés, sont obliques.

Forme du museau
Le museau est plus court que le crâne.

Robe
La robe peut être roux marron, noire, tricolore ou tachetée avec des zones de blanc sur les pieds, la poitrine et l'extrémité de la queue.

CARACTÉRISTIQUES		NOTES
Personnalité	Vigilant; peut se montrer distant; peut se mettre debout en se tenant sur ses pattes de derrière pour avoir un meilleur point de vue; n'aime pas d'emblée les visiteurs.	Surveillez-le en présence de visiteurs.
Taille	Hauteur: 41-43 cm. Poids: 9-10 kg.	
Exercice	A besoin de beaucoup d'exercice; bon sauteur et coureur rapide; énergique; déteste sortir sous la pluie ou la neige.	Exercez-le par une bonne promenade quotidienne.
À la maison	Peut former un lien très solide avec son maître.	
Comportement	Naturellement enjoué; peut avoir tendance à prendre les chats en chasse.	Accordez-lui du temps pour jouer.
Toilettage	Un simple brossage suffit.	Utilisez un gant de toilettage pour conserver le lustre de sa robe.
Problèmes de santé communs	Atrophie progressive de la rétine (APR), qui mène à la cécité; affections rénales causées par le syndrome de Fanconi.	Assurez-vous que l'élevage a été testé pour ces affections.

3. Le chien de Saint-Hubert

EN UN COUP D'ŒIL

- Capacités olfactives remarquables
- Amical
- Faible longévité
- Plein d'entrain
- Race distinctive

Ancêtre de plusieurs races de chiens pisteurs, le chien de Saint-Hubert n'a pas son pareil pour suivre des « pistes froides » datant de plusieurs heures et même de quelques jours. C'est un compagnon enthousiaste, mais malheureusement, son espérance de vie est faible.

Histoire

Le saint-hubert, dont les origines remontent à environ 600 ans av. J.-C., a peu changé au fil des siècles si l'on se fie aux premières descriptions et aux portraits qui en ont été faits. À l'origine, ce chien suivait les traces de sang des cerfs blessés (ce qui explique son nom anglais *bloodhound*). Par la suite, ses talents de pisteur ont été employés à la poursuite de cibles humaines, même si ce chien n'est pas du tout agressif ; il est seulement appliqué aux tâches qu'on lui confie. C'est pour cette raison que, dès la fin du XIIIe siècle, on le qualifiait déjà de « chien limier ». Il est arrivé à certains de suivre la piste de personnes sur des distances supérieures à 220 km, ce qui illustre leur immense détermination.

Suivre une piste

Hélas, le saint-hubert se fait de plus en plus rare de nos jours, principalement parce que ses facultés olfactives et son endurance font qu'il a besoin de grands espaces pour s'épanouir. Lorsqu'il suit une piste, surtout en forêt, il fait entendre un cri grave et mélodieux signifiant qu'il est aux abois. Il est habitué à chasser seul ou en tandem, parfois en laisse, mais il lui arrive aussi de chasser en groupe. C'est un animal sociable de nature, aussi les mésententes sont-elles rares. Ce n'est pas seulement la largeur de ses fosses nasales qui lui permet de suivre une piste, les plis de ses oreilles et de sa peau l'aident aussi à retenir et à concentrer les odeurs près de sa truffe.

	CARACTÉRISTIQUES	NOTES
Personnalité	Généreux, enthousiaste, amical et affectueux.	
Taille	Hauteur : 58-69 cm. Poids : 36-50 kg.	Les femelles sont nettement plus petites que les mâles.
Exercice	A besoin de longues promenades ; dispose d'une énergie presque sans limites.	Faites-lui faire de l'exercice chaque jour.
À la maison	À cause de sa taille, il n'est pas recommandé aux foyers avec de très jeunes enfants.	
Comportement	Le dressage est difficile, car il est susceptible de ne pas obéir quand il suit une piste.	
Toilettage	Le toilettage est très simple ; il peut dégager une forte odeur canine et il faut alors lui donner un bain.	Brossez-le chaque semaine et vérifiez régulièrement les plis de sa peau en cas d'infection ; baignez-le au besoin.
Problèmes de santé communs	Ballonnements.	Évitez l'exercice après les repas pour prévenir les ballonnements.

Crâne du saint-hubert
Le crâne est étroit avec une bosse occipitale très prononcée.

Facultés olfactives
Les narines larges et ouvertes contribuent à ses capacités olfactives.

Longues oreilles
Les oreilles très longues et attachées bas ont une texture mince et souple et retombent en plis.

Robe
Le pelage peut être noir et feu, marron et feu ou roux.

4. Le terre-neuve

Ce gentil géant est probablement le plus fort de tous les chiens. Le terre-neuve noir et blanc, connu sous le nom de « landseer » – ainsi nommé d'après le célèbre peintre anglais du XIXe siècle, sir Edwin Landseer – est parfois reconnu comme une race distincte, essentiellement sur la base de sa coloration.

EN UN COUP D'ŒIL

- Extrêmement puissant
- Docile
- Facile à dresser
- S'entend bien avec les enfants
- Adore l'eau
- Grandes capacités d'adaptation

Histoire

Le terre-neuve est issu de races européennes, dont le chien de montagne des Pyrénées (voir page 85), sans doute croisées avec des chiens de traîneau indigènes de Terre-Neuve, la province canadienne. Ses origines exactes demeurent obscures, mais il est certain qu'on lui confia dès le début une foule de tâches et qu'il était déjà très aimé au milieu du XVIIe siècle. C'est comme chien d'eau qu'il est le mieux connu, aidant les pêcheurs à tirer les filets à terre et secourant les gens de la noyade. Sur terre, il jouait un rôle important comme chien de charrette pour le transport des marchandises.

La race actuelle

La reproduction sélective a permis au terre-neuve de s'adapter de mieux en mieux aux tâches aquatiques. Cela demeure évident aujourd'hui, comme en témoignent ses pieds palmés et son poil double imperméable et légèrement huileux. C'est l'une des races imposantes qui s'entend particulièrement bien avec les enfants, mais sa taille et sa force risquent d'intimider les très jeunes. Un dressage efficace s'impose, car un terre-neuve rétif peut s'avérer un véritable handicap. Heureusement, il est très réceptif et maîtrisera rapidement les bases de ce qu'on attend de lui.

	CARACTÉRISTIQUES	NOTES
Personnalité	Calme et amical.	
Taille	Hauteur : 66-71 cm. Poids : 45-68 kg.	
Exercice	A besoin d'une bonne promenade chaque jour ; adore nager et possède un style distinctif ; n'hésite pas à plonger dans la mer.	Ne faites pas trop faire d'exercice aux jeunes chiens ; surveillez-le près de l'eau, car il y plongera sans hésiter.
À la maison	S'adapte bien à un foyer ; peut baver à l'occasion, surtout par temps chaud.	Songez à couvrir les meubles pour les protéger de la bave.
Comportement	Maturation lente ; apprend très rapidement ; s'entend bien avec les autres animaux domestiques, dont les chats ; son aboiement est grave, ce qui peut intimider les intrus.	
Toilettage	Le toilettage est particulièrement important lors de la mue printanière. Son sous-poil dense doit alors être taillé.	Il est important de le brosser chaque jour.
Problèmes de santé communs	Sténose subaortique, un rétrécissement de l'artère principale qui peut provoquer l'essoufflement et même la mort subite.	Assurez-vous que le chiot subit des examens réguliers jusqu'à l'âge de six mois. Une intervention chirurgicale peut corriger la sténose subaortique.

Dos fort
Le dos est fort et large, les flancs sont profonds et les cuisses, puissantes.

Robe foncée
Les couleurs foncées sont prédominantes : gris, marron et noir, avec parfois de petites zones de blanc.

Pieds massifs
Les pieds palmés sont massifs, correspondant à la taille du corps.

5. Le pointer anglais

Cette race est hautement prisée, à la fois comme chien de chasse et comme animal de compagnie. Le pointer a conservé de forts instincts de travailleur ; il possède énormément d'endurance et a donc besoin de longues promenades régulières.

EN UN COUP D'ŒIL

- Amical et travailleur
- Énergique
- Besoins minimaux de toilettage
- Calme et sensible
- Adore la vie de famille

	CARACTÉRISTIQUES	NOTES
Personnalité	Loyal ; peu jaloux de son territoire ; tolérant.	
Taille	Hauteur : 58-71 cm. Poids : 20,4-34 kg.	
Exercice	Il est essentiel qu'il fasse de longues promenades à la campagne.	Il marche bien en avant de son maître quand il est libéré de sa laisse.
À la maison	S'entend bien avec les enfants ; peut dormir durant de longues périodes si elles alternent avec des séances d'exercice.	
Comportement	Aime bien jouer au frisbee ; a des instincts de chien rapporteur ; les jeunes pointers peuvent être très maladroits.	Accordez-lui du temps pour jouer.
Toilettage	Le toilettage est très simple en raison de sa robe douce et lisse.	Utilisez un gant de toilettage pour conserver le lustre de sa robe.
Problèmes de santé communs	Dysplasie de la hanche ; allergies.	Assurez-vous que l'élevage a été testé pour la dysplasie de la hanche.

Histoire

Dès le XVIIe siècle, on faisait état de l'existence de chiens semblables, mais le développement de la race telle qu'on la connaît aujourd'hui a sans doute débuté par l'importation en Angleterre d'un élevage de braques espagnols. Des croisements avec des lévriers anglais (voir page 52) ont probablement accru sa rapidité par rapport à son ancêtre européen plutôt lourd, alors que le saint-hubert (voir page 144) a amélioré ses facultés olfactives. Et le sang de foxhound anglais qui coule dans ses veines lui a donné une plus grande endurance. Le pointer est un chien de chasse spécialisé dans le gibier à plumes. Ses capacités olfactives lui permettent de repérer sa proie, mais plutôt que d'aboyer – ce qui la ferait fuir –, il s'arrête en adoptant une position caractéristique, une patte avant levée. Des épagneuls prennent ensuite la relève dans les sous-bois pour en déloger le gibier, qui sera abattu par les chasseurs.

Un chien de nature

Le pointer anglais ne sera pas heureux en milieu urbain, car la campagne est son environnement naturel. Il est très réceptif au dressage, et ses talents innés de chien d'arrêt se manifesteront très tôt, même chez les chiots récemment sevrés. Il établit des liens étroits avec les membres de la famille et s'entend bien avec les enfants. Dépourvu d'agressivité, il sera à l'aise dans un foyer comptant plusieurs chiens et même des chats.

Croupe puissante
La croupe musclée est dotée de pattes longues et puissantes, ce qui lui confère une bonne endurance.

Couleurs
La robe peut être de couleur foie, citron, orange ou noire, uniforme ou parsemée de zones de blanc.

Pieds ovales
Les pieds ovales sont dotés de longs orteils arqués et d'épais coussinets.

Mâchoire et museau
Les mâchoires sont longues et carrées et le museau est profond.

6. Le spitz finlandais

Le trait le plus frappant de cette race est son attrayante coloration, mais sa fonction première dans sa Finlande natale – où on l'appelle *suomenpystykorva* – était de chasser le gibier à plumes. Aujourd'hui, il est largement répandu dans le monde comme chien de compagnie.

EN UN COUP D'ŒIL

- Coloration frappante
- Bruyant
- Toilettage régulier essentiel
- Vigilant mais amical
- Relativement petit

Histoire

Ses origines remontent au début du XIXe siècle. Ce chien se comporte comme un pointer, avec une manière bien à lui de signaler qu'il a repéré une proie : il s'arrête au bas de l'arbre et lance un aboiement caractéristique, comme un *iodle* (chant tyrolien), qu'il peut émettre par séquences soutenues jusqu'à 160 fois par minute. Certains croient que la façon dont il remue alors sa queue à plumet hypnotise l'oiseau, qui en est paralysé. Le spitz se déplace délibérément autour de l'arbre, intensément surveillé par le gibier qui ne remarque pas l'arrivée du chasseur, ce qui cause sa perte. Surtout populaire dans le Sud finlandais, ce chien a vu son avenir menacé par les croisements à la fin du XIXe siècle, mais un programme de reproduction soigneusement appliqué pendant plus de 30 ans a assuré sa survie.

À la maison

Le principal inconvénient d'avoir un spitz finlandais comme animal de compagnie tient à son comportement sur le terrain. C'est un chien bruyant qui aboie souvent de façon répétée, ce qui, en revanche, en fait un bon chien de garde. Vigoureux de nature, il est robuste et s'avère un bon chien de famille qui aime la compagnie des enfants, mais refuse de partager le foyer avec d'autres chiens.

CARACTÉRISTIQUES		NOTES
Personnalité	Sensible mais déterminé ; pas particulièrement affectueux.	
Taille	Hauteur : 38-51 cm. Poids : 14-16 kg.	
Exercice	Aime bien se promener en forêt ; assez énergique.	Travaillez la socialisation assez tôt pour minimiser les risques de disputes avec d'autres chiens.
À la maison	Bon chien de famille.	
Comportement	Réagit bien à des méthodes de dressage positives.	Tentez dès son tout jeune âge de décourager les aboiements répétés.
Toilettage	Le toilettage doit être régulier, surtout lors de la mue ; ce n'est pas avant six mois, peut-être même plus tard, que le chien aura sa coloration d'adulte.	Brossez le sous-poil pendant la mue, surtout au printemps quand la robe est le plus fournie.
Problèmes de santé communs	Dysplasie de la hanche ; dislocation rotulienne ; épilepsie.	Assurez-vous que l'élevage a été testé pour la dysplasie de la hanche ; la dislocation rotulienne peut nécessiter une chirurgie correctrice.

7. Le retriever de la baie de Chesapeake

Cette race porte le nom de la célèbre baie du bord de l'Atlantique, au sud de Washington, où elle a été créée. Le retriever de la baie de Chesapeake est un chien rapporteur très efficace, capable de travailler dans des conditions difficiles.

Histoire

Le « chessie », comme certains l'appellent, doit son existence à deux chiots terre-neuve rescapés d'un naufrage au large des côtes du Maryland en 1807. Ces bêtes furent ensuite croisées avec des retrievers de la région, alliant ainsi la puissance et les talents de nageur du terre-neuve (voir page 145) et les habiletés de chiens rapporteurs des autres. D'autres croisements furent aussi réalisés avec des chiens à loutre et des chiens d'eau irlandais (voir page 113). L'opération fut tellement réussie que cet animal peut rapporter jusqu'à 200 canards par jour des eaux froides de la baie.

Une race au caractère unique

Ce chien possède une croupe puissante qui fait de lui un bon nageur et une tête massive qui le distingue des autres retrievers. Il établit un très fort lien avec les membres de la famille et s'avère un excellent compagnon, à condition qu'on lui permette de faire beaucoup d'exercice. Son dense sous-poil laineux le protège du froid, alors que son poil extérieur à texture huileuse est imperméable. L'excès de toilettage risque de réduire l'épaisseur du sous-poil et l'application régulière de shampoing supprimera l'huile essentielle du poil extérieur.

CARACTÉRISTIQUES		NOTES
Personnalité	Intelligent, protecteur et brave, on dit qu'il aurait sauvé des enfants de la noyade.	
Taille	Hauteur : 53-66 cm. Poids : 25-36 kg.	
Exercice	Doté d'un corps puissant et d'une grande endurance, il a besoin d'énormément d'exercice ; adore nager.	Surveillez-le près de l'eau, il pourrait y plonger.
À la maison	Bon chien de famille.	
Comportement	Découvre ses dents comme en sourire quand il est excité ; enthousiaste au travail, mais pas facile à dresser ; participant enthousiaste aux concours d'agilité et d'obéissance.	Le dressage requiert de la patience.
Toilettage	Toilettage régulier requis.	Toilettez-le une fois par semaine avec une brosse à poil court ; baignez-le trois fois par an environ.
Problèmes de santé communs	Affections oculaires telles que l'atrophie progressive de la rétine (APR) et les cataractes ; dysplasie de la hanche.	Assurez-vous que l'élevage a été testé pour ces affections.

EN UN COUP D'ŒIL

- Utile compagnon de sport
- Apparence peu commune
- Endurance considérable
- Intelligent
- Pas particulièrement facile à dresser

8. Le lagotto romagnolo

On qualifie parfois d'« or noir » la truffe en raison de sa valeur. Ce champignon qui pousse sous la terre, en symbiose avec les racines de certains arbres, est un délice gastronomique très recherché. En Italie, c'est au lagotto romagnolo que revenait la tâche de le détecter.

EN UN COUP D'ŒIL

- Ancienne race hautement spécialisée
- Chien de taille moyenne
- Extrêmement rare
- Besoins modérés de toilettage
- Odorat très fin

Histoire

Pendant de nombreuses années, les facultés olfactives de ce chien ont éclipsé son apparence. On pense qu'il est issu de retrievers originaires des lagunes de la région de Ravenne et que son existence remonte à plus de 500 ans, comme en témoigne un tableau datant de 1474. Son activité de chien de truffe débuta dans les collines de Romagne. Littéralement, son nom se traduit par « chien d'eau de Romagne », *lago* signifiant « lac » en italien ; de fait, ce chien est un excellent nageur. Mais ce n'est pas avant les années 1970 qu'eurent lieu les premières tentatives d'homologation à des fins d'exposition. En 1988, un club voué à la promotion de la race fut formé et, une décennie plus tard, une organisation internationale fut créée. Le lagotto romagnolo est employé aujourd'hui comme chien d'utilité dans plusieurs pays d'Europe, de l'Espagne à la Scandinavie. Sa sensibilité olfactive est telle qu'il peut repérer une truffe à 30 cm dans le sol.

La robe

La robe de cet excellent compagnon peut être blanchâtre, orange ou marron. Les chiots qui naissent avec un poil marron et blanc sont susceptibles de perdre leurs taches blanches avec le temps. Bien que la question du toilettage ne fasse pas l'unanimité, il est recommandé de tailler le poil de ce chien de temps à autre pour ne pas qu'il obstrue sa vision ; laissé long, il peut aussi s'emmêler.

Oreilles triangulaires
Les oreilles sont très grandes et triangulaires. Larges à leur base, elles sont attachées juste au-dessus du niveau des yeux.

Cou puissant
Le cou est relativement court, mais très puissant et légèrement arqué.

Couleurs variables
La robe peut être blanchâtre ou blanche avec des taches orange ou marron, uniformément marron ou orange, ou encore rouanne.

Robe bouclée
Le poil est dense et bouclé, de texture laineuse et imperméable.

CARACTÉRISTIQUES		NOTES
Personnalité	Déterminé, intelligent, dévoué.	
Taille	Hauteur : 41-48 cm. Poids : 11-16 kg.	
Exercice	Race énergique qui a besoin de beaucoup d'exercice ; nageur enthousiaste.	L'exercice quotidien est requis ; surveillez-le près de l'eau, car il pourrait y plonger.
À la maison	Est heureux dans un foyer s'il peut faire de l'exercice, sinon il risque de s'ennuyer.	
Comportement	S'adapte facilement et aime jouer, ramène les jouets avec empressement ; travailleur dévoué.	Accordez-lui du temps pour jouer et ne négligez pas sa stimulation mentale.
Toilettage	Ses boucles denses doivent être évidentes ; si son poil est taillé, sa longueur devrait être de 2,5 à 3,8 cm.	Coupez les poils dans le canal auditif.
Problèmes de santé communs	Dysplasie de la hanche ; épilepsie juvénile.	Assurez-vous que l'élevage a été testé pour la dysplasie de la hanche.

9. Le retriever de Nouvelle-Écosse

Le retriever de Nouvelle-Écosse, une autre race de chien de chasse spécialisée, porte le nom de la province canadienne où il a été créé. Ce chien attire le gibier d'eau à portée des armes des chasseurs.

Histoire

Traditionnellement, les chasseurs lançaient dans l'eau des «bâtons d'appât» que ces chiens récupéraient; les éclaboussures qu'ils provoquaient ainsi attiraient le gibier là où les chasseurs l'attendaient. Ensuite, les chiens plongeaient dans l'eau profonde et rapportaient les oiseaux abattus. Un large éventail de chiens de chasse – et même des colleys – ont contribué à cette lignée dont les origines remontent aux années 1860. L'une des caractéristiques les plus marquantes qui distinguent cette race des autres retrievers est son port de tête, plus élégant et semblable à celui du renard, bien que ses mâchoires demeurent puissantes.

Apparence et style

La coloration de ce retriever est distinctive, avec sa teinte rougeâtre qui peut varier du blond au cuivré, souvent parsemée de taches blanches sur le corps. Dans certaines portées, mais rarement, on trouve des chiens de couleur chocolat. Il s'agit de la plus petite race de retrievers, sans doute dû au sang d'épagneul coulant aussi dans ses veines. Son poil double lui offre une bonne protection dans l'eau. Même s'il n'est pas très répandu, on le trouve aujourd'hui – outre en son Canada natal – dans plusieurs pays où il est apprécié comme animal de compagnie. Ce chien actif a besoin de grands espaces.

CARACTÉRISTIQUES		NOTES
Personnalité	Affectueux, mais concentré au travail.	
Taille	Hauteur: 43-53 cm. Poids: 17-23 kg.	
Exercice	Race énergique qui a besoin de beaucoup d'exercice; plonge spontanément dans les étangs, lacs et autres plans d'eau.	L'exercice quotidien est requis; surveillez-le près de l'eau, car il pourrait y plonger.
À la maison	Bon chien de famille; patient avec les enfants.	
Comportement	Assez extraverti de nature; peut être réservé dans un environnement inhabituel ou envers des étrangers.	Accordez-lui du temps pour jouer afin d'établir un lien; évitez de lui lancer des bouts de bois pour ne pas le blesser: le frisbee est plus indiqué!
Toilettage	Le toilettage est particulièrement important au printemps et lors de la mue.	Brossez-le chaque semaine.
Problèmes de santé communs	Dysplasie de la hanche; atrophie progressive de la rétine (APR).	Assurez-vous que l'élevage a été testé pour ces affections.

EN UN COUP D'ŒIL

- Coloration étonnante
- Attentif
- Facile à dresser
- Nature enjouée
- Compagnon affectueux

10. Le cairn-terrier

Dans certaines parties de l'Écosse, des amoncellements de pierres ont traditionnellement marqué des limites territoriales, lesquelles servaient de refuges aux rongeurs et même aux renards. Les fermiers de ces régions employaient ces courageux petits terriers pour en déloger les indésirables.

EN UN COUP D'ŒIL

- Figure marquante de l'histoire de l'Écosse
- Plein d'entrain
- Vifs instincts de chasseur
- Pas particulièrement amical envers les autres chiens
- Sujet aux affections héréditaires

CARACTÉRISTIQUES		NOTES
Personnalité	Déterminé, curieux, vigilant; intelligent, mais pas toujours facile à dresser.	
Taille	Hauteur: 25-33 cm. Poids: 6,3-8 kg.	Des poids plus élevés et plus faibles ont été enregistrés.
Exercice	Aime trotter; peut avoir beaucoup d'endurance, mais n'est pas un sprinter; aime explorer dehors, peu importe la température.	Accordez-lui une promenade quotidienne et l'occasion de jouer dehors.
À la maison	Aime explorer autour de la maison et dans la cour.	Il peut lui arriver de creuser, comme beaucoup de terriers.
Comportement	Pas toujours aussi réceptif qu'on le voudrait; à l'affût des animaux nuisibles.	
Toilettage	Il est très important que les poils morts soient enlevés à la main, sinon il pourrait souffrir d'affections cutanées.	
Problèmes de santé communs	Sujet à toute une gamme de problèmes héréditaires tels que les cataractes et la maladie de von Willebrand, qui affecte le sang.	Les recherches continuent afin de détecter et de guérir ces affections, mais on ne peut pas toutes les déceler à l'heure actuelle.

Traits faciaux
Le crâne est large et pourvu de poils plus longs. Les oreilles sont petites et dressées.

Corps
Le corps est puissant et les côtes sont étendues.

Poil à l'épreuve des intempéries
La robe possède une texture solide et à l'épreuve des intempéries; elle peut être de n'importe quelle couleur sauf blanche.

Queue dressée
La queue est dressée, mais ne courbe pas vers l'avant au-dessus du dos.

Histoire

Le cairn-terrier est l'une des plus anciennes lignées de terriers, ses ancêtres ayant vécu dans les Hébrides extérieures et sur l'île de Skye depuis plus de 400 ans. Au cours de cette période, son apparence a étonnamment peu changé et il est probable que ce chien a contribué à l'ascendance d'autres races de terriers originaires d'Écosse, dont le terrier écossais (voir page 125). Ces dernières années, on a observé chez le cairn-terrier d'Amérique du Nord une tendance à devenir plus petit que son congénère européen. Dans certains cas extrêmes, il peut peser à peine 3 kg, soit la moitié du poids officiel recommandé pour un adulte. Cette tendance à la miniaturisation pourrait avoir une influence néfaste sur la race et augmenter l'incidence des déficiences génétiques auxquelles elle est exposée.

À prendre en compte

Tout petit qu'il soit, le cairn-terrier a une forte personnalité mais, contrairement à d'autres terriers du même type, il est plutôt gentil avec les enfants. La race comporte un bon éventail de couleurs. L'apparence des chiens tachetés se modifie fréquemment avec l'âge. Dans certains cas, la robe peut pâlir et devenir plus argentée, alors que dans d'autres, le noir devient prédominant. Le cairn-terrier doit être épilé à la main, car le rasage affecterait le poil extérieur rêche qui le distingue.

Des chiens **destinés à des maîtres extravertis, à ceux qui ont leur propre conception de la beauté et aux foyers comptant des adolescents.**

Chien nu mexicain

Les chiens étranges et magnifiques

Shar-peï

Si les apparences peu communes vous attirent lorsque vient le temps de choisir un chien, vous trouverez sans doute dans ce chapitre la race qui vous convient. Mais n'oubliez pas que la beauté est quelque chose de subjectif et ne vous attendez pas à ce que les gens – même les membres de votre famille – partagent nécessairement votre enthousiasme… Le chien nu mexicain, par exemple, suscite de fortes réactions, en raison de son corps non velu.

Certaines de ces races sont relativement nouvelles sur la scène canine internationale ; le lévrier d'Ibiza et le shar-peï, par exemple, sont devenus populaires en peu de temps, alors que d'autres, comme le lundehund (chien norvégien de macareux), demeurent rares. Plusieurs de ces bêtes ont un passé unique de chien d'utilité, aucun d'entre eux n'ayant été d'abord un animal de compagnie. Leur taille et leur tempérament variant beaucoup, il demeure difficile d'en tirer des conclusions générales. Cependant, si vous examinez les objectifs pour lesquels ces races furent créées, cela devrait vous indiquer si l'une ou l'autre convient à votre foyer.

1. Le mâtin de Naples

Ce poids lourd de l'univers canin a une apparence véritablement unique. On l'a cruellement surnommé « l'hippopotame du monde canin », mais il n'en est pas moins doté d'une nature très active.

EN UN COUP D'ŒIL

- Chien massif
- Appétit vorace
- Extrêmement puissant
- Tempérament calme
- Paraît effrayant, mais est relativement placide

Histoire

Le mâtin de Naples fait partie d'une vieille lignée remontant à l'époque d'Alexandre le Grand, qui régna sur la Grèce de 336 à 323 av. J.-C. Ses ancêtres furent ensuite amenés à Rome, où on les utilisa comme chiens de combat en raison de leur réputation d'agressivité. Mais la lignée moderne a un comportement bien différent, et le mâtin de Naples est aujourd'hui d'une nature plus calme et plus docile. Les efforts du peintre italien Piero Scanzani (1908-2003) permirent à la race d'être homologuée en Italie en 1946. Depuis, sa notoriété est mondiale.

	CARACTÉRISTIQUES	NOTES
Personnalité	Loyal ; timide avec les étrangers.	
Taille	Hauteur : 61-79 cm. Poids : 50-77 kg.	
Exercice	N'aime pas particulièrement courir, sauf sur de courtes distances.	Évitez l'exercice par temps chaud, car il est vulnérable aux coups de chaleur.
À la maison	A besoin de grands espaces ; ne convient pas à un foyer avec de jeunes enfants.	
Comportement	Peut être maladroit ; a une immense portée debout ; ne montre pas de signe de douleur à moins que ce ne soit grave ; salive beaucoup ; apprend rapidement.	Ne laissez pas de nourriture sur les surfaces de travail ; essuyez la bave de sa face, au besoin.
Toilettage	L'entretien de la robe est simple ; un brossage régulier suffit.	Surveillez les plis de sa peau, qui pourraient s'infecter. Essuyez-les avec un linge humide et propre.
Problèmes de santé communs	Affections oculaires ; dégénérescence du muscle cardiaque ; dysplasie de la hanche ; longévité relativement faible, comme beaucoup de gros chiens.	Assurez-vous que l'élevage a été testé pour les problèmes oculaires et la dysplasie de la hanche.

Immense tête
La tête est massive avec un fanon très proéminent et des rides prononcées.

Cuisses et pieds
Les cuisses sont très puissantes. Les pieds arrière sont légèrement plus petits que ceux de devant.

Couleurs
La robe peut être grise (bleue), noire, fauve ou acajou, avec parfois de petites taches blanches.

Grands pieds
Les pieds sont arrondis et très grands, dotés d'orteils arqués et d'ongles de couleur foncée.

Un appétit gargantuesque

Leur taille énorme fait que ces chiens sont beaucoup trop massifs pour bien des foyers, leur puissante queue pouvant aisément faucher les objets posés sur des tables basses. Leur appétit considérable rend leur alimentation onéreuse. Comme les autres dogues, ils ont tendance à baver, en particulier par temps chaud et à l'heure des repas.

Les maîtriser lorsqu'ils sont en laisse exige aussi beaucoup de force et il est essentiel de bien les dresser pour vous faciliter la tâche. En revanche, ce sont d'excellents compagnons, très calmes malgré leur instinct de protection.

2. Le chien nu mexicain

En espagnol, le nom de cette bête est *xoloitzcuintli*, ce qui signifie « chien du dieu Xolotl », une figure importante de la culture aztèque.

EN UN COUP D'ŒIL

- Apparence frappante
- Race ancienne
- Coloration unique
- Obéissant
- Peut s'avérer hypoallergénique
- Dénué d'odeur canine

CARACTÉRISTIQUES		NOTES
Personnalité	Amical ; plutôt timide avec les étrangers.	
Taille	Hauteur : 23-46 cm. Poids : 2,2-18 kg.	Trois catégories sont homologuées : nain, miniature et grand.
Exercice	Plein d'entrain ; aime la promenade.	Procurez-lui suffisamment d'exercice, car il tend à prendre du poids ; faites-lui porter un chandail par temps froid et appliquez une crème solaire pour chien par temps chaud.
À la maison	Bon chien de famille ; s'entend bien avec les enfants ; doit passer la nuit à l'intérieur ; bon chien de garde.	
Comportement	Apprend rapidement et est d'un naturel obéissant.	
Toilettage	Possède des zones duvetées sur la tête, le bas des pattes et la queue ; le toilettage des chiens tachetés est plus exigeant que celui des chiens de couleur uniforme.	Toilettez les zones de duvet ; frottez le corps avec une éponge humide ; appliquez une lotion une ou deux fois par mois ; vérifiez la propreté des oreilles.
Problèmes de santé communs	Vulnérable au cancer de la peau ; comme c'est souvent le cas pour les races glabres, il lui manque parfois des dents ; jouit d'une bonne santé et d'une espérance de vie d'environ 15 ans.	Éloignez-le du soleil dans les moments les plus chauds de la journée.

Soins particuliers

Qu'on aime ou pas son apparence, une fois qu'on a fait la connaissance de ce chien, on tombe sous le charme. Il est doté d'un tempérament très amical et aime bien la vie de famille, ce qui en fait un excellent compagnon. Toutefois, par temps chaud, son absence relative de poils le rend vulnérable aux coups de soleil et éventuellement au cancer de la peau ; durant l'hiver, il est sensible au froid et il faut donc lui faire porter un chandail, surtout à l'extérieur.

Histoire

Tout indique qu'à l'époque précolombienne, il existait plusieurs races de chiens non poilus dans le Nouveau Monde. On les utilisait pour réchauffer les lits, parfois on consommait leur viande et on s'en servait comme objets de sacrifice. Le chien nu mexicain est l'exemple le plus connu de ces races qui ont survécu. Il n'est pas entièrement dépourvu de poils : il en a sur les pieds et les pattes, à l'extrémité de la queue et sur le dessus de la tête. De plus, comme c'est le cas d'autres races essentiellement « nues », on trouve à l'occasion dans une portée des individus duvetés qu'on appelle *powder puff* (« houppette »). Cette race particulière fut introduite aux États-Unis en 1883, mais est demeurée très peu répandue sur la scène internationale jusqu'aux années 1980.

3. Le komondor

Ce chien de berger est la plus massive des races originaires de Hongrie et se distingue nettement par son pelage filandreux. Son nom signifie en magyar « chien des Cumans », une peuplade qui a envahi la Hongrie au XIIIe siècle.

EN UN COUP D'ŒIL

- Race ancienne
- Poil distinctif à l'épreuve des intempéries
- Intelligent
- Loyal et protecteur
- Indépendant

CARACTÉRISTIQUES		NOTES
Personnalité	Attentif et loyal ; très vigilant et parfois intrépide ; n'aime pas d'emblée les visiteurs.	Surveillez-le en présence de visiteurs.
Taille	Hauteur : 66-76 cm. Poids : 36-61 kg.	
Exercice	Comme c'est un chien actif et énergique, il lui faut une bonne promenade quotidienne.	Tenez-le à distance du bétail, car il pourrait vouloir s'y mêler.
À la maison	Vigilant et alerte à l'approche d'étrangers.	Favorisez la socialisation à un tout jeune âge.
Comportement	Dressage plus exigeant qu'avec d'autres races ; a des phases d'indépendance.	Soyez patient lors du dressage.
Toilettage	Bien que doux, le poil du chiot deviendra vite filandreux et bientôt impénétrable ; ce processus devrait être complété avant l'âge de deux ans.	Peignez-le régulièrement, sinon d'immenses enchevêtrements de fils apparaîtront.
Problèmes de santé communs	Dysplasie de la hanche.	Assurez-vous que l'élevage a été testé pour la dysplasie de la hanche.

Histoire

Les ancêtres du komondor sont probablement originaires d'Asie, où ils étaient sans doute déjà présents au XIe siècle. Établie en Hongrie il y a 500 ans, la race s'est peu altérée depuis, sauf pour sa taille qui s'est légèrement accrue. Ce chien est encore utilisé comme gardien de troupeaux, protégeant moutons et bétail des voleurs et des prédateurs tel le loup, la tâche de mener les troupeaux étant confiée au puli, plus petit (voir page 64). Son pelage épais et filandreux lui offre une protection contre les attaques des loups. Traditionnellement, les chiots de cette race étaient élevés avec les moutons qu'ils allaient garder à l'âge adulte, ce qui créait entre eux un lien étroit. Le même principe s'applique de nos jours lorsqu'un komondor fait son entrée tout jeune dans un foyer, où il a toutes les chances de devenir un compagnon exceptionnellement loyal.

Dos solide
Le dos est fort et droit et le cou, musclé et légèrement arqué.

Queue dissimulée
La queue tombe au niveau des jarrets, mais elle peut être cachée sous le pelage.

Poitrine puissante
La poitrine est très puissante et profonde.

Vivre avec un komondor

La robe du komondor est toujours blanchâtre, cette coloration lui permettant de se confondre avec les moutons qu'il a pour tâche de défendre. En plus de le protéger des attaques, son pelage le préserve également du froid. Il est aussi important de tenir compte du tempérament de ce chien, qui a tendance à se montrer plutôt indépendant et pas particulièrement affectueux.

4. Le lévrier d'Ibiza

Le lévrier d'Ibiza, qui porte le nom de l'île dont il est originaire, possède un cou long et étroit ainsi que de grandes oreilles dressées, particulièrement larges à leur base et qui le distinguent des autres races apparentées. Ses yeux sont d'une teinte ambrée attrayante.

EN UN COUP D'ŒIL
- Coloration personnalisée
- Généralement en bonne santé
- Très rapide à la poursuite d'une proie
- Plus réceptif au dressage que certains autres chiens courants
- Vifs instincts de chasseur

CARACTÉRISTIQUES		NOTES
Personnalité	Extraverti ; sensible.	
Taille	Hauteur : 61-74 cm. Poids : 20,4-29,4 kg.	
Exercice	A besoin d'exercice quotidien ; peut confondre les petits chiens avec des lapins et les prendre en chasse quand il est sans laisse.	Tenez-le loin des petits chiens ou muselez-le.
À la maison	S'adapte bien à la vie de famille.	Assurez-vous que son enclos est bien clôturé car il saute très bien.
Comportement	De nature calme, il aboie en général quand quelque chose ne va pas ; s'entend bien avec les chiens de même taille ; enjoué ; a des moments d'indépendance.	Prodiguez-lui de l'encouragement lors du dressage.
Toilettage	Un simple brossage suffit ; il faut parfois tailler la robe du chien à poil dur.	Brossez-le, au besoin.
Problèmes de santé communs	Épilepsie ; allergies ; surdité ; cataractes.	Les produits chimiques domestiques peuvent provoquer des allergies ; nettoyez panier et jouets avec des produits hypoallergéniques.

Histoire

Le lévrier d'Ibiza est étroitement apparenté à d'autres races provenant des îles de la région, dont le chien du pharaon (voir page 102), et il a avec elles une ascendance commune. Ces chiens sont vraisemblablement tous issus de lignées qui existaient déjà dans l'ancienne Égypte et furent propagées en Méditerranée par les Phéniciens. Le lévrier d'Ibiza demeura largement confiné à son île jusque dans les années 1950, bien qu'il ait été employé auparavant comme chien de chasse en France et en Allemagne. Il devint ensuite populaire dans les expositions, en Europe et ailleurs ; il est arrivé aux États-Unis en 1956. Ce chien est un excellent chasseur de lapins, particulièrement habile en terrain difficile. On l'emploie généralement seul ou en paire, et à l'occasion en petite meute. On préfère les femelles pour accomplir ces tâches, car certains estiment qu'elles y sont meilleures que les mâles.

Un compagnon de style

La coloration attrayante et l'élégance du lévrier d'Ibiza – qui se distingue d'emblée du chien du pharaon par les taches blanches de taille variable parsemant son corps – ont largement contribué à sa popularité. La robe de certaines bêtes est entièrement blanche. Il existe deux variantes : à poil lisse et doux (de loin la plus commune) et à poil dur. Bien qu'il soit classé comme un chien courant, le lévrier d'Ibiza possède une ouïe fine, ce qui peut aussi l'aider à localiser sa proie.

5. Le dandie dinmont-terrier

Il s'agit de la seule race de chien portant le nom d'un personnage fictif, issu d'un roman de sir Walter Scott, *Guy Mannering ou l'Astrologue*, qui aurait eu pour modèle un fermier nommé James Davidson, éleveur de terriers.

EN UN COUP D'ŒIL

- Apparence unique
- Plein d'entrain
- Toilettage professionnel requis
- Intelligent
- Instincts de chasseur

Histoire

Les chiens d'utilité de type terrier étaient traditionnellement élevés dans les régions frontalières chevauchant l'Angleterre et l'Écosse et les ancêtres du dandie dinmont ne font pas exception. En 1800, James Davidson fit l'acquisition de deux de ces bêtes nommées Tarr et Pepper, les mêmes noms que Walter Scott a utilisés dans son roman, ce qui confirme la source de son inspiration. Après la parution de son livre, les chiens de Davidson furent bientôt connus sous le nom dandie dinmont-terriers, d'après l'un de ses personnages, et le nom leur est resté. Il n'est pas clair, toutefois, si cette race est uniquement issue de terriers locaux. Certains estiment que le corps long et abaissé de ce chien illustre une parenté possible avec le teckel (voir page 53).

Des soins particuliers

Ses traits caractéristiques – houppe de poils sur la tête et longues oreilles – ont été développés plus tard, à mesure que la race devenait populaire sur les stands d'exposition canine. Mais elle a quand même conservé ses attributs de terrier, notamment une passion pour la chasse aux animaux nuisibles, dont les rongeurs et même les lapins et les blaireaux. La longueur de son corps rend ce terrier particulièrement vulnérable aux maladies du disque intervertébral ; pour minimiser les risques, on devrait toujours, durant la promenade, lui faire porter un harnais plutôt qu'un collier qui exerce une pression sur son cou. Il ne faut pas l'encourager à sauter sur les chaises ou à gravir les escaliers, car ces deux activités pourraient lui causer des problèmes discaux.

CARACTÉRISTIQUES		NOTES
Personnalité	Réservé, en particulier avec les étrangers.	
Taille	Hauteur : 20-28 cm. Poids : 8-11 kg.	Surveillez son poids, car l'obésité augmente les risques de problèmes intervertébraux.
Exercice	Aime bien trotter sur ses courtes pattes, déployant beaucoup d'endurance ; enclin à s'aventurer dans les terriers durant la promenade.	
À la maison	S'adapte bien à la vie en appartement, surtout s'il a accès à une cour ; son aboiement évoque celui d'un chien beaucoup plus gros, ce qui en fait un bon chien de garde.	Installez une barrière de sécurité pour l'empêcher de grimper les escaliers ; ne lui permettez pas de sauter sur les chaises.
Comportement	Peut se montrer très têtu, ce qui complique le dressage, et est parfois possessif à l'égard des jouets ; enjoué.	Soyez patient durant le dressage.
Toilettage	Brossage et peignage requis ; a tendance à ne pas muer, de sorte que l'épilation à la main par un professionnel est recommandée.	Toilettez-le une fois par semaine.
Problèmes de santé communs	Faiblesse de la colonne vertébrale ; dislocation rotulienne ; épilepsie.	La dislocation rotulienne peut nécessiter une chirurgie correctrice.

6. Le chien de Canaan

Cette race est peu commune parce qu'elle descend d'une population de chiens à demi sauvages. Reconnu aujourd'hui comme le chien national d'Israël, il s'agit jusqu'à maintenant de la seule race conçue exclusivement dans cette partie du Moyen-Orient.

EN UN COUP D'ŒIL

- Origines très peu communes
- Rayonnement international
- Très bonne faculté d'adaptation
- Coloration et motifs variables
- Peut être bruyant à l'occasion

CARACTÉRISTIQUES		NOTES
Personnalité	Concentré et capable de s'adapter; généralement méfiant envers les étrangers.	Gardez-le à l'œil en présence d'étrangers.
Taille	Hauteur: 48-61 cm. Poids: 16-25 kg.	
Exercice	L'exercice est essentiel, car cela altère ses instincts de nomade.	Offrez-lui une longue promenade quotidienne.
À la maison	A tendance à vouloir s'enfuir.	Assurez-vous que les grilles de la cour sont hermétiques.
Comportement	Vigilant; distrait à l'occasion; peut se montrer indépendant par moments; aboie facilement.	
Toilettage	Un brossage régulier suffit; toilettage plus fréquent lors de la mue.	Brossez-le une fois par semaine.
Problèmes de santé communs	Dysplasie de la hanche; atrophie progressive de la rétine (APR); épilepsie.	Assurez-vous que l'élevage a été testé pour la dysplasie de la hanche et l'APR.

Histoire

Les ancêtres du chien de Canaan étaient des chiens parias vivant en périphérie d'installations humaines, où ils se nourrissaient des restes qu'ils trouvaient. Ils sont depuis des millénaires dans cette région où on a découvert les plus anciens ossements de chiens domestiques jamais trouvés au Moyen-Orient. Les tribus de Bédouins du désert du Néguev se sont entourées de ces bêtes pendant très longtemps. En 1935, quand le professeur Rudolphina Menzel était à la recherche de chiens d'utilité à des fins militaires, elle vérifia si ces chiens parias pouvaient convenir et découvrit qu'ils s'adaptaient très rapidement à un environnement domestique. Elle choisit des bêtes dont la charpente était semblable à celle d'un colley, bien que, de façon générale, ces chiens ressemblent plus à des spitz, en raison de leurs oreilles dressées et de leur queue recourbée.

Hier et aujourd'hui

Le chien de Canaan forme aujourd'hui une race distincte, mais son comportement témoigne à bien des égards de son passé. Comme il est originaire d'une région désertique, il semble boire moins que la plupart des chiens. Il affiche également une forte tendance à creuser, imitant en cela la façon dont ses ancêtres fouillaient des terriers dans le désert. On trouve de nos jours peu de ses parents vivant à l'état sauvage dans le désert du Néguev, car ceux-ci ont été éliminés par crainte de la rage, mais il en existe encore quelques-uns autour des campements de Bédouins.

7. Le rhodesian ridgeback

Bien qu'il ait été conçu en Afrique du Sud, c'est au Zimbabwe – autrefois appelé Rhodésie – que ce chien à crête dorsale a connu la notoriété, comme l'atteste son nom. Parce qu'il accompagnait fréquemment les chasseurs en safari à la recherche de proies dangereuses, certains l'appellent le chien lion d'Afrique.

EN UN COUP D'ŒIL

- Intrépide, sans peur
- Robe unique
- Coloration distinctive
- Actif de nature
- Mieux adapté aux climats chauds
- Fort

Histoire

Les premiers colons européens établis au sud de l'Afrique amenèrent avec eux des chiens d'Europe, mais réalisèrent qu'ils s'adaptaient mal à leur nouvel environnement. Ils y découvrirent cependant une race africaine très distinctive, appelée hottentot, du nom de la tribu qui l'avait créée. Le rhodesian ridgeback (chien de Rhodésie à crête dorsale) est issu de croisements entre des races européennes, dont le dogue allemand (voir page 82), le mastiff (voir page 124), et le hottentot. Résultat : une race intrépide et courageuse.

La crête

Bien que le hottentot soit aujourd'hui disparu, son trait le plus caractéristique – une crête au milieu du dos – s'est transmis au chien rhodésien. Cette crête épouse un modèle très précis : deux mèches de poils appelées couronnes se font face près des épaules, créant l'impression d'un éventail qui rejoint la crête elle-même, laquelle se prolonge jusqu'au niveau des hanches. La crête est formée par les poils qui poussent dans des directions différentes le long du dos. On trouve aujourd'hui des chiens rhodésiens partout dans le monde et dans les grandes expositions canines. Ils aiment les grands espaces, en particulier les fermes ou les ranches, plutôt que la ville.

CARACTÉRISTIQUES		NOTES
Personnalité	Amical et brave ; sensible.	
Taille	Hauteur : 61-69 cm. Poids : 32-38,5 kg.	
Exercice	C'est un chien athlétique qui a besoin régulièrement de courir sans laisse.	Assurez-vous qu'il a assez d'exercice ; sinon, il peut causer des problèmes.
À la maison	Chien de garde loyal dans un environnement domestique.	Travaillez sa socialisation dès son jeune âge pour qu'il accepte les visiteurs.
Comportement	Obstiné ; le dressage doit débuter très tôt ; pas toujours bien disposé envers les autres chiens.	Assurez-vous que le dressage est une expérience positive.
Toilettage	Le toilettage est simple ; la crête conserve sa forme sans intervention externe.	
Problèmes de santé communs	Sinus dermoïde, une anomalie du développement qui peut être liée à la crête.	Faites examiner votre chiot par un vétérinaire pour détecter cette affection qui peut se révéler grave.

8. Le shar-peï

Lorsqu'il fut découvert par les cynophiles occidentaux, le shar-peï était en voie d'extinction. C'est un article de magazine écrit par un passionné des chiens domicilié à Hong Kong qui mit en lumière la triste situation de cette race et lui permit, au bout du compte, de survivre.

CARACTÉRISTIQUES		NOTES
Personnalité	Sans peur, combatif et parfois têtu ; les éleveurs occidentaux se sont attachés à produire des shar-peïs faciles à vivre ; vigilant envers les étrangers.	Surveillez-le en présence d'étrangers.
Taille	Hauteur : 46-51 cm. Poids : 20,4-27 kg.	Les mâles sont souvent plus carrés et plus gros que les femelles.
Exercice	Chien énergique qui a besoin d'une longue promenade chaque jour.	Travaillez la socialisation très jeune afin de réduire ses instincts agressifs envers les autres chiens.
À la maison	Chien de garde loyal.	
Comportement	S'adapte bien et apprend rapidement ; bonnes capacités olfactives ; se distingue dans les concours d'agilité et d'obéissance.	
Toilettage	Le toilettage est très simple ; « shar-peï » se traduit à peu près par « peau de sable ».	Attention aux infections dans les plis de la peau.
Problèmes de santé communs	Affections cutanées ; entropion, par lequel les paupières s'enroulent vers l'intérieur de l'œil occasionnant des frottement sur le globe oculaire.	L'entropion peut nécessiter une chirurgie correctrice.

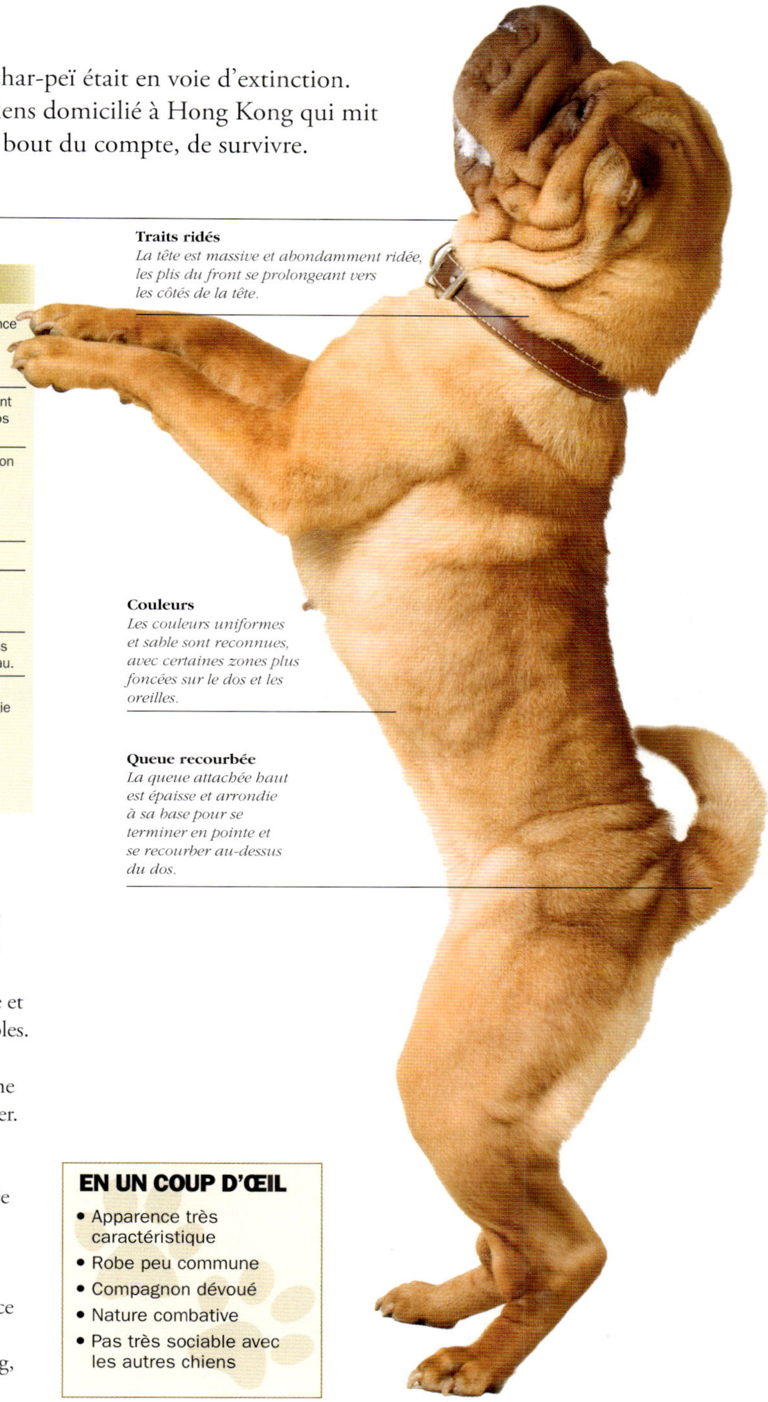

Histoire

Les origines du shar-peï remontent à plus de 2000 ans. Il descend du chien han, employé comme gardien sous la dynastie du même nom, et partage ses origines avec le chow-chow (voir page 60), comme l'illustre le fait que les deux races ont une langue bleuâtre. Le shar-peï se fixa finalement au sud de la Chine, où il fut au fil des siècles chien de garde et meneur de troupeaux ; on s'en servit aussi pour tuer les animaux nuisibles. Toutefois, c'est comme chien de combat qu'il devint le mieux connu : en raison de sa peau ridée, son adversaire pouvait difficilement avoir une prise sur son corps ; son poil hérissé a une texture désagréable au toucher.

Un chien qui revient de loin

Quand les éleveurs occidentaux s'aperçurent de la situation désespérée de cette race à la fin des années 1970, il n'existait sans doute pas plus de 60 shar-peïs dans le monde. Certaines bêtes furent alors amenées aux États-Unis et en Allemagne ; aujourd'hui, avec plus de 100 000 individus en Amérique du Nord seulement, l'avenir de la race est assuré. Le shar-peï présente une robe de longueur variable, allant de la « robe de cheval » courte au pelage en brosse, beaucoup plus long, dont les poils peuvent mesurer jusqu'à 2,5 cm.

EN UN COUP D'ŒIL

- Apparence très caractéristique
- Robe peu commune
- Compagnon dévoué
- Nature combative
- Pas très sociable avec les autres chiens

9. Le bouledogue anglais

L'apparence de cette race s'est considérablement modifiée au fil des siècles. Les bouledogues anglais (ou *bulldogs*) sont des animaux de compagnie généralement placides et beaucoup moins athlétiques que leurs ancêtres. Ils sont aussi beaucoup plus petits, étant aujourd'hui plus bas sur pattes.

EN UN COUP D'ŒIL

- Excellent compagnon
- Problèmes de santé importants
- Beaucoup plus calme que les autres bouledogues
- Pas particulièrement actif
- Ne vieillit pas bien

Histoire

Comme son nom l'indique en anglais, le *bulldog* fut conçu à l'origine pour se mesurer à des taureaux, un spectacle très populaire du XIIIe siècle jusqu'en 1835, où il fut interdit. Les chiens devaient alors bondir sur la tête du taureau et s'agripper à son museau sans lâcher prise. Le museau très large et aplati du bouledogue anglais lui permettait de s'y ancrer fermement tout en réussissant à respirer. Grâce à sa petite taille, il pouvait se soustraire aux coups de corne de l'animal féroce. Après l'interdiction de ce type de combat, le bouledogue anglais devint rapidement populaire dans les expositions canines. Avec le temps, son apparence s'est modifiée, ce qui a compromis sa santé. Les éleveurs déploient aujourd'hui beaucoup d'efforts afin d'améliorer la situation.

La race actuelle

La personnalité attachante du bouledogue anglais en fait sans aucun doute un chien très amical. Comme c'est le cas des autres races au nez plat, il est vulnérable aux coups de chaleur et ne devrait s'adonner à l'exercice que dans la relative fraîcheur du matin ou de la soirée et jamais en milieu de journée. Il est très fréquent que ces chiens ronflent, en raison de la forme de leur truffe. Certains types de bouledogues ressemblent davantage à la forme originale de la race par leur taille, mais aussi par leur tempérament plus combatif.

CARACTÉRISTIQUES		NOTES
Personnalité	Affectueux ; placide et facile à vivre.	
Taille	Hauteur : 30-36 cm. Poids : 18-22,7 kg.	Surveillez son poids, car l'obésité peut lui causer des problèmes.
Exercice	Se contente d'une promenade au parc ; il trotte plutôt qu'il ne court.	Évitez l'exercice dans les moments les plus chauds de la journée.
À la maison	N'est pas fait pour la vie en appartement ; bon avec les enfants et les autres animaux, y compris les chats ; aime la compagnie des humains et passer du temps en famille.	Consacrez-lui du temps.
Comportement	Pas très actif, mais aime bien explorer dans la maison.	
Toilettage	Le toilettage est simple, un brossage hebdomadaire suffit.	Portez attention aux plis de la peau qui peuvent s'infecter et assurez-vous que les ongles ne sont pas trop longs.
Problèmes de santé communs	Plus fort taux de dysplasie de la hanche que chez toute autre race ; les affections cardiaques congénitales sont un problème sérieux ; la tête massive nécessite parfois une césarienne.	Assurez-vous que l'élevage a été testé pour la dysplasie de la hanche ; les chiots devraient subir un examen complet chez le vétérinaire.

10. Le lundehund

Le nom de ce chien d'origine norvégienne illustre l'objectif pour lequel cette race fut créée, puisque *lunde* signifie « macareux » en norvégien. À une certaine époque, ces oiseaux de mer étaient fort estimés pour leur chair, mais il fallait un talent particulier pour les attraper lorsqu'ils touchaient terre pour nicher, et c'est en quoi ce chien devint très utile.

EN UN COUP D'ŒIL

- Histoire intéressante
- Traits anatomiques uniques
- Race primitive
- Dressage difficile
- Graves problèmes digestifs possibles

Histoire

Peu de races sont plus spécialisées que le lundehund, aussi appelé chien norvégien de macareux. Il possède même des orteils supplémentaires qui l'aident à conserver son équilibre lorsqu'il escalade une falaise. Ses pattes avant sont très souples, tout comme son cou, ce qui lui permet de se glisser aisément dans les antres où se terrent les macareux. Même ses oreilles dressées peuvent se replier afin de le protéger des intempéries et des souillures de ces environnements particuliers. On trouve des mentions de ce chien remontant à plus de 400 ans, mais quand l'usage de filets commença à être largement répandu pour la capture des oiseaux, le nombre de lundehunds connut un déclin marqué, aggravé par des vagues de la mortelle maladie de Carré, si bien qu'en 1963, il n'en restait plus que six, dont cinq issus de la même mère. Mais le lundehund fut sauvé de l'extinction par un rigoureux programme de reproduction. Sur 1500 individus, il en existe aujourd'hui quelque 350 aux États-Unis, où la race fit son apparition en 1987.

CARACTÉRISTIQUES		NOTES
Personnalité	Curieux et plein d'entrain ; intelligent ; affectueux.	Travaillez la socialisation très tôt pour prévenir la nervosité plus tard.
Taille	Hauteur : 30-41 cm. Poids : 6-9 kg.	Pesez-le régulièrement et notez les résultats de façon à déceler les signes du syndrome du lundehund (voir ci-dessous).
Exercice	Chien actif qui apprécie la promenade – cela est d'autant plus important qu'il est souvent difficile de le dresser à la maison.	
À la maison	Le régime alimentaire est très important pour prévenir et soigner le syndrome du lundehund.	
Comportement	Sensible au bruit ; vigilant et bruyant ; aboie souvent ; instincts de chasseur d'oiseaux et de petits animaux et forts instincts de meute ; s'entend bien avec les chiens de sa race.	Sachez qu'il peut cacher de la nourriture pour la consommer plus tard.
Toilettage	Un brossage régulier suffit ; forte mue, surtout au printemps lorsqu'il perd son pelage hivernal.	Assurez-vous que ses ongles ne sont pas trop longs.
Problèmes de santé communs	Syndrome du lundehund : problème digestif qui afflige tous les membres de la race, bien que tous n'en éprouvent pas les symptômes.	Parmi les signes de la maladie chez les chiots : diarrhée, vomissements et incapacité à prendre du poids.

Oreilles triangulaires
Les oreilles larges et triangulaires sont généralement dressées tout en demeurant très souples.

Forme des côtes
Les côtes sont situées vers l'arrière et lui procurent une bonne capacité respiratoire, bien qu'elles ne soient pas en forme de tonneau.

Pieds avant
On devrait compter six orteils sur chacune des pattes avant, soutenus par huit coussinets.

Pieds arrière
Les pieds arrière sont ovales et comptent chacun au moins six orteils, dont quatre touchent le sol et portent son poids.

Perspectives d'avenir

La popularité de la race continue de s'accroître, même si on ne l'emploie plus comme chien de chasse en Norvège, où le macareux est désormais une espèce protégée. C'est un compagnon plein d'entrain, unique à bien des égards. Sa taille relativement réduite fait en sorte qu'il est facile à loger et qu'il se plaît dans un environnement domestique. Il est presque certain que, dans un avenir rapproché, on le verra exceller dans les concours d'agilité et d'obéissance.

Les facteurs humains

Voici quelques facteurs d'ordre personnel dont il faut tenir compte avant de choisir un chien. Vous avez déjà examiné les responsabilités liées à la garde d'un chien et décidé, à juste titre, que les avantages l'emportaient sur les inconvénients. Mais quel sera votre choix? Le chien domestique – *Canis lupus familiaris* – présente des traits physiques et comportementaux plus variés que n'importe quel autre mammifère terrestre, c'est dire à quel point cette décision n'est pas aisée. Les questions suivantes vous aideront à analyser votre style de vie et à mieux discerner le type de chien susceptible de vous convenir.

Est-ce votre premier chien?

NON, J'AI TOUJOURS EU UN CHIEN.	J'AI EU UN CHIEN ENFANT, MAIS JAMAIS DEPUIS.	OUI, JE SUIS TOTALEMENT NÉOPHYTE.
Voir la plupart des chiens, mais en particulier le bâtard, le berger allemand, le border collie, le parson jack russell-terrier.	Voir la plupart des chiens, mais en particulier le colley, le schnauzer nain et le setter anglais.	Voir le carlin, le schipperke, l'épagneul tibétain, le golden retriever et le terrier de Boston.

Avez-vous d'autres animaux domestiques?

NON, ET JE N'EN DÉSIRE QU'UN.	J'AI UN CHAT.	OUI, PLUSIEURS.
Voir la plupart des chiens, mais en particulier le bouvier australien, le bull-terrier, le kerry blue-terrier.	Voir le beagle, le border-terrier, le lhassa-apso, le pékinois, le shih-tzu.	Voir le cavalier King Charles, le chien d'arrêt italien à poil dur, le coton de Tuléar, l'épagneul breton, l'épagneul clumber.

Est-ce qu'un membre de votre famille est allergique à des animaux?

NON, AUCUNE ALLERGIE.	L'UN DE NOUS EST UN PEU ALLERGIQUE.	OUI, L'UN DE NOUS EST TRÈS ALLERGIQUE.
Voir la plupart des chiens, mais en particulier le barzoï, le bobtail et le mâtin de Naples.	Voir la plupart des chiens, mais en particulier l'airedale-terrier, le bedlington-terrier, le bichon à poil frisé, le chien d'eau irlandais et le fox-terrier à poil dur.	Voir le caniche, le chien chinois à crête, le chien d'eau portugais, le labradoodle et le retriever à poil bouclé.

Avez-vous des enfants ou songez-vous à en avoir?

NON, JE VIS SEUL.	NON, NOUS VIVONS EN COUPLE.	OUI, DEUX ENFANTS ET UN TROISIÈME EN ROUTE.
Voir la plupart des chiens, mais en particulier le bichon à poil frisé, le bouledogue anglais, le setter gordon et le setter irlandais.	Voir la plupart des chiens, mais en particulier le berger australien, le berger de Beauce, le papillon et le whippet.	Voir le beagle, le colley barbu, l'épagneul King Charles et le schnauzer nain.

ATTRIBUEZ MAINTENANT 5 POINTS À CHAQUE RÉPONSE DE GAUCHE, 3 POINTS À CHAQUE RÉPONSE CENTRALE ET 1 POINT À CHAQUE RÉPONSE DE DROITE.

15 ou plus: un large éventail de chiens devraient vous convenir; votre style de vie s'accordera à la plupart d'entre eux.
10 ou plus: il existe un chien tout désigné pour vous, mais vous devrez prendre soin de choisir la race convenant le mieux à vos exigences particulières.
Moins de 5: réfléchissez sérieusement à la pertinence de posséder un chien. Même si certains pourraient mieux vous convenir, ils ont tous besoin d'un certain degré d'attention et d'affection. Vous ne devriez pas imposer à un chien un environnement trop limité par votre style de vie.

Avant de prendre une décision finale, tenez compte de votre propre personnalité.
Êtes-vous à la recherche d'une âme sœur comme compagnon?
Êtes-vous préoccupé par votre sécurité?
Si vous avez un talent particulier, peut-être apprécierez-vous un chien qui peut montrer ses propres talents.
Si vous êtes créatif et que vous disposez de beaucoup de temps libre, peut-être aimerez-vous un chien que vous pourrez toiletter à loisir.
Si vous êtes un original et un libre-penseur, un chien peu commun pourrait bien vous convenir. Consultez le tableau ci-contre, peut-être y trouverez-vous la perle rare!

Par ordre d'importance

CE DONT JE DISPOSE			
Argent	Budget limité ? Voir affenpinscher, bichon bolonais, chihuahua.	Relativement à l'aise ? Voir chien d'arrêt italien à poil dur, dalmatien, golden retriever.	Très à l'aise ? Voir berger d'Anatolie, dogue allemand, mâtin de Naples.
Temps	Peu de temps ? Voir bouledogue français, épagneul japonais, petit lévrier italien.	Soirées libres ? Voir chien courant de Hamilton, chow-chow, dandie dinmont-terrier.	Temps à revendre ? Voir bobtail, lévrier afghan.
Espace	Espace restreint ? Voir pékinois, poméranien, terrier de soie.	Un peu d'espace ? Voir bâtard, berger de Beauce, border collie.	Des acres d'espace ? Voir chien de Saint-Hubert, lévrier irlandais, malamute d'Alaska.
Forme physique	Vous préférez le canapé ? Voir carlin, pékinois, shih-tzu, whippet.	Vous aimez la marche ? Voir husky sibérien, welsh corgi.	Toujours en mouvement ? Voir braque de Weimar, dalmatien, lurcher, pointer anglais.

Par ordre d'importance

LE CHIEN QUE JE VEUX			
Intelligent	Plutôt drôle et mignon ? Voir bouledogue anglais, carlin, lévrier anglais, pékinois, teckel, terrier écossais.	Plutôt intelligent ? Voir basenji, chien du pharaon, rhodesian ridgeback, terre-neuve.	Très intelligent ? Voir bâtard, border collie, papillon.
Sociable	Vous êtes souvent seul ? Voir dogue de Bordeaux, kuvasz, mastiff, terrier noir de Russie.	Vous voyez des gens ? Voir cavalier King Charles, coton de Tuléar, soft-coated wheaten-terrier.	Vous recevez beaucoup ? Voir boxer, braque hongrois, colley barbu, setter irlandais.
Facile d'entretien	Beaucoup de temps pour toiletter ? Voir bichon havanais, bichon maltais, bobtail, komondor, lévrier afghan, spitz-loup.	Un peu de travail ? Voir chien d'arrêt italien à poil dur, whippet.	Facile à entretenir ? Voir bichon à poil frisé, chien d'eau irlandais, labradoodle.
Gardien	Plutôt un compagnon amical ? Voir épagneul breton, schnauzer nain, setter anglais, terrier de Boston.	Un gardien sonore ? Voir berger allemand, chien de Canaan, groenendael, terrier écossais.	Sera votre sécurité ? Voir akita inu, bouvier des Flandres, dobermann, rottweiler.
À bichonner	Pas envie de bichonner ? Voir bedlington-terrier, fox-terrier à poil dur, retriever à poil bouclé.	Seulement quand ça vous dit ? Voir barzoï, lévrier afghan, puli, shar-peï.	Vêtements, nœuds et tout ? Voir bichon maltais, caniche, épagneul cocker, samoyède, shih-tzu.
Travailleur	Plutôt un compagnon ? Voir basset-hound, carlin, chow-chow, lévrier anglais, pékinois, shih-tzu.	Un travailleur enthousiaste ? Voir dogue allemand, husky sibérien, labrador, rottweiler, samoyède.	Il doit gagner sa croûte ? Voir border collie, boxer, mastiff, saint-bernard, terre-neuve.
Calme	Vous aimez un chien qui aboie souvent ? Voir beagle, berger allemand, chihuahua, la plupart des terriers.	Un peu de calme ne peut pas nuire ? Voir bouvier bernois, carlin, lévrier anglais, lhassa-apso.	Vous ne souffrez pas les aboiements ? Voir basenji, bouledogue français, dogue allemand, whippet.
Odorant	Vous aimez les odeurs associées au plein air ? Voir bobtail, bouledogue anglais, épagneul cocker, saint-bernard.	Rien contre les odeurs canines normales ? Voir affenpinscher, boxer, braque de Weimar, dalmatien, lurcher.	Vous ne souffrez pas les odeurs canines ? Voir chihuahua, labradoodle, lhassa-apso, shih-tzu, whippet.
Savant	Qui a besoin d'un chien savant ? Voir bouledogue anglais, carlin, chien de Saint-Hubert, lévrier anglais, mastiff, teckel.	Vous voulez un compagnon de jeu ? Voir bâtard, bull-terrier du Staffordshire, patterdale-terrier.	Besoin d'un chien savant à exhiber ? Voir berger australien, berger des Shetland, border collie, golden retriever.

Le guide de sélection

Le tableau suivant fournit certaines informations qui vous aideront à choisir la race qui vous convient, encore que plusieurs facteurs entrent en ligne de compte dans le choix d'un chien. En général, les chiots s'adaptent plus facilement à un nouvel environnement que les chiens plus âgés dont on ignore les antécédents ou qui ont pu subir de mauvais traitements.
À l'intérieur de chaque groupe, nous avons accolé une étoile spéciale (✪) à certaines races qui nous paraissent tout indiquées pour certaines situations particulières, selon votre style de vie.

LE GUIDE DE SÉLECTION

RACE	Aime l'exercice	Besoins de toilettage	Dressage facile	Convient aux personnes âgées	Convient aux familles avec jeunes enfants	Convient aux familles avec adolescents ou sans enfants
Affenpinscher	★★	★★	★★	★★★	★★★	★★
Airedale-terrier	★★★	★★★	★	★	★	★★★
Akita inu	★★★	★★	★★	★	★	★★★
Barzoï	★★★	★★	★	★	★	★★★
Basenji	★★★	★	★★	★★	✪	★★★
Basset-hound	★★★	★	★	★	★★	★★★
Bâtard	★★	★★	★★	★★★	★★★	★★★
Beagle	★★★	★	★	★	★★	★★★
Bedlington-terrier	★★	★★★	★★	★★	★★	★★★
Berger allemand	★★★	★★	★★★	★	★	★★★
Berger australien	★★★	★★	★★★	★★	★★	✪
Berger d'Anatolie	★★★	★★	★★	★	★	★★★
Berger de Beauce	★★★	★	★★	★	★	★★★
Berger des Shetland	★★	★★	★★	★★★	★★	★★★
Bichon à poil frisé	★	★★★	★★	★★★	✪	★★★
Bichon bolonais	★	★★	★★	★★★	★★	★★
Bichon havanais	★	★★★	★★	★★★	★★★	★★
Bichon maltais	★	★★	★★	★★★	✪	★★
Bobtail	★★★	★★★	★★	★	★	★★
Border collie	★★★	★★	★★★	★	★	★★★
Border-terrier	★★★	★★★	★★	★★	★★	★★★
Bouledogue anglais	★	★	★★	★★★	✪	★★
Bouledogue français	★	★	★★	★★★	✪	★★
Bouvier australien	★★★	★	★★	★	★★	★★★
Bouvier bernois	★★★	★★	★★	★	✪	★★★
Bouvier des Flandres	★★★	★★	★★	★	★	✪
Boxer	★★★	★	★★	★	★	✪
Braque allemand à poil court	★★★	★	★★★	★	★	★★★
Braque de Weimar	★★★	★★	★★★	★★	★★	★★★
Braque hongrois	★★★	★★	★★★	✪	★★	★★★
Bullmastiff	★★★	★	★★	★	★	★★★
Bull-terrier	★★★	★	★	★	★★	★★★
Bull-terrier du Staffordshire	★★★	★	★	★	★	★★★
Cairn-terrier	★★	★★	★★	✪	★★	★★

RACE	Aime l'exercice	Besoins de toilettage	Dressage facile	Convient aux personnes âgées	Convient aux familles avec jeunes enfants	Convient aux familles avec adolescents ou sans enfants
Caniche	★★	★★★	★★	★★★	★★★	★★★
Carlin	★	★	★★	✪	★★	★★★
Cavalier King Charles	★	★★	★★	★★★	✪	★★
Chien chinois à crête	★★	★★★	★★	✪	★★	★★★
Chien courant de Hamilton	★★★	★	★★	★	★★	★★★
Chien d'arrêt italien à poil dur	★★★	★★	★★	★	★★	✪
Chien d'eau irlandais	★★★	★★	★★	★★	★★	★★★
Chien d'eau portugais	★★★	★★	★★	★★	★★★	★★★
Chien de Canaan	★★★	★★	★★	★★	★★	★★★
Chien d'élan norvégien	★★★	★★	★★	★★	★★	★★★
Chien de montagne des Pyrénées	★★★	★★	★★	★	★	★★★
Chien de raton laveur	★★★	★	★	★	★	★★★
Chien du pharaon	★★★	★	★★	★★	★★★	★★★
Chien nu mexicain	★★	★★	★★	★★★	✪	★★★
Chihuahua	★★	★★	★★	★★★	★★	★★
Chow-chow	★★★	★★	★	★	★	★★
Colley	★★★	★★	★★★	★★	★	★★★
Colley barbu	★★★	★★★	★★★	★	★★	★★★
Coton de Tuléar	★	★★★	★★	✪	★★★	★★
Dalmatien	★★★	★	★★	★	★★	★★★
Dandie dinmont-terrier	★★	★★★	★★	✪	★★	★★
Dobermann	★★★	★	★★	★	★	★★★
Dogue allemand	★★★	★	★★	★	★	✪
Dogue de Bordeaux	★★★	★	★★	★	★	★★★
Dogue du Tibet	★★★	★★	★★★	★	★	★★
Épagneul breton	★★★	★★	★★★	★★	★★	★★
Épagneul clumber	★★★	★★	★★★	★	★★	★★★
Épagneul cocker	★★★	★★	★★★	★	★★	★★★
Épagneul japonais	★	★★	★★	✪	★★	★★
Épagneul King Charles	★	★★	★★	★★★	✪	★★
Épagneul tibétain	★★	★★★	★★	★★★	★★	★★★
Fox-terrier à poil dur	★★★	★★★	★	★★★	★	★★★
Golden retriever	★★★	★★	★★★	★	★★	★★★
Grand bouvier suisse	★★★	★★	★★	★	★	★★★
Groenendael	★★★	★★	★★	★★	★★	★★★
Husky sibérien	★★★	★★	★★	★	★	★★★
Kerry blue-terrier	★★	★★★	★	★	★	★★★
Komondor	★★★	★★	★★	★	★	★
Kuvasz	★★★	★★	★★	★	★	★★★
Labradoodle	★★★	★★	★★★	★★	★★★	✪
Labrador	★★★	★	★★★	★	★★	✪
Lagotto romagnolo	★★★	★★★	★★	★★	★★	★★★
Lévrier afghan	★★★	★★★	★	★	★	★★★
Lévrier anglais	★★★	★	★★	★★	★★	★★★
Lévrier d'Ibiza	★★★	★★	★★	★	★★	★★★
Lévrier écossais	★★★	★★	★	★	★	★★★
Lévrier irlandais	★★★	★★	★★	★	★	★★★
Lhassa-apso	★★	★★★	★★	★★★	★★★	★★

RACE	Aime l'exercice	Besoins de toilettage	Dressage facile	Convient aux personnes âgées	Convient aux familles avec jeunes enfants	Convient aux familles avec adolescents ou sans enfants
Lundehund	★★★	★★	★★	★★★	★★	★★★
Lurcher	★★★	★★	★★	★★	✪	★★★
Malamute d'Alaska	★★★	★★	★★	★	★	★★★
Mastiff	★★★	★	★★	★	★	★★★
Mâtin de Naples	★★★	★★	★★	★	★	★★★
Papillon	★★	★★	★★	★★★	✪	★★★
Parson jack russell-terrier	★★★	★★	★★	✪	★	★★★
Patterdale-terrier	★★★	★★	★★	★★	★	★★★
Pékinois	★	★★	★★	✪	★★	★★
Petit basset griffon vendéen	★★★	★★	★	★	✪	★★★
Petit chien-lion	★★	★★★	★★	✪	★★★	★★
Petit lévrier italien	★★	★	★★	★★★	★★	★★★
Pinscher nain	★★	★	★★	★★★	★★	★★★
Pointer anglais	★★★	★	★★★	★★	★★	★★★
Poméranien	★★	★★	★★	★★★	★★	★★
Puli	★★	★★★	★★	★★	✪	★★
Retriever à poil bouclé	★★★	★★★	★★	★	★★	★★★
Retriever de Chesapeake	★★★	★★	★★★	★	★★	★★★
Retriever de Nouvelle-Écosse	★★★	★	★★★	★	★	★★★
Rhodesian ridgeback	★★★	★	★★	★	★	★★★
Rottweiler	★★★	★	★★	★	★	★★★
Saint-bernard	★★★	★★	★★	✪	★★	★★★
Saint-hubert	★★★	★★	★	★	★	★★★
Saluki	★★★	★★	★	★	★★	★★★
Samoyède	★★★	★★	★★	★	★★	✪
Schipperke	★	★★	★★	★★★	★★	★★★
Schnauzer géant	★★★	★★★	★★★	★★	★★	★★★
Schnauzer nain	★★	★★★	★★	★★	★★	★★
Setter anglais	★★★	★★	★★	★	★★	★★★
Setter gordon	★★★	★★	★★	★	★★	★★★
Setter irlandais	★★★	★★	★★	★★	★★	✪
Shar-peï	★★	★★	★★	★	★	✪
Shih-tzu	★	★★★	★★	✪	★★★	★★
Soft-coated wheaten-terrier	★★	★★★	★	★★	★★	★★★
Spitz finlandais	★★★	★★★	★★	★★	★★	★★★
Spitz-loup	★★★	★★★	★★	★★	★★	★★★
Teckel	★★	★★	★★	★★★	★	★★★
Terre-neuve	★★★	★★★	★★	★	★	✪
Terrier de Boston	★★	★	★★	★★★	★★	★★★
Terrier de soie	★	★★★	★★	★★★	★★	★★
Terrier écossais	★★	★★	★	✪	★	★
Terrier nain de Manchester	★★	★	★★	★★★	★★	★★★
Terrier noir de Russie	★★★	★★★	★★★	★★	✪	★★★
Terrier tchèque	★★	★★	★★	★★	★★	✪
Terrier tibétain	★★	★★	★★	★★	★★	★★
Welsh corgi	★★	★★	★★	★★	★	★★
Whippet	★★★	★	★★	★★	★★★	★★★
Yorkshire-terrier	★	★★★	★★	★★★	★★	★★

Glossaire

Addison (maladie d'). Affection des glandes surrénales, situées au-dessus des reins. Cette maladie est particulièrement répandue chez les jeunes chiennes. Elle provoque un déficit d'aldostérone, une hormone qui assure l'équilibre entre le potassium et le sodium. Les symptômes possibles : des évanouissements soudains, des vomissements et de la diarrhée ainsi qu'une soif accrue.

Anomalie de l'œil du colley (AOC). Affection héréditaire aussi appelée « hypoplasie choroïdienne », surtout répandue chez les **races pastorales**. Elle peut causer la cécité dans certains cas. Les jeunes chiots devraient subir un examen ophtalmique vers l'âge de huit semaines afin de détecter les signes de cette maladie.

Arlequin. Couleur de robe. Le terme est utilisé pour décrire la coloration noir et blanc du dogue allemand, par exemple. Le blanc devrait prédominer, le noir apparaissant sous forme de taches.

Arrêt. Posture adoptée par certains chiens de chasse – dits chiens d'arrêt – pour indiquer la présence de gibier. Le chien s'arrête en levant une de ses pattes avant.

Articulation tibio-fémorale. Équivalent de l'articulation du genou.

Ataxie cérébelleuse. Affection qui peut être causée par divers facteurs, dont une tare génétique, des toxines ou une blessure au cervelet (la partie du cerveau responsable de l'équilibre et de la coordination). La gravité des symptômes varie et certaines races y sont plus sujettes que d'autres. La maladie peut être diagnostiquée au moyen d'un test d'imagerie par résonance magnétique (IRM). On utilise depuis peu des tests d'ADN pour connaître les porteurs du gène.

Atrophie progressive de la rétine (APR). Maladie qui affecte la rétine, où les images sont formées à l'arrière de chaque œil, et provoque une baisse de la vision. Les premiers signes se manifestent dans les endroits peu éclairés. Diverses races, dont le samoyède et le terrier tibétain, y sont vulnérables.

Ballonnements. Accumulation de gaz dans l'estomac touchant particulièrement les races massives et à poitrine étroite, telles que le lévrier, et pouvant être mortelle. Comme prévention, il faut éviter de nourrir son chien juste avant de lui faire faire de l'exercice.

Belton. Terme employé pour décrire la robe tachetée caractéristique du setter anglais. Ce terme, inventé par l'un des premiers **éleveurs** de cette race, sir Edward Laverack, est inspiré d'un village du Northumberland où les setters présentant ce type de robe étaient relativement répandus.

Biscuit. Couleur fauve associée en particulier à certaines races de chiens de traîneau.

Blenheim. Coloration châtain et blanc. C'est l'une des quatre variétés de couleurs associées à l'épagneul King Charles et au cavalier King Charles.

Brachycéphalie (syndrome brachycéphale). Affection touchant certaines races canines qui se traduit par une taille anormalement petite et une largeur excessive de la tête. Elle est généralement reconnue lorsque la largeur de la tête représente au moins 80 % de sa longueur. Le carlin est considéré comme l'exemple extrême des races affectées par cette maladie, qui touche également le pékinois, le bouledogue anglais et le boxer.

Charbonné. Coloration grisâtre créée par un mélange de poils noirs et blancs qui parsèment la robe. Cette coloration peut prendre une apparence gris-bleu ou gris métallique. Cela s'applique à un pelage de type **rouan**.

Chien de chasse à vue. Chien de chasse qui se fie principalement à sa vue pour repérer et suivre sa proie à distance. Le lévrier anglais et le lévrier afghan font partie de cette catégorie.

Chien pisteur. Chien de chasse qui s'en remet principalement à ses capacités olfactives plutôt qu'à sa vue pour repérer sa proie. Parmi ce type de chiens figurent le beagle et le basset-hound.

Chondrodysplasie. Maladie génétique affectant les pattes et provoquant des difformités chez les chiots qui en sont atteints ; certains chiens en bonne santé peuvent être porteurs du gène responsable.

Citron. Teinte très pâle de jaune ou couleur blé.

Concours d'habileté. Compétitions mettant aux prises des races telles que le retriever, l'épagneul et d'autres chiens de chasse.

Couchant. Se dit d'un chien d'arrêt qui se couche pour indiquer la présence de gibier.

Couleurs contrastées. Zones de la robe colorées de teintes différentes. L'expression est fréquemment utilisée pour décrire des chiens « bigarrés » qui présentent des taches foncées et blanches sur leur robe.

Coussinet d'arrêt. Coussinet qui ne supporte aucun poids, situé à l'arrière de chaque patte avant et placé près du sol au niveau de l'os annexe du carpe.

Crampe du terrier écossais. Parfois appelé « crampe du scottie », ce problème génétique du terrier écossais entraîne des anomalies momentanées (environ 10 minutes) dans la démarche. On peut traiter cette maladie à l'aide de tranquillisants et d'un supplément de vitamine E.

Croisement éloigné. Méthode de reproduction de chiens non apparentés. Le contraire de l'élevage en consanguinité.

Croupe. Partie de la colonne vertébrale connue sous le nom de « sacrum », située dans la région lombaire et la région pelvienne.

Culotte. Terme décrivant le duvet de poils courts qui recouvre la croupe jusqu'au bas des pattes arrière.

Diabète sucré. Maladie qui affecte les cellules du pancréas, responsable de la production d'insuline, donnant lieu à des taux anormaux de glycémie. Le spitz-loup, le samoyède et le cairn-terrier sont parmi les races les plus vulnérables.

Dislocation rotulienne. Faiblesse des **articulations tibio-fémorales** relativement commune chez plusieurs races de petits chiens. Les signes se manifestent généralement chez le chiot de quatre à six mois, lorsque ses rotules commencent à se disloquer. La claudication qui s'ensuit varie de légère à grave et peut entraîner de l'ostéoarthrite. La chirurgie est parfois nécessaire.

Distichiasis. Positionnement anormal des cils qui les fait se frotter sur la surface oculaire, causant de l'irritation et l'apparition de rougeurs dans le blanc des yeux.

Dysplasie de la hanche. Maladie qui affecte plusieurs races et par laquelle une malformation des articulations de la hanche peut provoquer la claudication et même l'arthrite.

Dysplasie rénale. Maladie congénitale qui entraîne des manifestations typiques d'insuffisance rénale telles que la perte de poids et une soif accrue. Le shih-tzu et le grand caniche figurent parmi les races les plus susceptibles d'en souffrir.

Éclaboussé. Terme utilisé pour décrire la robe aux couleurs contrastées de certains chiens qui présentent des zones plus foncées sur le dessus et les côtés du corps et un poil blanc sur le dessous, comme chez le husky sibérien.

Ectropion. Affection des paupières qui, dans ce cas précis, s'éloignent des yeux. Cette situation touche généralement la paupière du bas. L'ectropion peut ne pas avoir d'effets indésirables, mais peut aussi provoquer la conjonctivite et l'écoulement lacrymal. Il est relativement répandu chez des races telles que le saint-bernard et l'épagneul cocker. Cette maladie est traitée par chirurgie.

Éleveur. Personne qui possède des chiots, généralement de façon régulière, et qui inscrit parfois ses chiens à des expositions canines, ayant développé sa propre lignée ou une race en particulier.

Entropion. Affection des paupières qui se replient vers l'intérieur. Elle affecte généralement la paupière du bas, dont les cils se frottent à la cornée, causant une intense irritation. Les races telles que le chow-chow, le bullmastiff et le saint-hubert sont susceptibles de souffrir de l'entropion. Une chirurgie correctrice peut être nécessaire.

Fanon. Plis de la peau qui pendent près de la gorge en direction du cou. Il s'agit d'un trait particulier des races de dogue.

Fauve. D'un jaune tirant sur le roux.

Flyball. Sport canin lancé en Californie dans les années 1960 et mettant aux prises des équipes de chiens. Une balle de tennis est mise au jeu quand l'un des chiens saute sur une boîte munie d'un ressort, puis ils se relaient pour attraper la balle et aller la remettre au maître-chien.

Gant de toilettage. Instrument de toilettage dans lequel on glisse la main. Utilisé pour brosser les chiens, généralement les chiens de chasse. Selon le matériau dont il est fait, le gant permet de donner un beau lustre à la robe.

Garrot. Point le plus élevé des épaules, à partir duquel on mesure la taille des chiens.

Hernie articulaire. Autre terme désignant la dislocation rotulienne, lorsque la rotule se superpose à l'articulation du genou.

Hernie inguinale. Affection qui se manifeste lorsqu'une partie du contenu de l'abdomen glisse dans le canal inguinal, situé tout près de la paroi corporelle à la hauteur des pattes arrière, y provoquant une tuméfaction. Cette maladie est plus fréquente chez les femelles **intactes**. La taille de la hernie varie, mais elle peut être mortelle et nécessite une chirurgie.

Hydrocéphalie. Maladie héréditaire causée par l'accumulation de fluide céphalo-rachidien et souvent appelée la « tête d'eau ». Elle peut aussi provoquer des crises d'épilepsie ainsi que des problèmes de mobilité et touche surtout le chihuahua.

Hypothyroïdie. Maladie qui résulte d'un apport anormalement bas d'hormones produites par la glande thyroïde située dans le cou et qui régularisent le métabolisme du corps. Les signes les plus communs – la léthargie, le gain de poids et la perte de poils, en particulier sur la queue – se manifestent fréquemment lorsque les chiens ont atteint l'âge de cinq ans. L'hypothyroïdie est plus répandue chez certaines races comme le dobermann et le setter irlandais, mais on peut la traiter aisément à l'aide de comprimés.

Intact. Se dit d'un chien mâle ou femelle qui n'a pas été stérilisé.

Jarret. Articulation des os du tarse située dans les pattes arrière. L'équivalent de la cheville chez les humains.

Marqué. Se dit des chiens présentant des taches incongrues, par exemple un labrador noir dont la robe est parsemée de taches fauves ou un chien à motifs présentant des taches ne correspondant pas à la robe habituelle de sa race.

Masque. Zone foncée de la face qui s'étend de la truffe jusqu'au museau sur une longueur variable, selon le chien ou la race.

Merle. Combinaison de couleurs consistant en une couleur de base - noir ou marron rougeâtre - en contraste avec une couleur rougeâtre ou bleu pâle créant un effet marbré ou moucheté. Ce trait, relativement fréquent chez les **races pastorales**, est associé au gène merle.

Neuropathie canine démyélinisante. Cette maladie héréditaire affecte le système nerveux du dogue du Tibet. Les premiers signes de cette affection, qui se traduit par une faiblesse et une paralysie des pattes arrière, peuvent apparaître chez les chiots dès six semaines. Il n'existe aucun traitement et les chiens affectés meurent généralement vers quatre mois.

Nyctalopie. Affection qui provoque une vision brouillée en présence d'une lumière vive. Elle peut être héréditaire chez le malamute d'Alaska ou être un effet indésirable de certains anticonvulsivants.

Œdème cornéen. Appelée aussi «œil bleu», cette affection consiste en un épaississement de la cornée sur la surface de l'œil. Il s'agit d'un symptôme de l'adénovirus canin de type 1 ou d'un effet indésirable d'un vaccin de ce type qui touchait particulièrement le lévrier afghan. De nouveaux vaccins ont depuis été élaborés afin d'éviter ce problème.

Oreilles dressées. Trait caractéristique de certaines races, bien qu'en général les chiens aient tendance à dresser leurs oreilles lorsqu'ils sont en alerte.

Oreilles tombantes. Positionnement des oreilles qui retombent de chaque côté de la tête chez certaines races comme le saint-hubert. Ce positionnement protège des blessures la partie interne plus sensible de l'oreille lorsque le chien est dans les sous-bois.

Phoque. Couleur particulièrement associée aux races de terriers, d'apparence noirâtre sous certains éclairages, reconnaissable surtout aux extrémités de couleur fauve des poils.

Poitrail. Zone de la poitrine située entre les pattes avant.

Pommelé. Qualificatif qui n'évoque aucune couleur spécifique, mais plutôt le contraste entre les zones pâles et foncées. Les pommelés chocolat et fauve sont les plus rares.

Prince Charles. Terme utilisé pour décrire la robe tricolore du cavalier King Charles et de l'épagneul King Charles, laquelle est noir et blanc, parsemée de taches fauves.

Prolapsus de la glande nictitante. Affection de la glande de la troisième paupière provoquant l'apparition d'une zone enflée et rouge (d'où l'expression «cherry eye» parfois utilisée pour la désigner) au coin intérieur de l'œil. On la traite à l'aide d'une chirurgie correctrice.

Prolapsus du globe oculaire. Affection par laquelle le globe oculaire a tendance à sortir de son orbite. Le pékinois y est particulièrement vulnérable.

Race pastorale. Race de chiens dont la tâche traditionnelle était de garder les troupeaux et le bétail, par exemple les moutons, les bovins et même les rennes. Les races pastorales comprennent divers chiens de berger et colleys.

Rouan. Se dit d'un pelage présentant une combinaison de blanc et de couleur, qui ne pâlira pas avec le temps. Plusieurs formes de rouan sont reconnues, telles que le rouan roux, selon la coloration de la robe.

Ruby. Terme utilisé pour décrire le châtain du cavalier King Charles et de l'épagneul King Charles.

Selle. Zone de couleur foncée, présente sur le dos d'un chien et qui se distingue du reste de la robe. Souvent un trait caractéristique des chiens d'**arrêt**.

Socialisation. Processus par lequel les jeunes chiens sont mis en présence de congénères, l'objectif étant de les empêcher de devenir nerveux et éventuellement agressifs avec l'âge.

Spondylopathie cervicale. Appelée aussi syndrome de Wobbler, cette maladie affecte les vertèbres du cou et entraîne une pression des os sur la moelle épinière, causant ainsi une démarche instable. Elle touche surtout le dogue allemand, mais aussi d'autres races massives. Peut nécessiter une intervention chirurgicale.

Syringomyélie. Affection causée par la présence d'une cavité ou d'un kyste à l'intérieur de la moelle épinière et qui touche particulièrement le cavalier King Charles.

Tachetée. Robe qui résulte d'une combinaison de poils pâles et foncés, offrant une apparence inégale moins distincte chez les chiens à poil long.

Tête de pomme. Allusion à la forme distinctive de la tête du chihuahua, qui rappelle celle d'une pomme.

Torsion gastrique. Retournement de l'estomac associé aux **ballonnements** et dont il est parfois le synonyme. Les chiens à la poitrine profonde, notamment le dogue allemand, sont plus touchés. Si vous pensez que votre chien en est affecté, il est essentiel de consulter un vétérinaire.

von Willebrand (maladie de). Trouble héréditaire de la coagulation du sang communément associé au dobermann.

Pour en savoir plus

Publications

ALDERTON, David. *Chiens : 300 races*, traduction et adaptation de Marc Baudoux, Paris, Bordas, coll. « L'œil nature », 1994.

________. *Hounds of the World*, Stoeger Publishing Company, 2002.

________. *Smithsonian Handbooks : Dogs*, Dorling Kindersley, 2002.

________. *Top to Tail : The 360° Guide to Picking Your Perfect Pet*, David & Charles, 2006.

AMERICAN KENNEL CLUB. *The Complete Dog Book*, Ballantine Books, 2006.

CERCLE CANADIEN DU CHENIL. *Le livre des chiens : ouvrage officiel*, La Prairie (Québec), Broquet, 1987.

Collectif. *Chiens du monde*, Paris, Nathan, 2006.

COLLIN, Isabelle, Marie-Paule DANIELS-MOULIN, Florence DESACHY, Claire DUPUIS, Giovanni FALSINA et Valeria ROSSI. *L'encyclopédie mondiale des chiens : les 331 races reconnues à travers le monde*, Paris, De Vecchi, 2008.

DEHASSE, Dr Joël (sous la direction de). *Mon chien de compagnie* (collection), Montréal, Éditions de l'Homme.

DE PRISCO, Andrew et James B. JOHNSON. *Canine Lexicon*, T.F.H. Publications, 1993.

FERGUS, Charles. *Gun Dog Breeds : A Guide to Spaniels, Retrievers, and Pointing Dogs*, The Lyons Press, 2002.

FOGLE, Bruce. *Le guide référence du chien*, Paris, Marabout, 2004.

GAGNE, Tammy. *Designer Dogs*, T.F.H. Publications, coll. «Animal Planet Pet Care Library», 2008.

GLOVER, Harry. *Toy Dogs*, David & Charles, 1977.

HORNER, Tom. *Terriers of the World*, Faber & Faber, 1984.

JACKSON, Frank. *The Dictionary of Canine Terms*, Crowood Press, 1996.

KENNEL CLUB. *The Kennel Club's Illustrated Breed Standards*, Ebury Press, 2003.

KERN, Kerry. *The Terrier Handbook*, Barron's Educational Series, 2005.

LARKIN, Peter et Mike STOCKMAN. *Le grand livre des chiens*, traduction Danièle Moreau, Montréal, Sélection Champagne ; Genève, Manise, 2001.

MORRIS, Desmond. *Dogs : The Ultimate Dictionary of Over 1,000 Dog Breeds*, Trafalgar Square Publishing, 2008.

PLUMMER, David Brian. *The Working Terrier*, Boydell and Brewer, 1978.

SANDERSON, Angela. *The Complete Book of Australian Dogs*, Currawong Press, 1987.

TERONI, Évelyne et Jennifer CATTET. *Le chien, un loup civilisé*, Montréal, Le Jour éditeur, 2004.

WILCOX, Bonnie et Chris WALKOWICZ. *The Atlas of Dog Breeds of the World*, T.F.H. Publications, 1995.

YAMAZAKI, Tetsu et Toyoharu KOJIMA. *Legacy of the Dog : The Ultimate Illustrated Guide to Over 200 Breeds*, Chronicle Books, 1995.

Site Internet

www.chien.com (page consultée le 9 septembre 2010).

Registres de races

Club canin canadien
200 Ronson Drive, bureau 400
Etobicoke (Ontario) M9W 5Z9
www.ckc.ca

Fédération cynologique internationale
Place Albert Ier, 13 B-6530, Thuin, Belgique
www.fci.be

Fédération cynologique luxembourgeoise
B.P. 69 L-4901
Bascharage, Luxembourg
www.uchl@internet.lu

Société centrale canine de France
155, avenue Jean Jaurès
F-93535 Aubervilliers Cedex
www.scc.asso.fr

Société cynologique suisse
Brunnmasttstrasse 24, 3007 Berne, Suisse
www.skg.ch

Index

Les numéros de page en gras indiquent les principaux articles.

A

Addison (maladie d'), 23, 63, 169
affenpinscher, 25, **78**, 165, 166
airedale oorang, 114
airedale-terrier, 104, **114**, 127, 164, 166
akita inu, 117, **119**, 165, 166
alsacien *voir* berger allemand
American Kennel Club (AKC), 10, 17, 36, 127
anomalie oculaire du colley (AOC), 169
arlequin, motif, 169
articulation tibio-fémorale, 169, 170
ataxie cérébelleuse, 169
atrophie progressive de la rétine (APR), 169

B

ballonnements, 169, 172
barbet, 37, 113
barzoï, **67**, 88, 98, 137, 164, 166
basenji, **143**, 165, 166
basset-hound, 36, **55**, 165, 166, 169
bâtard, 129, **139**, 164, 165, 166
beagle, 21, **22**, 164, 165, 166, 169
bedlington-terrier, 18, 62, **109**, 164,165, 166
belton, 169
berger allemand, 129, **131**, 134, 164, 165, 166
berger anglais ancestral, *voir* bobtail
berger australien, 128, 129, **136**, 164, 165, 166
berger belge, *voir* groenendael
berger d'Anatolie, 81, **83**, 165, 166
berger de Beauce, 121, 129, **134**, 164, 165, 166
berger des Shetland, 9, **15**, 165, 166
berger de vallée polonais, 23
berger polonais des Tatras, 122
Berner Sennenhund, *voir* bouvier bernois
bichon à poil frisé, 105, **112**, 165, 166
bichon bolonais, **77,** 165
bichon havanais, **40,** 165
bichon maltais, **72,** 165
biscuit, 169
blenheim, 19, 35, 169
bobtail, 43, 57, **61**, 164, 165, 166
border collie, 129, **130**, 164, 165, 166
border-terrier, **79**, 164, 166
bouledogue anglais, 10, 24, **162**, 164, 165, 166, 169
bouledogue français, **47**, 165, 166
bouvier allemand, *voir* rottweiler
bouvier australien, **142**, 164, 166
bouvier bernois, 86, **90**, 165, 166
bouvier des Ardennes, 121
bouvier des Flandres, **121**, 165, 166
boxer, 21, **24**, 165, 166, 169
brachycéphalie, 169
braque allemand à poil court, 20, 21, **26**, 166
braque de Weimar, **96**, 165, 166
braque espagnol, 26, 39
braque hongrois, **97**, 165, 166
bulldog, voir bouledogue anglais
bullmastiff, **123**, 124, 166, 170
bull-terrier, 10, 21, **28**, 114, 164, 166
bull-terrier du Staffordshire, **138**, 165, 166

C

cairn-terrier, 141, **151**, 166, 170
caniche, 104, **106**, 107, 110, 113, 115, 165, 167, 170
cáo de agua, voir chien d'eau portugais
cardigan, *voir* welsh corgi
carlin, 9, **13**, 47, 164, 165, 167, 169
cavalier King Charles, 19, 33, **35**, 164, 165, 167, 169, 171
charbonné, 169
Charles-Auguste (grand-duc), 96
chien à loutre, 148
chien chinois à crête, **108**, 167
chien courant, 18, 31, 37, 93, 95, 157
chien courant de Hamilton, **31,** 165
chien d'arrêt, 26, 32, 34, 37, 39, 169
chien d'arrêt italien à poil dur, 32, **37**, 164, 165, 167
chien d'eau, 39
chien d'eau irlandais, 110, **113**, 148, 165, 167
chien d'eau portugais, 104, **107**, 167
chien de Canaan, **159**, 165, 167
chien d'élan norvégien, **103**, 167
chien de lion africain, *voir* rhodesian ridgeback
chien de montagne des Pyrénées, **85**, 145, 167
chien de prière tibétain, *voir* épagneul tibétain
chien de Rhodésie à crête dorsale, *voir* rhodesian ridgeback
chien de Saint-Hubert, 42, 55, 84, 96, 141, **144**, 146, 165, 168
chien du pharaon, **102,** 157, 165, 167
chien noir et feu pour la chasse au raton laveur, **42,** 167
chien norvégien de macareux, *voir* lundehund
chien nu mexicain, 152, 153, **155,** 167
chihuahua, 45, **46**, 165, 167,170
chondrodysplasie, 169
chow-chow, **60**, 165, 167
citron, 169
colley, 136, **137**, 142, 164, 165, 167
colley à poil long, 130, 137
colley barbu, 21, **23**, 164, 165, 167
concours d'habileté, 169
Conron, Wally, 115
coton de Tuléar, 33, **38**, 164, 165, 167
couchant, 169
couleurs contrastées, 169
coussinets d'arrêt, 169
crampe du terrier écossais, 170
croisement éloigné, 170
croupe, 170
culotte, 170
curly-coated retriever, *voir* retriever à poil bouclé

D

dalmatien, 28, 92, 93, **95**, 142, 165, 167
dandie dinmont-terrier, 51, 71, **158**, 165, 167
danois, *voir* dogue allemand
diabète sucré, 170
dingo, 142
dislocation rotulienne, 170
distichiasis, 170
dobermann, 117, **118**, 120, 165, 167, 170, 172
Dobermann, Louis, 118
dogue allemand, 81, **82**, 126, 165, 167
dogue anglais, *voir* mastiff
dogue de Bordeaux, 24, **87**, 165, 167
dogue du Tibet, 60, 88, **89**, 167, 171
dysplasie de la hanche, 170
dysplasie rénale, 170

E

éclaboussé, 170
ectropion, 170
éleveur, 170
entropion, 170
épagneul breton, **34**, 164, 165, 167
épagneul clumber, **36,** 164, 167
épagneul cocker, **17**, 36, 165, 167
épagneul cocker américain, 17
épagneul cocker anglais, 17
épagneul japonais, 44, **49**, 165, 167
épagneul King Charles, 8, 17, **19**, 35, 164, 167, 169, 171
épagneul nain continental, 135
épagneul pékinois, *voir* épagneul tibétain
épagneul tibétain, **14**, 70, 164, 167
épagneul tweed-water, 30

F

fanon, 170
fauve, 170
flyball, 170
foxhound, 42
foxhound anglais, 31, 42
fox-terrier à poil dur, **111**, 164, 165, 167

G

gant de toilettage, 170
garrot, 170
golden retriever, 20, 21, **30**, 164, 165, 167
Graham, capitaine George, 88
grand bouvier suisse, **86**, 167
greyhound, voir lévrier anglais
griffon bruxellois, 78
griffon vendéen, 27
groenendael, 92, **100**, 165, 167
Grosser Scheizer Sennenhund, voir grand bouvier suisse

H
Hamilton, comte Adolphe, 31
hernie articulaire, 170
hernie inguinale, 170
Horák, František, 51
husky sibérien, 92, 93, **94**, 165, 167
hydrocéphalie, 170
hypothyroïdie, 170

J
jarret, 170

K
Kennel Club (Royaume-Uni), 130, 133
Kennel Club d'Irlande, 63
kerry blue-terrier, **62**, 164, 167
komondor, 64, **156**, 165, 167
kuvasz, **122**, 165, 167

L
labradoodle, **115**, 164, 165, 167
labrador, 9, **11**, 39, 110, 115, 165, 167, 171
laekenois, *voir* groenendael
lagotto romagnolo, 141, **149,** 167
landseer, 145
Laverack, sir Edward, 39, 169
lévrier afghan, 57, **58**, 165, 167, 169, 171
lévrier anglais, 18, **52**, 99, 118, 146, 165, 167, 169
lévrier d'Ibiza, 153, **157**, 167
lévrier écossais, 33, **41**, 88, 167
lévrier irlandais, 62, 81, 82, **88**, 165, 167
lévrier persan, *voir* saluki
lévrier russe, *voir* barzoï
lhassa-apso, 43, **75**, 164, 165, 167
löwchen, voir petit chien-lion
lundehund, 153, **163**, 168
lurcher, 92, **99**, 109, 165, 168

M
malamute d'Alaska, 80, **91**, 165, 168, 171
malinois, *voir* groenendael
marqué, 171
masque, 171
mastiff, 123, **124**, 160, 165, 168
mâtin de Naples, **154**, 164, 165, 168
merle, 171

N
neuropathie canine démyélinisante, 171
nyctalopie, 171

O
œdème cornéen, 171
oreilles dressées, 171
oreilles tombantes, 171

P
papillon, 129, **135**, 164, 165, 168
parson jack russell-terrier, 128, **132**, 164, 168
patou, *voir* chien de montagne des Pyrénées
patterdale-terrier, **133**, 165, 168
PBGV, *voir* petit basset griffon vendéen
pékinois, 13, 14, 29, 69, **70**, 164, 165, 168, 169, 171
pembroke, *voir* welsh corgi
petit basset griffon vendéen, **27**, 168
petit chien-lion, **59**, 168
petit lévrier italien, 18, 44, **48**, 50, 76, 165, 168
phalène, 135
phoque, 171
pinscher allemand, 76, 118
pinscher nain, **76**, 168
pit-bull terrier, 138
pointer anglais, 140, **146**, 165, 168
poméranien, 25, 68, **73**, 165, 168
pommelé, 171
Prince Charles, 19, 35, 171
prolapsus de la glande nictitante, 171
prolapsus du globe oculaire, 171
puli, **64**, 156, 165, 168

R
race pastorale, 169, 171
retriever à poil bouclé, **110**, 165, 168
retriever de la baie de Chesapeake, **148**, 168
retriever de Nouvelle-Écosse, **150,** 168
rhodesian ridgeback, **160**, 165, 168
Riehl, Georg, 25
rottweiler, 116, 118, **120**, 126, 127, 165, 168
rouan, 170, 171
Ruby, 171

S
saint-bernard, 81, **84**, 165, 168, 170
saint-hubert, *voir* chien de Saint-Hubert
Saito, Hiroshi, 119
saluki, 93, **101**, 168
samoyède, 56, 57, 60, **66**, 165, 168, 169, 170
schipperke, **12**, 164, 168
schnauzer géant, 25, 121, **126**, 127, 168
schnauzer nain, 21, **25**, 164, 165, 168
Schott, Heinrich, 25
selle, 171
setter anglais, **39**, 164, 165, 168, 169
setter gordon, **65**, 164, 168
setter irlandais, 30, **98**, 164, 165, 168, 170
setter noir et feu, *voir* setter gordon
setter roux, *voir* setter irlandais
shar-peï, 153, **161**, 165, 168
shih-tzu, 21, **29**, 164, 165, 169
silky terrier, *voir* terrier de soie
skye-terrier, 71, 74, 125
socialisation, 171
soft-coated wheaten-terrier, **63**, 165, 168
spinone italiano, voir chien d'arrêt italien à poil dur
spitske, *voir* schipperke
spitz finlandais, **147**, 168
spitz-loup, 8, 9, **16**, 165, 168
spondylopathie cervicale, 171
springer anglais, 39
suomenpystykorva, *voir* spitz finlandais
syndrome brachycéphale, 169
syringomyélie, 171

T
tachetée, 172
teckel, **53**, 76, 158, 165, 168
terre-neuve, 140, **145**, 148, 165, 168
terrier australien à poil soyeux, *voir* terrier de soie
terrier de Bohême, *voir* terrier tchèque
terrier de Boston, **10**, 164, 165, 167, 168
terrier de Manchester, 18, 50, 71
terrier de Sealyham, 51
terrier de soie, 68, **74**, 165, 167, 168
terrier de Sydney, *voir* terrier de soie
terrier du révérend Russell, *voir* parson jack russell-terrier
terrier écossais, 51, **125,** 151, 165, 168
terrier irlandais à poil doux, *voir* soft-coated wheaten-terrier
terrier nain de Manchester, 45, **50**, 168
terrier noir de Russie, 117, **127**, 165, 168
terrier noir et feu, 50, 114, 132, 138
terrier tchèque, **51**, 168
terrier tibétain, **43**, 64, 75, 168, 169
tervueren, *voir* groenendael
tête de pomme, 172
torsion gastrique, 172

V
vizsla, voir braque hongrois
von Willebrand (maladie de), 172

W
welsh corgi, **54**, 165, 168
wheaten-terrier à poil doux, *voir* soft-coated wheaten-terrier
whippet, 9, **18**, 109, 164, 165, 168
Willison, Gwendoline, 23
Wobbler (syndrome de), *voir* spondylopathie cervicale

X
Xoloitzcuintli, voir chien nu mexicain

Y
yorkshire-terrier, **71**, 74, 168

Z
Zwergpinscher, *voir* pinscher nain

Remerciements

Les Éditions de l'Homme et Delachaux et Niestlé désirent remercier les personnes et organisations qui ont aimablement autorisé la reproduction des photos figurant dans cet ouvrage.

Légende : h = haut ; b = bas ; c = centre ; d = droite ; g = gauche.

Page couverture : Shutterstock/Eric Isselée ; **quatrième de couverture :** Shutterstock/Nata Sdobnikova ; **deuxième de couverture :** Shutterstock/Eric Isselée ; **troisième de couverture :** Shutterstock/Marina Jay

Pages : 1 Warren Photographic/Mark Taylor ; **2–3** Warren Photographic/Jane Burton ; **4g** Shutterstock/Todd Taulman ; **4h** Shutterstock/Sparkling Moments Photography ; **5** Shutterstock/Lobke Peers ; **7** Shutterstock/Photosign ; **8g** Shutterstock/GLYPHstock ; **8d** Shutterstock/Erik Lam ; **9** Shutterstock/Eric Isselée ; **10** iStock/Rhys Hastings ; **11h** Warren Photographic/Jane Burton ; **11b** Warren Photographic/Jane Burton ; **12** Marc Henrie Photography ; **13** Warren Photographic/Jane Burton ; **14** Shutterstock/Erik Lam ; **15** Warren Photographic/Jane Burton ; **16** Shutterstock/Michal Napartowicz ; **17** Warren Photographic/Jane Burton ; **18** Shutterstock/Kostudio ; **19** DK Images/Dave King ; **20g** Shutterstock/Tstockphoto ; **20d** Shutterstock/Somer McCain ; **21** Shutterstock/Elliot Westacott ; **22** Warren Photographic/Jane Burton ; **23** Warren Photographic/Mark Taylor ; **24** Warren Photographic/Jane Burton ; **25** Alamy/Petra Wegner ; **26** Warren Photographic/Mark Taylor ; **27** DK Images/Tracy Morgan ; **28h** Shutterstock/Eric Isselée ; **28b** Warren Photographic/Jane Burton ; **29–30** Warren Photographic/Jane Burton ; **31** DK Images/Tracy Morgan ; **32** Warren Photographic/Mark Taylor ; **33** Shutterstock/Chris Alcock ; **34–35** Warren Photographic/Jane Burton ; **36** DK Images/Tracy Morgan ; **37** DK Images/Dave King ; **38** Shutterstock/Eric Isselée ; **39** DK Images/Jerry Young ; **40** Shutterstock/Viorel Sima ; **41** DK Images/Tracy Morgan ; **42–43** DK Images/Tracy Morgan ; **44g** Shutterstock/Eric Isselée ; **44d** Shutterstock/Snaprender ; **45g** Shutterstock/Alexia Khruscheva ; **45d** Shutterstock/Eric Isselée ; **46** Warren Photographic/Jane Burton ; **47h** /Eric Isselée ; **47b** Corbis/Barry Lewis/In Pictures ; **48** DK Images/Dave King ; **49** Shutterstock/Eric Isselée ; **50** Corbis/Pat Doyle ; **51** DK Images/Tracy Morgan ; **52** Shutterstock/Eric Isselée ; **53** Warren Photographic/Jane Burton ; **54–55** Warren Photographic/Jane Burton ; **56** Shutterstock/Steamroller Blues ; **57** Shutterstock/Dina Magnat ; **58** Shutterstock/Eric Isselée ; **59** DK Images/Tracy Morgan ; **60h** Shutterstock/Eric Isselée ; **60b** Warren Photographic/Mark Taylor ; **61** DK Images/Dave King ; **62** Marc Henrie ; **63** Getty Images/DK Images/Dave King ; **64** DK Images/Tracy Morgan ; **65** Alamy/Petra Wegner ; **66** Shutterstock/Alexia Khruscheva ; **67** Warren Photographic/Jane Burton ; **68g** Shutterstock/Marina Jay ; **68c** Shutterstock/Erik Lam ; **69** Shutterstock/Tish1 ; **70–71** Warren Photographic/Jane Burton ; **72** Shutterstock/Eric Isselée ; **73** Warren Photographic/Jane Burton ; **74** Shutterstock/Phil Date ; **75** Alamy/Life On White ; **76** Shutterstock/Konstantin Gushcha ; **77** Alamy/Juniors Bildarchiv ; **78h** Warren Photographic/Jane Burton ; **78b** DK Images/Tracy Morgan ; **79** Warren Photographic/Jane Burton ; **80** Shutterstock/Eric Isselée ; **80–81** Shutterstock/grafica ; **82–83** Shutterstock/Eric Isselée ; **84** Warren Photographic/Jane Burton ; **85** Marc Henrie ; **86** Alamy/Petra Wegner ; **87** Shutterstock/Eric Isselée ; **88** Alamy/Arco Images GmbH ; **89** DK Images/Tracy Morgan ; **90** DK Images/Jerry Young ; **91** Shutterstock/Eric Isselée ; **92h** Shutterstock/Tomas Skopal ; **92b** Shutterstock/Laila Kazakevica ; **92–93c** Shutterstock/Joe Gough ; **92–93b** Shutterstock/Jakub Pavlinec ; **94–95** Warren Photographic/Jane Burton ; **96** Shutterstock/Eric Isselée ; **97** Warren Photographic/Jane Burton ; **98** Shutterstock/Erik Lam ; **99** Warren Photographic/Jane Burton ; **100** Alamy/Petra Wegner ; **101** Warren Photographic/Jane Burton ; **102** DK Images/Tracy Morgan ; **103** Alamy/DK Images ; **104h** Shutterstock/Cynoclub ; **104b** Shutterstock/Asharkyu ; **104c** Shutterstock/Vnlit ; **105** Shutterstock/Jacqueline Abromeit ; **106** Shutterstock/WilleeCole ; **107g** Alamy/Juniors Bildarchiv ; **107d** Alamy/Juniors Bildarchiv ; **108** Warren Photographic/Jane Burton ; **109** Corbis/DK Images ; **110** DK Images/Tracy Morgan ; **111** DK Images/Dave King ; **112h** Warren Photographic/Mark Taylor ; **112b** Warren Photographic/Mark Taylor ; **113** DK Images/Tracy Morgan ; **114** Shutterstock/vnlit ; **115** Getty Images/DK Images ; **116g** Shutterstock/Paul Cotney ; **116d** Shutterstock/Eric Isselée ; **117** Shutterstock/Eric Isselée ; **118h** Warren Photographic/Jane Burton ; **118b** DK Images/Tracy Morgan ; **119** Shutterstock/Eric Isselée ; **120** Warren Photographic/Jane Burton ; **121** Shutterstock/Eric Isselée ; **122** DK Images/Tracy Morgan ; **123 & 124h** Warren Photographic/Jane Burton ; **124b** DK Images/Dave King ; **125** Warren Photographic/Jane Burton ; **126** Shutterstock/Eric Isselée ; **127** Alamy/Arco Images GmbH ; **128** Shutterstock/Eric Isselée ; **129** Shutterstock/Nikolai Tsvetkov ; **130–131** Warren Photographic/Jane Burton ; **132–133** DK Images/Tracy Morgan ; **134** Shutterstock/Eric Isselée ; **135** Warren Photographic/Jane Burton ; **136h** Shutterstock/Photosign ; **136** Shutterstock/Eric Isselée ; **137h** Warren Photographic/Jane Burton ; **137b** DK Images/Tracy Morgan ; **138–139** Warren Photographic/Jane Burton ; **140hg** Shutterstock/Eric Isselée ; **140 & 141c** Shutterstock/Tad Denson ; **141hd** Shutterstock/Perrush ; **142–143** DK Images/Dave King ; **144** DK Images/Tracy Morgan ; **145** Alamy/Vario Images GmbH & Co.KG ; **146–147** DK Images/Tracy Morgan ; **148h** Warren Photographic/Jane Burton ; **148b** Warren Photographic/Jane Burton ; **149** DK Images/Tracy Morgan ; **150** Alamy/Petra Wegner ; **151** Shutterstock/Perrush ; **152** Shutterstock/Nikuwka ; **153** Shutterstock/Eric Isselée ; **154** Alamy/Image Register 044 ; **155** Corbis/Yann Arthus-Bertrand ; **156** DK Images/Tracy Morgan ; **157** DK Images/Tracy Morgan ; **158** Corbis/Yann Arthus-Bertrand ; **159** DK Images/Tracy Morgan ; **160** Alamy/Arco Images GmbH ; **161** Shutterstock/Luchschen ; **162g** Warren Photographic/Jane Burton ; **162d** Shutterstock/Eric Isselée ; **163** Alamy/DK Images ; **165** Shutterstock/Erik Lam.